2020 시니어 트렌드

SENIOR MARKETING WA NAZE UMAKU IKANAINOKA
by Setsuo Sakamoto
Copyright © 2016 Setsuo Sakamoto
All rights reserved.
Original Japanese edition published by Nikkei Publishing Inc.
Korean translation rights arranged with Nikkei Publishing Inc.
through Tony International

Korean translation copyright © 2016 by Hans Media Inc.

이 책의 한국어판 저작권은 토니 인터내셔널을 통해 Nikkei Publishing Inc.와의 독점계약으로 한즈미디어(주)에 있습니다. 저작권법에 의해 한국내에서 보호를 받는 저작물이므로 무단전재와 무단복제를 금합니다.

일러두기

1. 일본의 '개호(介護) 서비스'는 영어 케어 서비스(Care Service)에서 유래한 것으로, 우리나라의 '노인 돌봄 서비스'와 그 성격이 유사합니다.
2. 본문 중 '새어연'은 저자가 속한 '새로운 어른 문화 연구소'의 약칭입니다.
3. 이 책에는 여러 가지 세대 구분이 소개되는데 단카이 세대 1947~1951년생, 뽀빠이-JJ 세대(포스트 단카이) 1952~1960년생, 신인류 세대 1961~1965년생, 버블 세대 1966~1970년생, 단카이 주니어 세대 1971~1982년생, 달관 세대 1983~1994년생이 그것입니다.

2020 시니어 트렌드

새로운 어른들이 만드는 거대 시장의 출현

사카모토 세쓰오 지음 | 김정환 옮김

Senior Trend

한스미디어

· 머리말 ·

시니어, 엘더 혹은 50+세대라는 이름의 시장, 우리에게 새로운 기회가 온다

지금까지 일본에서 소비의 중심은 '젊은이와 영 패밀리'였다. 고도 경제 성장기에 3종의 신기神器로 일컬어진 가전제품(흑백텔레비전, 냉장고, 세탁기. 이후 컬러텔레비전과 에어컨, 자가용 자동차를 신 3종의 신기라고 불렀다-옮긴이)이 전국의 가정에 보급된 이래, '패밀리 레스토랑'과 '놀이 공원'으로 대표되는 '패밀리 소비'가 개인 소비를 견인해 왔다.

또한 1960년대 후반에 '비틀즈'와 '남성의 장발, 청바지, 미니스커트', 그리고 엄청난 수를 자랑하는 단카이 세대塊の世代(1947~1949년에 태어난 일본의 제1차 베이비붐 세대. 고도 경제 성장기와 거품 경제기를 경험한 세대로, 여러 가지 측면에서 일본 사회에 지대한 영향력을 지니고 있다-옮긴이)가 결합해 젊은이의 문화를 탄생시킨 뒤로는 〈CanCam〉(20대 초반의 여성을 타깃으로 삼은 패션 잡지-옮긴이)과 '시부야 109'(도쿄 시부야에 위치한 패션 쇼핑몰. 주로 젊은 여성을 대상으로 의류와 장신구를 판매한다-옮긴이)에 이르기까지 젊은이들이 세상의 트렌드 세터이자 소비의 중심이 되었다. 이러한 경향을 뒷받침한 것은 피라미드형 인구 구조였으

며, 여기에는 젊은 부부와 두 명의 어린 자녀라는 대표적인 가정 형태가 있었다.

그런데 현재 일본에서는 그 어느 나라에서도 유래를 찾아보기 어려울 만큼 급속도로 고령화가 진행되고 있으며, 이에 따라 인구 구조가 극적으로 변화하고 있다. 그리고 이런 상황 속에서 '시니어 소비'라는 말도 나오고 있다. 이에 대한 일반의 인식은 '시니어 시장이라는 뭔지 잘 모를 틈새시장이 부수적으로 나타났다고 하는데, 까다롭고 성공하기도 어렵다더라.'가 아닐까 싶다. 그러나 실제로 일어나고 있는 현상은 단순히 그런 틈새시장이 탄생했고 돈이 될 여지도 있다는 수준이 아니다.

또 시니어·고령자라고 하면 반드시 나오는 이야기가 건강과 개호介護(영어 케어 서비스Care Service에서 유래한 것으로, 우리나라의 '노인 돌봄 서비스'와 그 성격이 유사하다-옮긴이)다. 물론 개호가 사회적으로 중요한 문제이며 비즈니스의 기회도 있음은 이론의 여지가 없다. 그러나 판에 박은 듯이 시니어 하면 개호와 의료 이야기만 나오는 현실에는 위화감을 느낀다.

본문에서 자세히 이야기하겠지만, 이미 50세 이상의 인구가 성인 인구(20세 이상 인구)의 절반 이상을 차지하고 있다. 기본적으로 50세 이상이 되면 라이프 스테이지가 바뀐다. 자녀도 독립해 가족을 떠난다. 그런 사람이 이미 어른의 절반을 넘어섰다. 게다가 그들의 상황이 크게 바뀌려 하고 있다. 기존의 50대 이상은 가정에서도 조역, 사회에서도 조역이었다. 그런데 지금의 50대 이상은 육아에서 해방되어 '인생은 지금부터'라는 생각을 하고 있으며, 자녀의 독립으로 가계에서 여유가 생겨 '시간 부자·돈 부자'가 되었다. 50대 이상이 움직인 결과물이 JR 규슈의 '세븐스타 in 규슈'(규슈 각지를 여행하는 고급 관광 침대 열차. 2016년 10월~2017년 2월 출발 상품 기준으로 1박 2일 여행 코스가 25만 엔에서 53만 5,000엔, 3박 4일 여행 코스가 53만 엔에서 140만 엔에 이르는 고가 여행 상품이며, 초등학생 이하는 신청이 불가능하다-옮긴이)다. 또한 가전제품 시장에서는 10만 엔이나 되는 고급 전기밥솥이 팔리고 있으며, 식품 시장에서는 고급 레토르트 식품의 판매가 호조를 보이고 있다. 모터사이클 시장에서는 한때 일과 가정 때문에 핸들을 놓았던 중노년 라이더의 복귀로 제3차 모터사이클 열풍이 불고 있다. 물론 건강 분야도 빼놓을 수 없는데, 건강 보조 식품 시장과 워킹을 비롯한 스포츠 관련 시장이 성장하고 있다.

40대도 변화하려 하고 있다. 지금 40대를 타깃으로 삼은 여성지가 뜨거운 관심을 모으고 있다. 40대를 타깃으로 삼았지만 주부 잡지도, 엄마 잡지도, 미세스 잡지도 아닌 어른을 위한 여성지가 불티나게 팔리고 있다. 또한 세대 간에 돈이 이동하고 있다. 교육 자금 증여 신탁(부모나 조부모가 자녀에게 교육비의 목적으로 1,500만 엔까지 비과세 증여할 수 있는 상품-옮긴이)은 5,000억 엔에 이르고, 주니어 NISA(19세 이하의 미성년을 대상으로 연간 80만 엔까지의 투자를 통해 얻는 수익에 대해 과세를 면제하는 제도. 계좌 관리는 친권자가 대행한다-옮긴이)도 시행될 예정이다.

바로 지금, 일본에 '새로운 어른 시장'이라는 기존에 없던 성장 시장이 탄생하려 하고 있다. 그리고 전 세계에서 고령화 현상이 나타나고 있는 가운데 일본은 그 어느 나라보다도 빠르게 고령화가 진행되고 있다. 요컨대 일본에서 '새로운 어른 시장'의 모델이 만들어지면 글로벌 마케팅의 모델도 된다는 말이다.

이 책에서는 디지털화와 함께 진행되고 있는 이 거대한 기회의 정체를 밝혀내려 한다.

시니어라고 하면 종종 젊고 건강한 '액티브 시니어' 이야기가 나온다. 지금까지 소개한 현상도 일부 액티브 시니어가 만들어낸 결과로 치부될 때가 많다. 그러나 현실 세상에는 '50세 이상의 젊고 건강한'이라는 조건에 정확히 들어맞는 사람이 그리 많지 않다. 자주 나오는 말이지만, 50대 이상이 모이면 반드시 병 이야기가 화제에 오른다. 사소한 병까지 포함한다면 50대 이상은 전원이 병에 걸려 있다고 해도 과언이 아니다. 진정한 의미의 액티브 시니어는 어디에도 없다.

중요한 점은 기존의 상식으로는 온전히 파악할 수 없는 전반적인 생활자의 변화가 다양한 업종에서 시장의 움직임을 만들어내고 있다는 사실이다. 그리고 그 주역은 현재 60대인 단카이 세대다. 오해를 무릅쓰고 말하면, 현재의 70대 이상과 단카이 세대를 경계로 하는 60대 이하는 서로 인종이 다르다고 해도 이상하지 않을 만큼 차이가 크며, 그 차이가 지금 고령 사회 전체를 크게 바꾸려 하고 있다. 이런 이야기를 하면 자신들이 단카이 세대보다 선진적이라고 말하는 70대 이상도 많은데, 요는 기존과는 다른 유형의 고령자가 전체를 바꾸려 하고 있다는 것이다.

이 책에서는 주로 '하쿠호도博報堂 새로운 어른 문화 연구소'가 2008

년부터 2015년까지 전국의 40~60대를 대상으로 4회에 걸쳐 실시한 조사를 중심으로 70대·80대의 조사 결과를 함께 분석했다. 모든 조사는 2,700표본 이상을 대상으로 지방 도시의 의식도 반영되도록 설계되었다. 그리고 조사 결과, 현재의 70대 이상 고령자만을 봐서는 절대 알 수 없는 커다란 변화의 물결이 발견되었다.

참고로 이 조사를 기반으로 생활자의 시각에서 변화를 묘사하고 비즈니스에도 도움이 되도록 쓴 책이 《50대 이후로 나이를 먹지 않기 위한 46가지 법칙50歳を超えたらもう年をとらない46の法則》(고단샤+α 신서, 2014년 9월)이다. 이 책과 함께 참조하기 바란다. 또 이 책에서 '새로운 어른 문화 연구소' 또는 그 약칭인 '새어연'은 본 연구소를 가리킨다.

이미 단카이 주니어 세대(1971~1974년에 태어난 진정한 단카이 주니어)는 40대가 되었다. 그들은 10년 뒤에는 50대가 된다. 단카이 세대와 단카이 주니어 세대라는 일본의 2대 인구 볼륨존이 그대로 개호나 의료의 신세를 지게 된다면 어떻게 될까? 그 비용은 누가 부담할까? 당연히 그들보다 조금 어린 세대가 전부 부담하게 된다. 이것은 옳은가 옳지 않은가의 차원을 넘어서 현실적으로 가능하냐는 문제가 될 것이다. 그 문제를 최대한 해결해서 기회를 넓혀 가는 것은 사회 전체의 긴급한 문제다. 이에 대해 '어떻게 해야 할까? 조금이나마 길을 제시하거나 힌트를 제공할 수는 없을까?'라는 것이 이 책의 취지다. 이를 위해 다양한 각도에서 문제와 기회를 모색하고 가급적 많은 업종을 검토했다. 그러다 보니 어느 정도는 전문이 아닌 분야에 대해서도 다뤄야 했지만, 어쨌든 최대한 많은 기회를 모색하려 했다. 독자 여러분이 이 책을 읽고 무엇인가 힌트를 발견한다면 기쁠 것이다.

마지막으로 이야기하고 싶은 것이 있다. 바로 이 세대의 호칭인데, 이것이 상당히 어려운 문제다. 시니어 마케팅뿐만 아니라 고령 사회에서 의외로 중요한 문제라고 해도 과언이 아니다. '고령자·시니어'라는 호칭 자체가 선입견·고정 관념의 벽을 만들어 실태를 보기 어렵게 만드는 측면이 있기 때문이다.

기존의 고령자·시니어라는 선입견이나 고정 관념에 얽매이지 않고 변화하는 고령사회를 파악하기 위해 이 책에서는 '시니어'라는 말을 가급적 사용하지 않고 '엘더'(연장자) 혹은 '50+세대'(40대 이상일 경우는 40+세대), 그리고 '새로운 어른/새어른'이라는 말을 사용했다. 생각하는 쪽, 접근하는 쪽은 끊임없이 변화하는 사람들 앞에서 편견을 없애고 겸허할 필요가 있다고 생각하기 때문이다. 50+라는 말은 미국에서 자주 사용되는데, 60대 이상이라면 60+, 70대 이상이라면 70+와 같이 사용할 수 있으므로 상당히 편리하다.

50+세대가 활약함으로써 젊은이도 활약할 수 있게 되는 것이 하나의 이상적인 형태라고 할 수 있다. 이것을 '크로스 제너레이션'이라고 부르는데, 적어도 50+세대에서는 그 가능성이 보이고 있다. 지금 생활자 쪽에서 사회의 커다란 변화, 시장의 변화가 일어나고 있다. 그리고 이 변화는 우리의 미래를 암시하고 있다. 그 크고 구조적인 변화를 살펴보자.

|목차|

머리말 · 시니어, 엘더 혹은 50+세대라는 이름의 시장,
　　　　우리에게 새로운 기회가 온다　　　　　　　　　　　004

1 젊은이에게서 어른으로
이동하는 무게 중심

01　극적으로 변화한 인구 구조　　　　　　　　　　　　016
02　50대 이상의 커다란 변화　　　　　　　　　　　　　031
03　염가 상품을 좋아하는 돈과 시간 부자들　　　　　　039
04　초고령 사회를 더 나은 미래로　　　　　　　　　　　054
05　엘더의 불안 요소와 3대 자본　　　　　　　　　　　067
06　새로운 어른 시장과 새로운 어른 문화　　　　　　　080

2 시니어 마케팅은
왜 실패하는가?

01　상식 · 고정 관념 · 인상론의 벽　　　　　　　　　　088
02　세 가지 미스매치　　　　　　　　　　　　　　　　　097
03　불안과 즐거움은 수레의 양 바퀴　　　　　　　　　　103

3 '새로운 어른'은 무엇이 새로운가?

01 칭찬의 말이 '성숙한 사람'에서
   '센스가 좋은 사람'으로 변한다   108
02 '인생의 내리막길'에서 '인생은 지금부터'로
   거대한 전환이 일어난다   118
03 '1억 총 노후 붕괴'는 '1억 총 생활 붕괴'   127
04 '활력 있는 나라'인가 '삶이 괴로운 나라'인가   131

4 '새로운 어른 시장'의 잠재력

01 '새로운 어른 시장'이라는 볼륨 시장   136
02 새로운 어른 소비의 특징   165
03 새로운 어른 소비에서의 광고와 기업의 접근   182
04 **새로운 어른 시장의 히트 패턴** | 젊은이를 타깃으로 한
   비즈니스가 지금 새로운 어른 시장의 선두 주자로   195

5 분야별로 살펴보는
시니어 트렌드

01 **돈** | '저금을 묵혀 놓는 고령자'에서
'돈을 불려서 소비하는 새로운 어른'으로 　　　　　　　　　205

02 **식생활** | '소박한 식사를 하는 고령자'에서
'육식을 좋아하는 새로운 어른'으로 　　　　　　　　　　216

03 **엔터테인먼트** | '시대극을 좋아하는 고령자'에서
'엔터테인먼트를 즐기는 새로운 어른'으로 　　　　　　　230

04 **건강** | '병원에 다니는 고령자'에서
'예방 · 안티 에이징 · 건강 관리를 하는 새로운 어른'으로 　245

05 **개호** | '개호 불안 고령자'에서 '개호 예방과 개호 공조의 기수'로 　257

06 **여행** | '명소를 관광하는 고령자'에서
'멋진 어른의 여행'으로 　　　　　　　　　　　　　　　276

07 **자동차** | '운전면허를 반납하는 고령자'에서
'드라이브를 즐기는 새로운 어른'으로 　　　　　　　　　299

08 **패션** | '수수한 옷차림의 고령자'에서 '센스 있는 새로운 어른'으로 　303

09 **미디어** | '정보를 수동적으로 받아들이는 고령자'에서
'매스미디어 · 인터넷을 이용하는 새로운 어른의 정보록'으로 　310

10 **주거** | '최후의 안식처를 증개축하는 고령자'에서
'최고의 인생을 위한 리폼 디자인'으로 　　　　　　　　321

11 **사회 공헌** | '보살핌을 받아야 하는 약자 · 수혜자'에서
'스스로 사회에 공헌하는 엘더'로 　　　　　　　　　　335

12 **라이프 스타일** | '여생을 조용히 보내는 고령자'에서
'새로운 라이프 스타일을 창조하는 새로운 어른'으로 　　341

6 크로스 제너레이션이
새로운 미래를 연다

01 50+세대의 자조와 공조 350
02 단카이 세대와 젊은이의 공통점 355
03 차세대 경제로 나아가기 위한 연착륙 365
04 생산 연령 인구 감소의 해결책 370
05 성장형 경제와 공유형 경제의 혼합 381

맺음말 · 편견을 버리면 새로운 시장이 보인다 388

1

젊은이에게서 어른으로
이동하는 무게 중심

01
극적으로 변화한
인구 구조

'어른이면 40대 이상'인
시대가 찾아온다

저출산 고령화라고 하면 '나는 당사자가 아니지만 그래도 언젠가는 해결해야 할 사회적 과제' 정도가 일반적인 인식일 것이다. 그러나 상황은 그렇게 간단하지 않다. 현재 인구 구조가 극적으로 변화하고 있으며 그 결과 사회의 모습, 국가의 모습, 그리고 시장의 모습이 근본부터 크게 바뀌려 하고 있다.

현재 비즈니스계의 관심사는 디지털 기술이 앞으로 어떻게 진화할 것인가, 여성의 사회 진출은 어느 정도일 것인가, 해외 시장에 어디까지 대응할 수 있을 것인가, 젊은이들이 어떻게 변화할 것인가, 나아가서는 여행을 위해 방문하는 외국인의 추이가 앞으로 어떻게 변화할 것인가에 집중되어 있을 것이다. 그러나 인구 구성이 변화한다는 것은 시장의 모습이 근본적인 부분부터 변화하게 된다는 의미다. 요컨대 이것을 생각하지 않고서는 비즈니스도 마케팅도 성립하지 않게 된다.

2014년의 인구 통계를 보면 일본의 총인구는 1억 2,713만 명이며, 이 가운데 성인 인구(20세 이상 인구)는 1억 481만 명이다. 그리고 50대 이상 인구는 약 5,700만 명이다. 즉, 이미 '어른 두 명 중 한 명은 50세 이상'이다. 여기에 40세 이상 인구는 약 7,500만 명이다. '어른 10명 중 7.5명은 40세 이상'인 것이다(도표1). 예컨대 도쿄의 신주쿠나 시부야, 나고야의 사카에, 오사카의 우메다, 삿포로의 스스키노, 후쿠오카의 덴진 같은 번화가에서 '어른으로 보이는 사람'에게 나이를 물어보면 매우 높은 확률로 40세 이상인 시대다. 이렇게 보면 고령화 속도가 얼마나 빠른지 실감이 될 것이다.

얼마 전까지만 해도 일본은 '젊은이'와 '영 패밀리'가 중심인 사회였다. 특히 젊은이가 온갖 비즈니스 분야에서 새로운 것을 속속 만들어 냈다. 그 대표적인 장소가 도쿄의 시부야였는데, 그것이 지금 극적으로 바뀌려고 하고 있다.

4년 후인 2020년에는 인구 구성이 어떻게 바뀔까? 총인구는 서서히 감소해 1억 2,401만 명이 되는데, 성인 인구는 1억 395만 명으로 여전히 약 1억 명을 유지한다. 그리고 50대 이상 인구는 약 6,000만 명으로 증가해 '어른 10명 중 6명은 50세 이상'이 된다. 어른의 절반을 훌쩍 넘어서는 것이다. 여기에 40대 이상 인구는 약 7,800만 명으로, '어른 10명 중 8명은 40대 이상'인 세상이 되어 버린다(도표2).

10명 중 8명. 4년 후가 되면 일본은 '어른이라고 하면 40대 이상'이라는 '기대하지 않았던' 세상이 된다. 지금 일본인 가운데 그런 세상이 되기를 원하는 사람은 거의 없겠지만, 원하든 원치 않든 불과 4년 뒤면 기대하지 않았던 사회가 찾아온다. 그리고 그런 사회에서 비즈니스와 마케팅을 해야 한다. 기업은 이 인구 구성의 변화 속에서 살아남아야 하는 것이다.

많은 기업이 시니어 마케팅을 생각하는 편이 좋은 것, 생각해야 하는 것으로 여긴다. 그러나 비즈니스에서 차지하는 위치가 '주'인가 '부'인가를 따지면 역시 '부'의 위치에 있다. 가능하면 하는 편이 좋다고 생각하고 필요성도 느끼고는 있지만 거기까지 신경을 쓸 여유가 좀처럼 없는 상황이 아닐까 생각된다. 그러나 4년 후에 어떤 사회가 찾아올지 명백해진 이상, "하는 편이 좋기는 한데…." 같은 한가한 소리를 하고 있을 상황이 아니다. 반드시 해야 한다. 대응하지 못하면 살아남을 수 없을지도 모른다.

더욱 중요한 점은, 고령 사회라고 하면 '할아버지 할머니가 넘쳐나는 사회'를 상상하기 쉽지만 실제로 일어나고 있는 현상은 '사회 전체의 어른화'라는 것이다. 인구 구조가 위쪽으로 이동한다는 것은 지금까지 '젊은이 중심의 사회'였던 일본이 '어른 중심의 사회'가 된다는 의미다. 고령 사회라고 하면 '고령자가 늘어나면 사회 문제가 된다.' 같은 이야기가 주로 나오는데, 그런 이야기보다는 지금까지 우리가 경험한 적이 없는 '새로운 어른 사회'를 어떻게 만들어 나갈지를 논의해야 한다. 나아가서는 '그 새로운 어른 사회를 젊은이들과 함께 어떻게 만들어 나갈 것인가?'가 중요하다.

도표1 이미 어른(성인) 두 명 중 한 명은 50대 이상

| 총인구 ···················· 1억 2,713만 명 |

| 성인 인구 ···················· 1억 명(1억 481만 명) |

| 50대 이상 인구 ············ 5,700만 명(5,729만 명) |
| 40대 이상 인구 ············ 7,500만 명(7,559만 명) |

         40~60대 인구 ········ 5,187만 명
                  40대 1,830만 명
                  50대 1,543만 명
                  60대 1,814만 명
                  총 5,187만 명

출처 : 〈인구 추계〉, 2014년 7월 1일, 총무성 통계국

도표2 2020년에는 '어른이라고 하면 40대 이상'인 세상이 된다

2020년

총인구 ···················· 1억 2,401만 명

성인 인구 ···················· 1억 명(1억 395만 명)

50대 이상 인구 ············ 6,000만 명(5,987만 명)
                         성인 10명 중 6명

40대 이상 인구 ············ 7,800만 명(7,788만 명)
                         성인 10명 중 8명

30대 이상 인구 ············ 9,200만 명(9,174만 명)
                         성인 10명 중 9명

↓

어른이라고 하면 40대 이상이라는 기대하지 않았던 세상이 된다.

출처 : 〈일본의 장래 추계 인구〉, 2012년 1월 추계, 국립 사회 보장 · 인구 문제 연구소

시장의 변화 · 텔레비전의 변화

이런 변화는 지금 사회의 어느 곳에서 나타나고 있을까? 가장 알기 쉬운 예는 텔레비전 방송이다. 텔레비전 방송 업계에서는 과거 30년 동안 후지TV와 니혼TV가 연간 시청률 3관왕(19시~22시의 골든타임과 19시~23시의 프라임타임, 6시~24시의 전일 시청률에서 모두 연간 1위를 차지하는 것-옮긴이)을 다퉈왔고, 그런 상황 속에서 'M1 · F1'이라는 업계 용어로 부르는 20~34세의 시청자가 주목을 받았다. 여기에서 M은 남성Male이고 F는 여성Female을 의미한다. 이 M1과 F1이 시청률에 결정적인 열쇠를 쥐고 있었다. 요컨대 젊은이가 텔레비전을 좌우했던 것이다. 민영 방송국은 광고비 수익으로 운영되는데, 스폰서인 기업의 광고 대상도 M1 · F1이 주축이었다.

그러나 2013년에 커다란 변화가 일어났다. 아사히TV가 골든타임 시청률에서 니혼TV를 치열한 경쟁 끝에 제치고 개국 이래 첫 1위를 차지하는 등 연간 시청률 2관왕을 달성한 것이다. 이 쾌거의 주역은 뉴스 방송인 '보도 스테이션'과 인기 드라마 시리즈 '파트너' 등이었다. 같은 해에 화제가 된 드라마로는 TBS의 '한자와 나오키'와 NHK의 '아마짱'이 있는데, 전부 50세 이상의 남성과 여성을 가리키는 M3 · F3이 시청률을 견인했다고 해서 화제가 되었다. 갑자기 50세 이상이 텔레비전 방송의 시청률을 좌우하기 시작한 것이다.

2013년은 텔레비전 방송의 전환점이었다. 이듬해인 2014년에는 다시 니혼TV가 3관왕을 차지했지만, M1 · F1의 시청률을 바탕으로 탈환

한 것이 아니라 35~49세의 남녀 시청자인 M2·F2의 시청률 강세에 힘입은 바가 컸다고 한다. 니혼TV가 M2·F2의 시청률에서 강세를 보인 것은 버라이어티 방송 '쇼텐'笑点부터 시작되는 일요일 저녁 시간대의 시청률 강세에 힘입은 결과로 보인다. '쇼텐'은 2016년에 50주년을 맞이하는 장수 방송으로, 지금도 수많은 M3·F3층의 지지 속에서 20퍼센트의 시청률을 자랑하고 있다.

2014년의 민영 방송 텔레비전 드라마 시청률 1위는 아사히TV의 '닥터-X~외과의 다이몬 미치코'로, M3·F3의 높은 지지를 받았다. 또 2015년에는 텔레비전 드라마가 고전하는 가운데 NHK의 아침 드라마인 '맛상'과 '아침이 온다'가 시청률 20퍼센트를 자랑했는데, M3·F3의 필수 시청 드라마였다고 한다.

이제 M3·F3, 즉 50세 이상의 남녀 시청자를 빼고는 텔레비전 방송을 이야기할 수 없게 되었다. 다만 이것이 당사자인 방송국이나 스폰서인 기업에 환영할 만한 일인가 하면 반드시 그렇지는 않다. 즉, "노인들이 아무리 많이 봐 줘도 말이지…."라며 난감해하고 있는 것이다. 그 이유는 '많은 사람이 봐 주는 것은 고맙지만, 소비자로서 현역이 아닌 사람들이 많이 본다고 해서 얼마나 이익이 될지는 모르겠다.'는 점과 '젊은 세대가 봐 주지 않는 것은 큰 문제다.'라는 점이다.

먼저 후자에 대해 설명하면, 큰 화제를 불러일으킨 2013년의 '아마짱'과 '한자와 나오키'의 경우 M3·F3부터 M1·F1에 이르기까지 세대를 초월해서 시청했기 때문에 사회 현상이 될 수 있었다. 지금까지는 20대 젊은이라든가 50대 주부와 같이 세대별로 타깃을 설정할 때가 많았지만, 저출산 고령화가 진행될수록 다양한 세대가 봐야 히트작이 될 수 있을 것이다. NHK의 아침 드라마는 이 패턴이 많기 때문에 높은 시청률을 유지하고 있는 것이 아닐까 싶다. 아침 드라마는 '할아버지 할머니부터 아이들까지' 즐길 수 있는 지금까지의 방송과 달리 '공통의 감각을 지닌 어른과 젊은이'가 관심을 갖는 방송이기 때문이다.

또 한 가지는 소비의 변화다. 2012년 1월 21일자 니혼게이자이신문 1면에 '시니어(60세 이상) 소비 100조 엔 돌파 – 뚜렷한 성장세로 개인 소비의 46퍼센트를 차지하기에 이르다.'라는 기사가 실렸다. 이 기사에 관해서는 분석 방법 등을 놓고 논란이 벌어졌지만, 전체 소비에서 시니어가 그 정도의 존재감을 주게 되었음은 틀림이 없다.

인구 대비로 단순히 환산하면 50세 이상 소비는 개인 소비의 약 60퍼센트, 140조 엔에 이른다. 이미 절반을 넘어서 더는 무시할 수 없는 수준에 이르렀다. '시니어는 소비자로서 현역이 아니다.'라는 지금까지의 상식이 뒤엎어지려 하고 있는 것이다.

'젊은이', '영 패밀리'로부터 이동하는 무게 중심

비즈니스나 마케팅의 세계에서 주전장主戰場은 어디까지나 '젊은이'와 '영 패밀리'이며 시니어 시장도 최근에 등장해 나름의 비중을 차지하기 시작했다는 것이 일반적인 시각이다. 시니어 시장은 어디까지나

틈새시장이며, 고령이 되어서 살 날이 얼마 남지 않은 사람들을 대상으로 삼고 있으므로 부수적인 시장으로서 적은 투자로 대응하자고 생각하는 곳이 많은 듯하다.

그러나 [도표3]을 보기 바란다. 이것은 50세를 기준으로 분할해서 인구 분포를 그린 것이다. 이 그래프는 일반사단법인 미래의료연구기구의 하세가와 도시히코長谷川敏彦 대표이사가 만들고 정부 위원회의 위원을 역임한 릿쿄 대학 커뮤니티복지학부의 야마자키 사토루山崎敏 겸임 강사가 소개한 것이다. [도표3]을 보면 일본 사회가 커다란 변화의 시기에 있음을 알 수 있을 것이다. '시니어도 많아졌으니 일단 고려 대상에 넣어 둬 볼까?'의 수준이 아님은 분명하다.

도표3 '젊은이로부터 어른에게로' 다른 인구 구조의 사회로 크게 전환된다

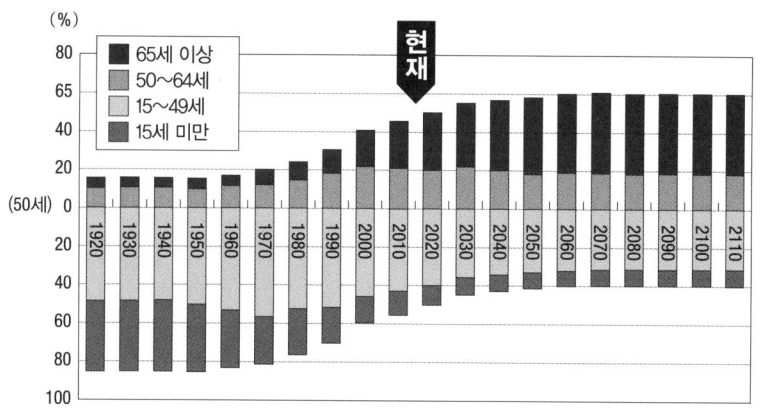

작성 : 일반사단법인 미래의료연구기구 하세가와 도시히코 대표이사(국세 조사, 총무성 추계, 국립 사회보장·인구문제연구소 2012 추계를 바탕으로 작성)
협력 : 릿쿄 대학 커뮤니티복지학부 야마자키 사토루 겸임 강사

앞으로 인구 구조 자체가 크게 변화할 것이다. 일본 사회는 지금까지 아무도 경험한 적이 없는 사회로 돌입하고 있다. 지금까지, 즉 그래프의 왼쪽 절반은 명백히 젊은이 중심 사회였으며 젊은이 중심 마케팅이었다. 그러나 앞으로는 다른 사회, 즉 그래프의 오른쪽 절반과 같은 사회가 될 것이다. 디지털 기술의 진보도 여성의 활약도 세계화 대응도 지금까지와는 다른 사회 속에서 생각해야 한다. 온갖 비즈니스를 지금과는 전혀 다른 사회 속에서 생각해야 한다.

지금까지는 '미래는 젊은이들의 것'이었다. 이것이 무조건적인 전제가 되는 사회였다. 따라서 비즈니스도 문화도 '젊은이들로부터' 시작되었다. 그런데 앞으로는 '미래가 젊은이들만의 것이 아니게' 된다. 가령 세대교체라는 말을 자주 사용하는데, 이것은 젊은이들의 사회였기에 유효했던 개념이 아닐까? 지금까지는 꾸준히 세대교체를 진행하면 사회 자체의 신진 대사로 이어졌다. 그런데 [도표3]에서 현재를 기준으로 오른쪽 사회에서는 그것만으로는 신진 대사가 되지 않을 것 같은 기분이 든다. 물론 보스적인 고령자가 활개 치는 사회는 피하는 편이 좋지만, 그렇다고 세대교체만 하면 모든 것이 해결되어 다음 시대에 대응할 수 있게 되지도 않을 것이다. 뒤에서 설명하겠지만 앞으로는 '크로스 제너레이션', 즉 세대 간 교류 · 세대 간 협력이 필요하다. 특히 어른 세대가 젊은 세대를 지탱하는 구조 또는 양태를 어떻게 만들어내느냐가 커다란 포인트가 될 것으로 생각된다.

비즈니스나 마케팅도 마찬가지라고 할 수 있다. 즉, 인구 구조의 변화에 따라 '시장의 무게 중심 이동'이 일어나려 하고 있다. 요컨대 '젊은이와 영 패밀리'로부터 무게 중심이 이동한다는 말이다. 여기에 표층적인 인구 구조뿐만 아니라 그 내부, 즉 생활자의 의식이나 행동 자체도 크게 변화하고 있다는 점 역시 비즈니스나 마케팅으로서는 중요한 문제다. 젊은이들은 젊은이들대로 변화하고 있다. 20대의 이른바 '득도 세대'는 유행을 만들어내던 과거의 젊은이들과는 성향이 다르다. 그런데 비즈니스의 세계에서는 종종 과거의 어른 세대가 젊은이였을 때의 모습을 지금의 젊은이들에게 요구하고는 계획대로 되지 않는다고 한숨을 쉬는 측면이 있다.

새로운 트렌드를 향해 앞다투어 달려들며 사회 전체에 자극을 가져오는 한 세대 전 젊은이의 모습을 기대하는 것이다. 현재의 20대는 좀 더 깊은 곳에서 '개인'과 '동료'라는 기존에는 없었던 새로운 개성이나 관계를 갖기 시작했다. 결국 아무리 세월이 바뀌어도 어른 세대는 젊은이를 이해하지 못한다. 한 시대 전의 '새로운 트렌드를 향해 앞다투어 달려드는 젊은이'를 기대한들 공허한 바람일 뿐이다.

그리고 50대 이상도 '노인이 되어 시들어가던' 기존의 모습과는 다른 감각을 갖고 있다. 그들은 계속 '소비자'의 지위를 유지한다. 이 점을 파악할 때 비로소 '시장의 무게 중심 이동'을 이해할 수 있다.

[도표3]에서 현재를 기준으로 왼쪽의 기존 사회에서는 고객층을 20대 전후의 회사원, 30대 중반의 주부와 같이 횡적으로 세분화하는 것이 성공으로 이어졌을지 모른다. 그러나 오른쪽의 사회에서는 횡적 세분화, 즉 젊은 세대를 횡적으로 세분화하려고 해서는 단위가 작아져 비즈니스의 효율이 악화될 수 있다. 오히려 종적으로 파악하는 편이 새로

운 비즈니스의 기회가 생길 것이다.

새 술은 새 부대에. 시대의 진화는 생각지도 못한 곳에서 찾아온다. '젊은이들로부터 시작되는 새로운 열풍'이라는 개념 자체가 이제 시대에 뒤떨어진 낡은 개념이 되어가고 있다. '기존형 마케팅'의 한계다.

한편, 반드시 '어른 세대가 압도적 다수가 된다=노인이 증가한다.'라고는 말할 수 없는 새로운 시대가 시작되려 하고 있다. 나는 그런 생활자를 '새로운 어른'이라고 부른다. 이들 '새로운 어른'은 비즈니스나 마케팅에 새로운 기회를 제공한다.

일본은 고령화 사회의 모델이 된다
- 드러커의 예견

현재 일본뿐만 아니라 전 세계적으로 고령화가 진행되고 있다. 일본, 미국, 프랑스, 독일, 이탈리아, 스웨덴, 영국 등 주요 선진국의 1950~2050년에 걸친 65세 이상 인구 비율의 추이를 살펴보면 이를 한눈에 알 수 있다. 앞으로 전 세계가 고령화되어 간다(도표4). 그리고 이들 나라에 이어 아시아와 개발도상국도 고령화되어 간다. 한중일의 공통된 사회적 과제는 저출산 고령화다. 특히 오랜 기간에 걸쳐 한 자녀 정책을 지속해 온 중국이 심각하다.

수많은 미래 예측 가운데 확실한 것이 두 가지 있다. 첫째는 지구 온난화이고 둘째는 고령화다. 기상 이변이 일어나든 전쟁이 일어나든 세

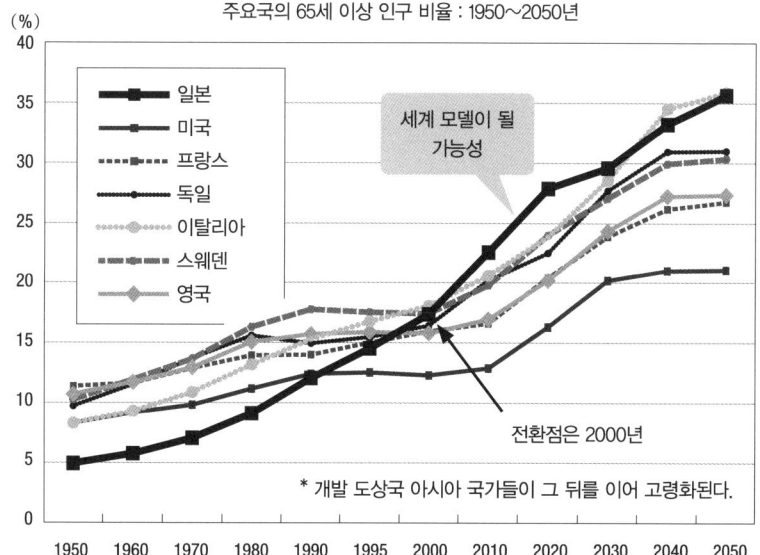

[도표4] 확실한 미래 예측은 '세계적인 고령화'

출처: 국제연합, World Population Prospects: The 2004 Revision

계적인 고령화는 반드시 찾아온다. 지구의 미래는 '세계적인 고령 사회'이며, 이것은 반드시 찾아올 '불가피한 미래 사회'다.

그런데 독자 여러분은 그중에 일본만이 특이한 곡선을 그리고 있다는 사실을 발견했는가? 아래쪽에서 위쪽으로 꿰뚫고 지나가는 듯한 곡선이다. 전환점은 2000년으로, 이때 일본의 고령화율은 17퍼센트가 되었다. 참고로 고령화율 7퍼센트부터가 고령화 사회, 14퍼센트이면 고령 사회, 21퍼센트부터는 초고령 사회라고 부른다. 일본은 1970년에 7.1퍼센트로 고령화 사회가 되었고, 1995년에 14.5퍼센트의 고령화율로 고령 사회가 되었다. 그리고 2007년에 21.5퍼센트의 고령화율로 초고령 사회가 되었다. 2000년은 고령 사회에서 초고령 사회로 나아가는 과정에 있었던 해다. 이 2000년에 일본과 고령화율이 겹친 나라는 스웨덴이다. 그러나 일본이 스웨덴과 고령화율이 같아졌다고 해도 실감이 잘 나지 않는 이유는 그전의 선이 다른 나라보다 낮았기 때문이다. 이는 일본이 '젊은이 사회'이자 '젊은이의 나라'였음을 의미하며, 그때 꽃을 피웠던 것이 '젊은이 문화'였다. 그러나 2000년 이후 일본은 점점 다른 나라가 되어갔다.

2000년 이후 일본에서 꾸준히 상승한 것은 고령화뿐이라고 해도 과언이 아니다. 일본에서는 다른 나라를 제치고 빠르게 고령화가 진행되어 갔다. 고령화 사회에서 고령 사회가 되기까지 25년이 걸렸는데, 고령 사회에서 초고령 사회가 되기까지는 그 절반인 12년밖에 걸리지 않았다. 세계에서 가장 빠르게 고령화가 진행된 것이다.

일본인은 그다지 깨닫지 못하고 있지만, 사실은 전 세계가 일본을 주목하고 있다. 일본이 좋은 의미에서나 나쁜 의미에서나 세계 각국에 고령화의 선행 지표가 되고 있기 때문이다. 이것은 '일본이 세계의 모델'이 된다는 의미다. 이것을 유언처럼 남긴 사람이 피터 드러커 Peter Ferdinand Drucker, 1909~2005다. 드러커는 "일본은 다시 한 번 세계를 선도할 수 있다."라고 말했다. 일본에는 정년 제도가 있기 때문이라는 지적도 했다. 드러커는 기업과 NPO의 상호작용을 강조했다. 정년을 맞이한 단카이 세대가 그전까지 일하던 기업을 떠나 자원 봉사 등 사회적 활동에 종사한다. 그런 사람들이 많이 생기면 세계의 모델이 될 것으로 예견했다.

실제로 단카이 세대는 2007년부터 은퇴하기 시작해 이미 이런 움직임을 상당히 보이고 있다. 따라서 드러커의 예견이 실현되는 과정에 있다고도 할 수 있다. 정년퇴직을 하고 경제적으로나 시간적으로나 다소 여유가 생긴 볼륨존의 유능한 인재가 유급 자원 봉사 등 비교적 저비용으로 사회 활동을 하면 사회 전체에도 크게 긍정적으로 작용할 것이다. 지방 재건의 기수로서도 기대 받을 것이다. 단카이 세대와 그 뒤를 잇는 뽀빠이-JJ(포스트 단카이) 세대가 다음 시대의 일본에 커다란 영향력을 발휘할 가능성도 있다.

비즈니스나 마케팅도 마찬가지다. 일본에서 인구의 고령화에 대응하는 비즈니스나 마케팅 모델이 만들어지면 전 세계의 모델이 될 가능성이 있다. 흔히 국내 시장은 이미 정점을 찍고 하향세로 접어들었으니 해외 시장에서 활로를 찾아야 한다고 말한다. 그러나 필자는 반대가 아닐까 생각한다. 즉, 고령화가 진행되는 국내 시장에서 새로운 모델이 만들어지면 그것을 글로벌 시장에 응용할 가능성이 생긴다. 현 시점에서는 개발도상국에 젊은 인구가 많아 기존의 마케팅을 응용할 수 있기 때문에 해외 시장으로 향하고 있는 측면이 있다고 본다. 그러나 아시아의 국가들도 개발도상국도 선진국을 따라 고령화가 진행될 것이다. 언제까지나 기존의 마케팅 수법만으로 대응하기에는 한계가 있다. 그런 의미에서는 조금이라도 빨리 새로운 마케팅 모델을 개발하는 편이 글로벌 마케팅 경쟁에서 승리할 가능성이 있으며, 일본의 시장은 이를 위한 최고의 표본 시장이 된다.

일등 국가 일본Japan as Number One이라고 불리던 시절에는 '고품질'을 무기로 세계 시장에 진출할 수 있었다. 그리고 앞으로는 '인구 구조의 변화에 대한 대응'을 무기로 세계 시장에 진출할 수 있게 될 것이다. 특히 일본에서는 인구 구조의 변화에 대한 대응과 관련해 생활자의 의식 변화가 일어나고 있다는 점이 중요한 포인트다. 뒤에서 자세히 이야기하겠지만, 일본에서 일어나고 있는 생활자의 의식 변화와 같은 현상이 전 세계에서 일어나고 있다. 이것은 일본이 비즈니스나 마케팅의 측면에서 세계의 모델이 될 가능성이 있음을 강하게 암시한다.

일등 국가라는 말을 들었던 시절의 일본은 '1억 총 중류 사회'였다. 요컨대 일본은 부자가 많았던 것이 아니라 중산층이 1억 명이나 있었고, 그 1억 명의 중산층이 '고품질' 상품을 사용하고 그 상품이 세계 시장에 진출함으로써 일등 국가가 되었다. 그리고 당시 사회의 중핵은 단카이 세대와 뽀빠이-JJ(포스트 단카이) 세대였다. 따라서 단카이 세대와 뽀빠이-JJ 세대가 고령 사회의 중핵을 구성하게 된다면 이 세대가 또다시 시장을 움직일 가능성이 있다. 인구의 볼륨존인 단카이 세대와 뽀빠이-JJ 세대는 수의 위력을 발휘해 왔다. 그리고 다시 한 번 그 힘을 발휘할 시기가 찾아온 것이 아닌가 싶다. 이에 관해서는 이 책의 후반부에서 자세히 다루겠다.

02 50대 이상의 커다란 변화

라이프 스테이지의 진화
- 가족을 일단 졸업한다

약 15년 전까지만 해도 50대 이상을 마케팅의 대상으로 삼는 일은 많지 않았다. 고령자를 대상으로 한 종이 기저귀나 틀니 세정제, 일부 고소득층을 타깃으로 삼은 고급 세단 정도가 예외였을까? 당시 50대 이상의 삶은 '극히 일부를 제외하고 50세를 넘기면 가정에서나 사회에서나 조역'이며, '은퇴'라는 것은 당연히 사회에서나 가정에서나 '조역'이 됨을 의미했다.

그러나 커다란 변화가 시작되었다. 50세를 넘기면 두 가지 커다란 인생의 이벤트가 찾아온다. '자녀의 독립'과 '정년퇴직'이다. 남성은 일반적으로 '성년퇴식'을 봉해 다음 스테이지로 나아간다. 그런데 여성의 경우는 그전에 '자녀의 독립'을 겪으며, 그 시점에 아직 회사를 다니는 남편보다 한 발 앞서서 실질적인 정년을 맞이한다. 그리고 '혼자', '부부 단 둘', '동료', '어머니와 딸, 그리고 손자·손녀'라는 새로운 인간관계에 발을 들인다. 남성은 '정년퇴직' 이후 본격적으로 새로운 관계에 발을 들인다(도표5). 어쨌든, '가족을 일단 졸업'하고 새로운 인간관계에 발을 들이는 것이다.

기존에는 이 시점부터 가정에서는 육아가 끝남에 따라, 사회에서는 은퇴함에 따라 조역이 되었다. 그런데 지금 여기에 변화가 일어나려 하고 있다. '회사에서는 은퇴했지만 사회에서도 은퇴한 것은 아니다.'라는 인식이 확산되고 있는 것이다. 특히 여성들은 여전히 기운이 넘쳐서, 동료 커뮤니케이션과 모녀 커뮤니케이션을 시작한다. 이런 상황 속에서 폭발한 것이 지금도 계속되고 있는 한류 열풍이다. '겨울 연가와 욘사마(배용준) 현상' 전까지 전무했던 한류 열풍을 일으킨 주역은 바로 육아를 마친 50·60대 여성이다.

'자녀의 독립' 후의 세대 혹은 부부를 가리켜 '빈 둥지'라고 부르고는 한다. 일본에서도 이런 말을 사용하지만, 사실 이것은 미국에서 주로 일어나는 현상이다. 요컨대 자녀가 떠난 뒤 부부에게 외로움이 엄습하는 현상을 의미한다. 미국에서는 자녀의 독립심이 강하기 때문에 자녀가 서부 지역에서 동부 지역 등 먼 곳으로 가 버리는 일이 많은데, 그러면 부모는 빈 둥지가 된다.

일본의 50·60대 여성은 대부분이 전업 주부로서 육아와 집안일에 전념해 왔다. 일본의 여성은 모든 시간을 집안일과 육아에 바쳐 왔다고 해도 과언이 아니다. 자녀의 독립은 곧 집안일과 육아에서 해방됨을 의미하며, 드디어 자신만의 시간을 갖게 된다. 한편 자녀는 어른이 되어도 캥거루 새끼처럼 집을 떠나지 않는다. 결혼을 해도 딸은 바로 근처에서 산다. 빈 둥지가 되는 일은 좀처럼 없다. 집을 떠나지 않든 근처에서 살든 어머니와 딸은 사이좋은 친구가 되어 함께 외출을 나가고는 한다.

어른이 된 딸과의 '모녀 커뮤니케이션'이나 '모녀 소비'가 최근 10년 사이에 왕성해졌다. 미국에서는 '빈 둥지'가 되지만 일본에서는 '모녀 커뮤니케이션', '모녀 소비'가 시작되는 것이다. '시니어=인생의 내리막길'이라는 고정관념을 갖고 바라보면 있지도 않은 빈 둥지 증후군을 멋대로 단정 짓고 수긍해 버리는데, 물론 일본이라고 해서 그런 가정이 전혀 없다고는 할 수 없지만 생활자의 실태는 상당히 다르다.

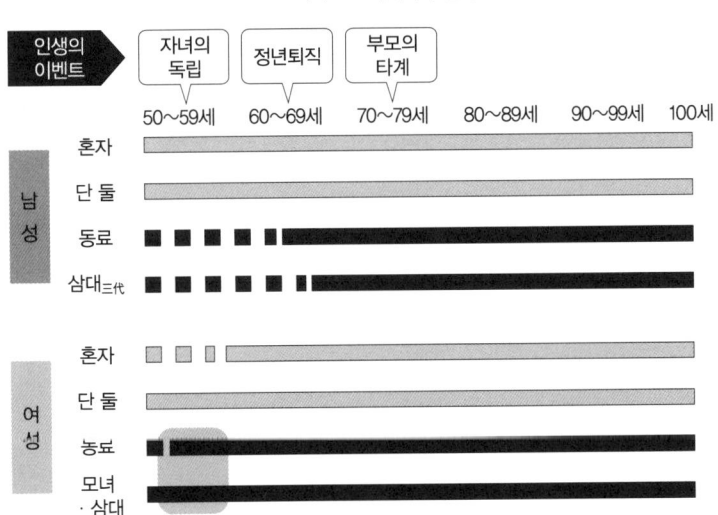

도표5 50세 이상은 일단 가족을 졸업하고 새로운 인간관계에 발을 들인다

'드디어 생긴 내 시간을 어떻게 사용할까? 인생은 지금부터야.' 여성들은 의욕이 넘쳐난다. 그리고 50대의 여성들은 '동료 만들기'를 시작한다. 주로 학부모 모임에서 만난 친구나 동창생을 시작으로 취미를 공유하는 친구를 넓혀 나간다.

'횡적'과 '종적'의 T자형 커뮤니케이션이 시작된다

'동료'와 '모녀'를 기점으로 커뮤니케이션이 확대되어 간다. 이것을 T자형 커뮤니케이션이라고 부른다(도표6). 동료끼리의 횡적 커뮤니케이션과 모녀의 종적 커뮤니케이션이다. 일례로 한류 열풍의 경우, 먼저 횡적인 커뮤니케이션에서 '겨울 연가'의 인기가 폭발하고 이것이 종적 커뮤니케이션을 통해 딸에게 확산되었으며 동시에 K-POP의 정보를 딸에게서 얻은 50·60대 여성 사이에서 동방신기의 팬이 증가하는 현상을 만들어냈다. 아이돌은 수명이 짧은 터임에도 SMAP이나 아라시嵐의 인기가 오래 지속되는 이유는 이 모녀와 동료가 그들을 지지하고 있기 때문이다. 일반적으로 SMAP은 50대 전후의 어머니와 30대의 딸, 아라시는 40대의 어머니와 20대의 딸이 지지한다고 한다.

여러분은 SMAP의 라이브 콘서트에 가 본 적이 있는가? 상식적으로 생각하면 젊은 여성들로 가득할 것 같지만, 실제로 콘서트가 열리는 도쿄돔에 가 보면 눈대중으로 봤을 때 10명 중 6~7명은 40대 이상의 여

도표6 여성은 동료와 모녀 관계를 기점으로 T자형 커뮤니케이션 회로를 형성한다

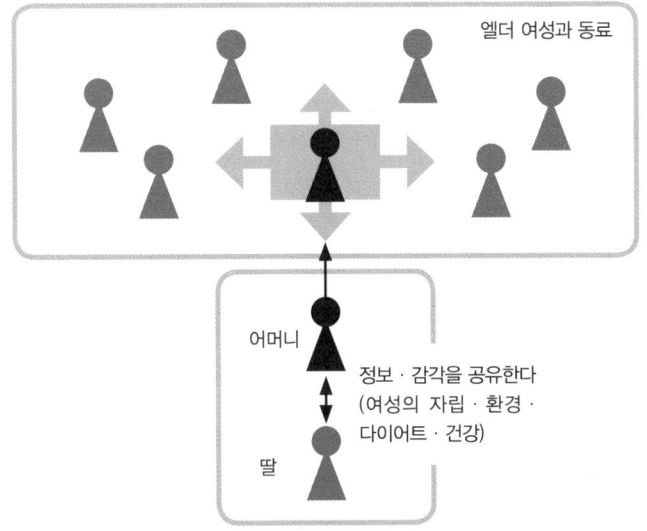

도표7 남성은 십자형 커뮤니케이션 회로를 형성한다

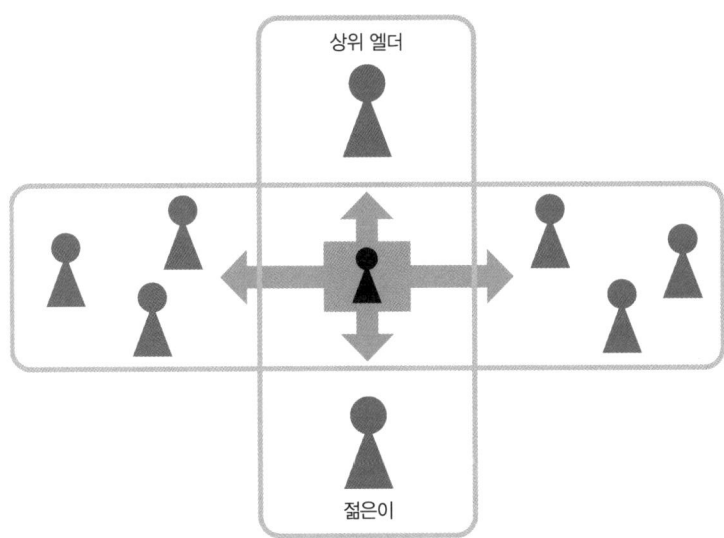

성이다. 또 좌우를 둘러봐도 함께 온 어머니와 딸로 가득하다. 미국의 빈 둥지와는 대조적인 일본의 여성들이 한류 열풍과 아이돌 열풍을 뜨겁게 지탱하고 있는 것이다.

'젊고 건강한 액티브 시니어'라고 하면 일반적으로는 남성을 중심으로 이야기될 때가 많은데, 사실은 여성이 선도하고 있다. 또 한류 여성을 액티브 시니어라고 부르는 일은 그다지 없을 터이지만, 사실은 그들이야말로 50대 이상 소비의 핵이다. 그런 의미에서도 정보 발신자들 사이에서 일반적으로 이야기되는 액티브 시니어와 생활자의 실태 또는 소비 행동 사이에는 상당한 괴리가 발생하고 있다. 좀 더 편견 없이 보지 않으면 기회를 잡기 어렵다.

흔히 모녀라고 하면 어머니는 구시대적 여성, 딸은 현대적인 여성이라는 인식이 있는데, 현재의 모녀는 그렇지 않다. 어머니도 딸도 현대적인 여성이고 싶어 한다. 공통된 화제는 '여성의 자립, 환경, 다이어트, 건강'이다. 실제로 어머니를 통해 '무인양품'의 존재를 알게 된 30대 여성도 있다. 현재 50대 후반에서 60대의 여성은 딸에게서 최신 패션 정보를 입수하는데, 하쿠호도 젊은이 연구소 리더인 하라다 요헤이 原田曜平 씨의 이야기를 들어 보면 40대~50대 전반의 신인류·버블 세대에서는 어머니가 딸에게 최신 정보를 제공한다고 한다.

여성이 T자형인 데 비해 남성은 십자형이다(도표7). 지역에 들어가 손위의 엘더 세대와 젊은이를 연결시키려 한다. 대표적인 예가 동일본대지진 당시의 아저씨 자원 봉사자들이다. 그리고 횡적 커뮤니케이션의 경우, 안타깝게도 남성은 여성과 달리 모르는 사람과 금방 친해지는 능력을 갖추지 못했다.

정년퇴직을 한 남성은 이제 전화를 걸 상대가 없어졌음을 깨닫는다. 그리고 "친구는 전부 회사 안에만 있었단 말인가…."라고 중얼거린다. 그러다 동창생을 문득 떠올린다. 그래서 전화를 걸어 이야기를 나누고 언제 만날지 날짜를 맞추다 그날 당장 만나기도 한다. 시간은 얼마든지 남아돌기 때문이다. 남성의 횡적 유대는 주로 동창생이나 취미 동료이며, 나머지는 일을 통해 알게 된 사람들이다.

단카이 세대 이후는 젊었을 때 부모 세대와 대립하며 젊은이들끼리 횡적으로 유대를 맺던 세대다. 그래서 남성끼리 혹은 남녀가 함께 다시 횡적으로 유대를 맺으려 한다. 여성뿐만 아니라 남성도 횡적으로 유대를 맺는 경향이 있다는 것이 단카이 세대 이후의 변화이며, 그 결과물이 '동창생과의 평일 골프'이고 '모터사이클 투어링'이다. 2014년에 전국의 골프장 매출이 오랜만에 전년 대비 증가를 기록했는데, 단카이 세대의 평일 골프 덕분이었다고 한다. 또 현재 제3차 모터사이클 열풍이 불고 있는데, 중노년 라이더가 이 열풍을 견인해 시장에 커다란 충격을 주고 있다. 이 두 가지 사례에 관해서는 뒤에서 자세히 다루도록 하겠다. 요는 단카이 세대라는 인구의 볼륨존이 50대에서 60대가 되어 은퇴하고 사생활을 되찾아 개인 행동·개인 소비를 시작함으로써 남성과 여성 모두 사회 현상을 일으키고 있으며 비즈니스에 커다란 영향력을 행사하기 시작했다는 것이다.

또 '자녀의 독립', '정년퇴직'과 관련된 부부의 공통 사항으로는 리폼이 있다. 자녀의 방이 비게 되자 들어온 퇴직금으로 집을 리폼하는 것이다. 이것이 현재 리폼 시장을 먹여 살리고 있다.

그리고 '자녀의 독립'과 '정년퇴직' 뒤에 세 번째 인생의 이벤트가 찾아온다. 바로 '부모의 타계'다. 70세가 넘어가면 시댁과 처가의 부모 중 마지막 한 명도 세상을 떠나게 된다. 기존에는 부모의 타계를 계기로 자신도 남은 시간을 조용히 사는 것이 당연한 일이었지만, 단카이 세대부터는 다소 양상이 달라지고 있다. 당장은 부모가 세상을 떠난 슬픔에 잠기지만, 시간이 지나 기분이 정리되면 '이제 진짜로 자유가 됐구나.'라는 생각이 든다. 이것은 바로 지금 이 순간에 일어나고 있는 변화다. 몇 년 뒤면 단카이 세대 전원이 70대가 된다. 지금까지는 70대라고 하면 명실상부한 노후였지만, 단카이 세대에게 70대는 본격적으로 '자신의 시간'이 시작되려 하는 시기다.

이러한 50대 이상을 '50+세대'라고 부른다. 세계 최대의 고령자 조직인 미국의 AARP(옛 명칭 : 전미 퇴직자 협회. 현재는 퇴직자만의 조직이 아니게 되었기 때문에 약칭인 AARP를 정식 명칭으로 사용하고 있다)는 시니어 대신 '50+세대'라는 명칭을 사용하고 있다.

03
염가 상품을 좋아하는
돈과 시간 부자들

그들은
과연 부유층일까?

 돈에 관해 제일 먼저 생각해야 하는 점은 애초에 돈을 가지고 있느냐다. 고령자라고 하면 '연금 수입만으로 허리띠를 졸라매고 생활하는 사람들'이라는 이미지도 있다. 실제로 그런 힘든 생활을 하는 고령자들도 존재한다.

 그러나 그렇게 따지면 30대에도 자녀를 홀로 키우며 어렵게 사는 사람이 존재하며, 자녀 6명 중 한 명이 상대적 빈곤에 시달리고 있다. 그러나 이런 사람들의 빈곤이 문제라고 해서 30대 전체를 생활이 어려운 세대로 취급하고 비즈니스나 마케팅의 대상에서 제외한다면 현실적이지 못할 것이다. 고령 세대도 마찬가지다. 허리띠를 졸라매고 연금 생활을 하는 고령자가 있다고 해서 고령자 세대는 비즈니스의 대상이 되지 못한다며 제외시켜 버리면 현실과 괴리되어 버린다.

모든 연령대에 대해 '돈 부자 · 시간 부자 · 돈과 시간 부자 · 여유 없음'의 네 부류로 나누고 당신은 어디에 속하느냐고 질문한 조사가 있다 (도표8). 이 조사에 따르면 '돈도 있고 시간도 있는 돈과 시간 부자'라고 대답한 사람이 가장 많은 연령대는 50대와 60대였다. 이런 조사 결과를 보여주면 "그건 부유층 이야기지."라든가 "그렇지 않은 사람도 있잖아?"라는 반응이 나온다. 그러나 이 조사 결과가 말해 주는 것은 그런 부유층이 있느냐 없느냐는 문제가 아니다. 이것은 라이프 스테이지의 변화가 세대 전체에서 일어났음을 의미한다. 50대와 60대가 현역 세대와는 다른 인생의 스테이지에 들어간 결과인 것이다. 이것이 60대

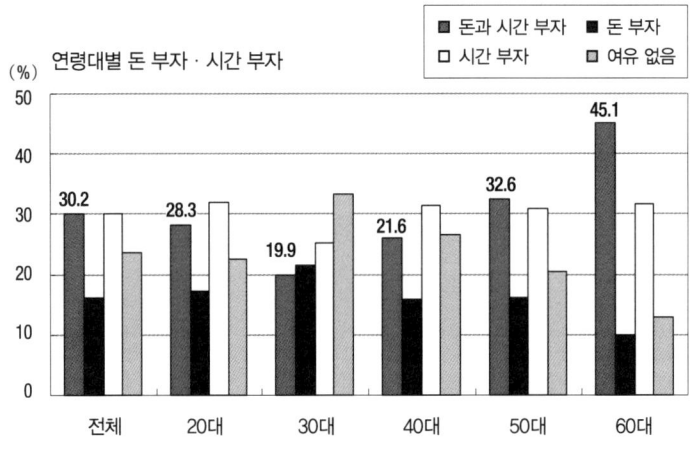

도표8 50~60대는 자녀의 독립 등으로 '돈과 시간 부자'가 된다

출처 : 엘더 HABIT

이상의 세대를 볼 때 중요한 포인트다.

먼저, 50대가 되어 '자녀가 대학을 졸업'하자 수중에 현금이 남게 되었다. '대출 상환의 끝'이 다가오고, 60세를 넘기면 '퇴직금'이 들어온다. 그리고 정년을 맞이하면서 시간에 여유가 생긴다. 특히 중요한 것은 '자녀의 독립'이다. 2014년 4월에 소비세 증세가 실시되었는데, 증세가 되어도 절대 줄일 수 없는 것 중 하나가 자녀를 위한 지출이다. 소비세가 올랐다고 해서 자녀에게 학원에 다니지 말라고 말할 수는 없는 노릇이며, 식비도 줄일 수 없다. 따라서 엄마와 아빠, 특히 아빠의 소비를 줄이는 수밖에 없다. 그런데 자녀가 독립했다는 것은 그 줄일 수 없었던 지출 대상이 사라졌음을 의미한다. 물론 독립하지 않고 계속 부모의 집에 얹혀사는 자녀도 있을지 모르지만, 이 경우도 제 앞가림은 하므로 손이 많이 가지도 학비가 들지도 않는다. 이것이야말로 가계에서 가장 큰 변화다. 극단적으로 말하면 수중에 있는 돈이 전부 가처분 소득이 된다.

JR 규슈의 '세븐스타 in 규슈'(JR 규슈에서 운행하는 고급 크루즈 관광열차-옮긴이) 열풍은 50대 이상의 지지를 통해 지탱되고 있다. 3박 4일에 50만 엔이 넘는 티켓의 경쟁률이 새 상품을 판매할 때마다 20 대 1, 30 대 1로 높아지고 있다. 일반에는 부유층이 이용하는 상품으로 인식되고 있고 실제로 그런 사람들도 있지만, 애초에 부유층은 사람들이 몰리는 곳에 가려고 하지 않는다. 부유층은 사람들이 거의 없는 휴양지를 선호하기 때문이다. 부유층을 넘어서 더 광범위하게 확산되었기 때문에 열풍이 된 것이다. 실제로 돈을 저금해서 '세븐스타'를 타겠다며 의욕적으로 개호 도우미 일을 하고 있는 사람이 있다. 이렇게 부유층을 넘어서 폭넓게 확산되어야 사회 현상이 만들어진다.

'나카우'는 일본풍 쇠고기덮밥과 닭고기 달걀덮밥이 주력 메뉴인 외식 프랜차이즈 체인인데, 2015년 10월에 일본풍 쇠고기덮밥 보통보다 440엔이나 비싼 790엔짜리 '천연 연어알덮밥'을 발매했다. 그랬더니 이 상품이 60세 이상의 소비자에게 호평을 받아서, 교외 지점 등에서는 손님의 수 자체가 10퍼센트 정도 증가했다고 한다(닛케이MJ, 2015년 11월 20일). 기본 메뉴보다 두 배 이상 비쌈에도 60세 이상의 소비자들은 천연 연어알덮밥에서 매력을 느낀 것이다. 그들은 결코 부유층이 아니며, 자녀의 독립으로 다소 여유가 생긴 '작은 부자들'이다. 50+세대 소비의 한 가지 포인트는 이 '작은 부자들'의 소비다.

'시간 사치'가 최고의 사치

또 '돈과 시간 부자'라고 하면 아무래도 돈 쪽에 시선이 향하기 쉬운데, 더 중요한 쪽은 사실 '시간'이다. '세븐스타 in 규슈' 같은 크루즈 관광 열차는 3박 4일의 열차 여행을 즐길 수 있는 사람들이 많기에 열풍이 불었다. 크루즈 여객선도 마찬가지다.

이것은 과로가 사회 문제가 되고 일과 사생활의 균형이 좀처럼 개선되지 않고 있는 일본 사회에서는 조금 생각하기 어려운 현상이다. 즉,

퇴직을 해서 시간이 생긴 사람이 많아졌기 때문에 나타난 현상인 것이다. 뒤에서 설명하겠지만, '평일·비성수기 소비'도 마찬가지다. 일본인이 원래 '시간 가난뱅이'였다는 점을 생각하면 '시간'을 자유롭게 사용할 수 있다는 것은 커다란 사회적 의미를 지닌다.

개인적으로는 돈보다 '시간을 자유롭게 사용할 수 있는 사치'야말로 최고의 사치가 아닐까 싶다. 은퇴한 사람들을 대상으로 "인생 최고의 사치는 무엇입니까?"라고 물어보면 가장 많이 나오는 대답은 돈을 낭비하는 사치가 아닐 것이라고 생각한다. 필자가 주저 없이 꼽고 싶은 인생 최고의 사치는 '평일 대낮에 친구와 맥주로 건배!'다. 말년에 이런 나날을 보내며 인생을 마칠 수 있다면 다소 힘든 일이나 괴로운 일이 있었다 해도 즐거운 인생이었다고 말할 수 있지 않을까?

정년퇴직 후에 어떤 사정으로 생활에 여유가 없어졌더라도 캔맥주 정도는 마실 수 있을 것이다. 소주를 좋아하는 사람이라면 소주여도 상관없다. 건강이 걱정이라면 무알코올 맥주가 있다. 연금 수입만으로 생활하는 사람이라도 '평일 대낮에 친구와 맥주로 건배!'는 가능하다. 돈은 풍족하지만 고독한 사람은 많다. 중요한 것은 돈보다 '마음을 터놓을 수 있는 친구와의 유쾌한 대화'다.

다만 고령이 되면 인간관계 자체가 귀찮아지는 사람도 있을지 모른다. 그럴 경우는 '남편과(아내와) 건배'를 해도 좋고, '자식과 건배'를 해도 좋다. 마음을 터놓을 수 있는 단 한 명의 친구와 '둘이서 건배'를 해도 좋다. 실제로 최근에는 오후 3시부터 문을 여는 바가 있다고 한다. 그곳에는 은퇴한 세대가 모여들어 즐겁게 마시고 이야기꽃을 피운다. 그리고 밤에는 일찍 귀가해서 잠을 청한다. 개중에는 일찌감치 슈퍼에서 장을 보고 바에 와서 맥주를 마신 다음 귀가해 저녁 식사를 준비하는 여성도 있다고 한다. 이것은 현역 세대일 때는 좀처럼 누릴 수 없었던 유쾌한 생활이 아닐까? 지금은 없는 시간을 쪼개 가며 바쁘게 일하는 현역 세대도 은퇴하면 평일 대낮부터 이런 사치를 누릴 수 있게 된다.

지바대학과 도쿄대학 등의 연구 그룹은 홀로 사는 고령 남성으로서 '홀로 식사'를 많이 하는 사람의 경우 누군가와 함께 식사하는 일이 많은 사람에 비해 우울증에 걸릴 확률이 약 2.7배나 높다는 연구 결과를 발표했다(아사히신문, 2014년 10월 28일). 혼자서 있는 편이 좋다고 해도 계속 혼자인 것은 좋지 않다. 사람을 싫어한다면 가족이어도 좋다. 누군가와 즐겁게 건배할 수 있는 기회가 매우 중요하다. 이것은 마음먹기에 따라서는 누구나 할 수 있는 일이다. 그리고 이것이 인생 최고의 시간을 제공할 것이다.

그런데 생활이 어려운 30대 싱글 마더나 40대 프리터(프리랜서와 아르바이트의 합성어로, 정규 직업을 갖지 않고 아르바이트나 파트타이머로 생계를 꾸려 나가는 사람을 가리키는 말-옮긴이)는 그럴 수가 없다. 일단 생계를 꾸려 나가야 하기 때문이다. 특히 자녀가 있으면 잘 키워야 하며, 이를 위해서는 학비를 부담해야 한다. 40대 프리터도 당장 내일 먹고 살기 위해 일할 곳을 찾아야 한다. 가족이 있다면 더욱 힘들 것이다. 그들에 비하면 고령자 세대는 편하다고는 할 수 없어도 다소 정신적인 여유를 가질 수 있다. 아울러 정년 후의 생활에서는 동창회가 늘어난다. 그곳에는 적도 아군도 없다. 현역 시절의 동창회가 조금 괴로운 이유는 명함 교환을 하기 때문이며, 이 때문에 거북하기도 하고 기가 죽기도 한다. 그러나 정년 후의 동창회에서는 명함을 교환하는 일이 거의 없어진다. 최근 들어 대형 대학 주변의 연회가 가능한 소바집은 예약하기가 하늘의 별 따기라고 한다. 옛날에는 학생들의 친목회가 많아서 예약이 어려웠는데, 요즘은 동창회 때문에 예약을 잡을 수가 없다는 것이다. 젊은이가 아니라 머리가 희끗희끗한 졸업생들이 앞다투어 예약을 하고 있는 것이다.

일반적으로 시니어나 은퇴 세대라고 하면 부유층과 허리띠를 졸라매고 사는 가난한 고령자 세대라는 양극화의 이미지가 있는데, 그런 이분법으로 생각해서는 다수파의 니즈를 파악할 수 없으며 비즈니스의 해답도 얻을 수가 없다. 양극화라는 관점으로는 소비의 대상이 되는 다수파를 파악할 수 없다. 요는 일단 가족을 졸업하고 '시간 부자'가 되어 새로운 인간관계에 발을 들여놓은 50+세대가 어떻게 돈과 함께 그 '시간'을 이용해 '커뮤니케이션', 즉 인간관계를 구축해 나가고 있는지 파악해야 하는 것이다.

정년퇴직을 하면 현역 시절만큼
돈이 들지 않게 된다

은퇴한 사람에게는 '돈과 시간 부자가 된다.'는 짐과 힘께 또 한 가지 중요한 변화가 찾아온다. 이것은 잘 이야기되지 않는 경향이 있는데,

'정년퇴직을 한 뒤에는 현역 시절만큼 생활에 돈이 들지 않게 된다.'는 것이다. 먼저, 자녀를 위해 매일 지출하던 교육비와 식비가 없어진다. 이것은 결정적인 차이다. 또 남성이라면 양복을 몇 벌씩 장만할 필요가 없어진다. 회사 근처나 번화가에서 값비싼 점심 메뉴를 먹지 않아도 되고, 부하 직원에게 밥을 살 일도 없어진다. 이런저런 사정으로 경비 처리가 되지 않아 교제비를 자비로 충당할 일도 없어지고, 접대 골프에 돈을 쓸 필요도 없어진다. 평소의 지출이 전보다 훨씬 줄어드는 것이다. 요컨대 회사원 시절과는 지출의 내역이 달라진다. 실제로 가계부를 쓸 필요성을 못 느끼게 되었다든가 일일이 영수증을 챙길 필요가 없어졌다는 이야기를 자주 듣는다.

물론 예외는 있는 법이어서, 창업을 했거나 적극적으로 사회 활동을 시작하면 오히려 지출이 더 늘어날 수 있다. 부모나 배우자 등의 거동이 불편해지거나 입원을 하는 등 개호 또는 간병이 필요해져 부담이 커질 수도 있다. 본 연구소의 조사에서도 50대의 22.0퍼센트, 60대의 20.6퍼센트는 가족 중에 개호가 필요한 사람이 있었다. 요컨대 약 20퍼센트는 개호 보험 제도가 있어도 생활이 힘들어질 위험성이 있다. 즉, 개호가 필요한 가족이 있음으로써 '노후 붕괴'에 처할 위험성을 지닌 비율이 최대 20퍼센트는 된다고 할 수 있다. 그러나 나머지 80퍼센트는 그렇지 않을 가능성이 있으며, 현역일 때와는 조금 다른 방식의 생활을 하게 된다. 물론 그렇다고 해서 나머지 80퍼센트의 사람들은 아무런 걱정 없이 느긋하게 생활할 수 있다는 말은 아니다. 다만 현역 시절의 생활 방식을 기준으로 혹은 그 연장선상에서 50대 이상의 생활을 파악하기는 매우 어려우며, 그럴 경우 첫 단추를 잘못 끼울 우려가 있다.

실제로 50~60대가 된 뒤로 어떤 가계 소비 항목을 줄였는지 조사한 결과를 본 적도 있는데, '줄인' 것과 '필요가 없어진' 것은 의미가 완전히 다르다. 또 아무리 퇴직금이 들어왔다고 해도 수입이 줄어들었는데 돈을 물 쓰듯 쓰기 시작하는 사람은 아무도 없다. 일반적으로 은퇴 후 1~2년 동안은 돈을 아끼면서 상황을 지켜본다. 은퇴 후 1~2년 동안 소비 의욕이 일시적으로 저하되는 것은 일반적인 경향으로서 미리 계산에 넣어 둘 필요도 있다. 요는 돈을 쓰는 대상과 방식이 달라진다는 것이다. 근처 미술관이나 박물관, 극장 등은 애초에 상황을 지켜보는 기간이라 해도 부담 없이 이용할 수 있는 가격이기에 은퇴 세대로 넘쳐 나고 있다. 한편 '세븐스타 in 규슈'나 폴 매카트니Paul McCartney 일본 공연의 고가 좌석은 상황을 지켜보는 기간을 넘긴 은퇴 세대가 이 기회를 놓칠 수 없다며 아낌없이 돈을 쓴 예라고 할 수 있다.

'염가'는 좋아한다

세 번째로 생각해야 할 점은, '초염가'일 필요는 없지만 '염가'를 좋아한다는 것이다. 돈과 시간 부자라고 하면 왠지 돈을 물 쓰듯 쓸 것이라고 오해하기 쉬운데, 안타깝지만 그런 사람은 없다. 그들은 오랫동안 소비자로 살아 온 '현명한 소비자'다. 특히 주부들은 말 그대로 소비의 베테랑이다. 안목이 높으며, 기본적으로 '선택적' 소비를 한다. 요컨대 정말 자신에게 필요한 것, 원하는 것만을 산다. 그렇지 않은 것을 무작정 사지는 않는다. 쓸데없는 것에는 단돈 1엔도 쓰지 않는다. 그런 '현명한 소비자'의 마음을 움직이는 것이 '염가'다. 즉, '이거 원래 굉장히 비싼 건데 이렇게 싸게 나왔어?'인 것에는 마음이 움직인다. 호텔을 예로 들면, 할리우드의 스타도 이용하는 1박 300만 엔이나 하는 유명한 스위트룸이 1박 10만 엔에 나온다면 몰려들지도 모른다.

이 세대의 고액 소비는 그런 것이다. 1박 10만 엔의 호텔을 이용하는 것은 상당한 고액 소비이지만, 그만한 이유가 있다면 지갑을 연다. 아무 데나 돈을 쓰지는 않는다. 앞에서 2014년 4월에 열린 '폴 매카트니 무도관 라이브 공연'의 아레나 좌석은 가격이 10만 엔에 이르렀지만 표를 구하기가 하늘의 별 따기였다. 원래 고액이었던 것이 저렴해진 경우는 아니지만, 꼭 보고 싶었던 공연이므로 그만한 가치가 있다고 생각했기에 위와 같은 심리가 발동했다고 볼 수 있다.

쓸데없는 것에는 1엔도 쓰고 싶지 않다는 이 세대의 소비 심리를 종종 '절약 지향'이라고 표현하기도 하는데, 실제로 절약 지향인 사람들은 아무리 가격이 저렴해졌다 해도 고액 소비는 하지 않는다. 요는 자신이 원한다면 다소 고액이라 해도 지갑을 여는 '선택적 소비'다. 이것은 '선택'되는 상품이나 서비스를 제공할 수 있느냐가 기업의 포인트임을 의미한다.

선택적 소비에 맞춰 충분한
마케팅 파워를 투입하라

그런 의미에서 생각할 때 현 시점에서 기업 측이 이들에게 선택받을 만한 상품 또는 서비스를 내놓고 있는가 하면 반드시 그렇다고는 말할 수 없다. 오히려 부적합한 것도 많다. 부적합한 상품 또는 서비스는 아무리 내놓은들 선택받지 못한다. 반대로 선택받을 만한 상품이나 서비스가 충분히 나와 있다고는 말하기 어려운 만큼, 오히려 성공의 여지는 충분히 있다. 자신이 원하는 것에는 기꺼이 지갑을 연다. 그들의 니즈를 파악해 좀 더 선택받을 만한 상품과 서비스를 제공할 때 커다란 기회가 열릴 것이다.

그리고 그 선택받을 만한 상품 또는 서비스에 충분한 마케팅 파워를 투입하는 것이 중요하다. 시니어 타깃 상품을 부수적인 것으로 생각하고 미미한 예산으로 판촉 활동을 벌이고서는 별다른 성과가 없다며 한숨을 쉬며 시니어는 어렵다고 결론 내리는 모습을 이따금 보게 된다. 그러나 이것은 시니어가 어려운 것이 아니라 단순히 예산이 부족한 탓이라고도 할 수 있다. 또한 뒤에서 이야기하듯이 서비스를 제공받는 생활자들은 기업이 말하는 시니어가 자신들을 가리키는 것이라고는 생각하지 않기 때문에 판촉 활동이 효과를 내지 못한다. 앞에서 요즘 젊은이들은 '새로운 트렌드를 향해 앞다투어 달려드는 과거의 젊은이'와 다르다는 이야기를 했는데, 시니어는 바로 이 과거의 젊은이들이며 현재도 '새로운 트렌드를 향해 앞다투어 달려드는 어른들'이다. 그 전형적인 예가 한류 열풍이며, 초기의 박형薄型 TV, 고급 디지털 일안 반사식 카메라, 프리미엄 맥주, 고급 전기밥솥, 안티 에이징 화장품, 하이브리드 자동차, 스포츠카다. 전부 대량으로 투하된 거대 광고에 반응한 시니어들이 앞다투어 구입한 상품들이다. 장벽은 오히려 '시니어는 어렵다.'라는 이야기만 계속하고 있는 서비스 제공자 쪽이 만드는 것 같다.

가계의 기반이 '연수입'에서 '자산'을 늘리는 쪽으로 변화한다

고령자 세대의 1인당 소득은 전체 세대의 평균에 가깝다

50대 이상은 기존의 소비자상像과 다르다고 말했는데, 그렇다면 어떤 점이 다를까? 지금까지 살펴봤듯이 '패밀리 소비'라는 기존의 소비자상과는 다르며, 이것이 소비 방식 자체에도 커다란 변화를 가져온다. 또한 '수입'을 바탕으로 소비자를 바라보는 기존의 방식을 바꿀 필요가 있다. 정년을 계기로 수입이 없어지거나 점점 감소하는 것은 맞다. 다만 문제는 수입이 줄어들면 필연적으로 가난해져서 소비를 하지 않는 사람이 되느냐다.

후생노동성의 '국민 생활 기초 조사'(2014년판)를 보면 전체 세대의 평균 연간 소득이 528.9만 엔인 데 비해 65세 이상 고령자 세대의 평균 소득은 300.5만 엔이다. 또 연금 수급 세대도 96퍼센트에 이른다. 따라서 이것만을 보면 소비라는 측면에서는 전혀 기대할 수 없는 사람들이 된다.

일반적인 고령자 세대의 이미지도 바로 여기에서 기인한다. 고령자 세대의 대부분은 연금 수입에만 의존하며 극히 일부의 부유층만이 크루즈 여객선을 타고 세계 여행을 즐긴다는 이미지도 여기에서 나왔다.

그러나 고령자 세대는 애초에 세대 인원이 적다. 기본적으로 한 명 아니면 두 명이다. 이것이 패밀리 소비와 크게 다른 점이다. 세대 인원 1인당 소득으로 살펴보면 전체 세대의 평균이 205.3만 엔인 데 비해 고령자 세대의 평균은 192.8만 엔이다. 결국 소득에 관해서는 전체 세대와 고령자 세대 사이에 그다지 큰 차이가 보이지 않는다.

고령자 세대의 저축액은 전체 세대의 평균을 크게 웃돈다

게다가 내각부의 '고령 사회 백서'(2015년판)를 바탕으로 저축액을 살펴보면 전체 세대의 평균이 1,739만 엔인 데 비해 65세 이상인 고령자 세대의 평균은 2,377만 엔으로 1.4배나 된다(도표9). 일본의 개인 자산 1,700조 엔 중 상당 부분을 50대 이상이 가지고 있다고 한다. 일설에 따르면 55세 이상이 70퍼센트를 가지고 있다고도 한다. 금융 기관에서는 "큰돈을 움직이는 건 70대 이상"이라는 목소리도 들린다. 일본 재정의 최대 강점은 이 개인 자산 1,700조 엔에 있는데, 그 상당 부분을 50대 이상이 가지고 있다. 그렇기 때문에 전체 세대 평균의 1.4배나 되는 것이다.

그렇다고 이것이 극히 일부의 부유층 때문에 생긴 결과인가 하면, 저축액이 1,800만 엔 이상으로 전체 세대 평균을 웃도는 세대가 전체 고령자 세대의 44.0퍼센트를 차지한다. 결코 일부 부유층 때문에 생기는 착시 효과가 아니다. 최근 들어 '하류 노인·1억 총 노후 붕괴'가 화제가 되고 있는데, 물론 하류 노인이 되는 사람도 일부 있겠지만 모두가 하류가 될 가능성은 거의 없다. 고령자가 빈곤층으로 흘러들어가 이대로 가면 1억 노후 붕괴 현상이 일어날 것 같은 불안감을 느낄 수도 있지만, 한편에서는 '세븐스타 in 규슈'가 새 상품이 발매될 때마다 경쟁률 20 대 1, 30 대 1을 기록하고 있다. 즉, 인구가 급격히 고령화되면서 빈곤층으로도 고액 소비로도 많은 사람이 흘러드는 현상이 일어나고 있는 것이다.

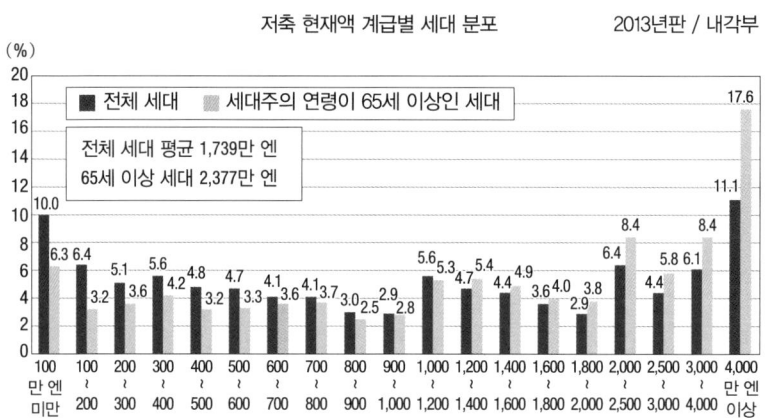

도표9 65세 이상 세대의 저축액은 전체 세대 평균의 1.4배

저축 현재액 계급별 세대 분포   2013년판 / 내각부

출처 : 〈가계 조사〉(2인 이상 세대), 2013년, 총무성
(주1) 1인 세대는 대상 외
(주2) 우정郵政 은행, 우편 저금·간이생명보험관리기구(구 일본 우정공사), 은행, 기타 금융 기관의 예저금, 적립형 생명 보험 등의 계약금, 주식·채권·투자 신탁·금전 신탁 등의 유가 증권과 사내 예금 등의 금융 기관 외 저금의 합계

'수입'에서 '자산', 그리고 '늘리기'로

지금까지 비즈니스의 세계에서는 수입을 기본적인 잣대로 삼아 왔는데, 수입이 잣대가 되지 않는 사람들이 볼륨존이 되고 있다. 기본 잣대가 '수입'에서 '자산'으로 이동하고 있는 것이다. 게다가 이 '자산' 자체에 커다란 변화가 일어나고 있다. 단카이 세대보다 위의 세대는 저금을 쓰지 않고 계속 모으기만 했다. 그래서 개인 자산이 1,700조 엔이나 될 수 있었던 것인데, 단카이 세대부터는 저금만 하는 것이 아니라 투자를 해서 자산을 늘리려 하고 있다. 이러한 경향은 다음 세대로 넘어갈수록 더욱 강해질 것이다. 단순한 저축이 아니라 '저축과 투자', 여기에 '다소간의 수입'이 50대 이상의 가계의 기반이 되어갈 것이다. 그 수입도 세대를 기준으로 보면 적지만 1인당으로 보면 전체 세대의 평균과 비교해도 손색이 없다.

일본의 고도성장은 이케다 내각의 '소득 배증倍增 계획'과 함께 진행되었다. 그런 의미에서 보면 앞으로 '자산 배증'까지는 어렵더라도 경제의 지속적인 성장과 함께 '자산 증대 계획' 정도는 있어도 좋지 않을까 싶다.

04
초고령 사회를
더 나은 미래로

요개호에서
개호 예방으로

그렇다면 앞으로의 초고령 사회는 어떻게 될지 살펴보도록 하자. 고령 세대라고 하면 절대 빼놓을 수 없는 것이 '개호'와 '의료' 문제인데, 이에 관해서도 지금 커다란 변화가 일어나려 하고 있다.

현재 논란이 되고 있는 소비세 증세가 필요한 근본적인 이유는 이 고령자 세대의 개호와 의료에 들어가는 비용이 재정을 압박하고 있기 때문이다. 해결이 불가능해 보이는 문제다. 현재 75세 이상의 후기 고령자 가운데 요지원을 포함한 요개호 인구의 비율은 31.3퍼센트다 (후생노동성 '2012년도 개호 보험 사업 상황 보고' 연보에서 산출). 단카이 세대라는 인구의 볼륨존이 이 연령이 되었을 때 요개호 인구의 비율이 지금과 같다면 재정은 파탄을 맞이할 위험성이 있다. 이것을 2025년 문제라고 부른다. 2025년은 단카이 세대(1947~1949년에 태어난 정통 단카이 세대)가 모두 75세 이상의 후기 고령자가 되는 해다.

그런데 아직 미래의 일이므로 단언하기는 어렵지만, 사실 단카이 세대부터는 개호 자체가 크게 달라질 가능성이 있다. 본 연구소의 조사에서 "개호가 필요한 상태가 되지 않기 위해 평소에 무엇인가 신경 쓰고 있는 것이 있습니까?"라고 질문한 결과, 60대의 83.2퍼센트가 '건강진단'이나 '적당한 운동'을 비롯해 구체적인 행동을 하고 있다고 대답했다(도표38, 260페이지). 2000년에 개호 보험 제도가 출범한 이래 15년 동안 개호는 사회적인 문제로서 끊임없이 논의되어 왔으며, 단카이 세대는 부모를 개호해야 하는 상황에 직면해 왔다. 그래서 자신은 개호를 받지 않아도 되도록 건강을 유지하자는 마음이 강하다. 특히 자신들이 바빴던 탓에 부모에게 '노노 개호'(고령자가 고령자를 돌보는 것-옮긴이)를 강제하는 결과를 낳았다는 후회도 있어서, 자신은 배우자에게 고생을 시키지 말아야겠다고 생각한다.

75세 이상의 후기 고령자 가운데 요지원을 포함한 요개호 인구 31.3퍼센트라는 숫자는 개호 예방이라는 개념이 없었던 시기의 사람들이 고령기를 맞이한 결과다. 한편 단카이 세대의 요개호 인구는 완전히 없어지지는 않겠지만 상황이 크게 달라질 가능성이 있다. 물론 이것은 가능성에 불과하며, 그렇게 될지 어떨지는 단카이 세대와 뽀빠이-JJ(포스트 단카이) 세대 한 사람 한 사람에게 달려 있다. 현 시점에서는 뭐라고 말할 수가 없다. 그러니 뒤에서 자세히 설명하겠지만 그들은 최소한 개호를 받지 않아도 되도록 해야겠다고 생각하며, 단순히 생각만 하는 것이 아니라 어떤 식으로든 행동하고 있다는 점에서 이전 세대와는 상당히 다르다고 할 수 있다.

이미 비즈니스 현장에서는 노인 보건 시설이 개호 예방으로 눈을 돌리고 있다. 그 일례가 '메디컬 피트니스'다. 요개호자가 줄어들면 비즈니스가 축소될 위험성이 있으므로 선수를 쳐서 피트니스 클럽 등을 매수해 개호 예방 사업에 뛰어들기 시작한 것이다. 헬스클럽에 가면 60대 후반으로 보이는 단카이 세대 남성이 열심히 파워 트레이닝을 하는 모습을 볼 수 있는데, 오히려 그러다 몸을 망가뜨려 요개호 상태가 되지 않을까 걱정이다. 그런 의미에서는 의사나 전문가의 조언에 따라 트레이닝을 계속한다면 좋을 것이다.

평생 건강하게 살며 아내를 고생시키지 않는 남편이 된다. 고령 인구의 증대로 개호 비즈니스의 기회는 확대되겠지만, 앞으로는 개호 예방에 더 많은 이익 기회가 있을 듯하다.

100세 현역 시대

2015년 7월 30일에 후생노동성이 발표한 바에 따르면 일본의 평균 수명은 여성이 86.8세로 3년 연속 세계 최고를 기록했고 남성은 80.5세로 과거 최고 기록을 경신하며 세계 3위에 올랐다고 한다(아사히신문, 2015년 7월 31일). 매년 조금씩이기는 하지만 꾸준히 평균 수명이 길어지고 있는 것이다.

　100세 이상인 사람을 센테네리안Centenarian이라고 한다. 통계를 내기 시작한 1965년에 153명에 불과했던 센테네리안은 2015년 9월에 6만 1,568명으로 6만 명을 돌파하는 등 점점 특별한 존재가 아니게 되고 있다. 성 루카 국제 병원의 명예 원장인 히노하라 시게아키日野原重明 씨는 그 대표 주자다. 2011년에 100세 기념 이벤트가 열렸는데, 이때 연단에 의지하지 않고 서서 연설을 해 사람들을 놀라게 했다. 또 서예가인 시노다 도코篠田桃紅 씨도 센테네리안이다. 시노다 씨는 2015년 4월에 《103세가 되어서 안 것-인생은 혼자서도 재미있다 一〇三歳になってわかったこと 人生は一人でも面白い》(2015년)라는 책을 출간했는데, 여기에서 "100세는 이 세상의 치외법권"이라는 유쾌한 발언을 했다. 작가 오타 하루코太田治子 씨는 이런 시노다 씨를 "어린 대나무처럼 사신다."라고 평가하기도 했다(산케이 뉴스, 2015년 5월 31일). 그야말로 혼자서도 늠름하게 살아가는 이들이다. 또 미우라 유이치로三浦雄一郎 씨의 부친이며 101세로 천수를 다한 프로 스키 선수 미우라 게이조三浦敬三, 1904~2006 씨는 99세에 아들, 손자와 함께 몽블랑의 빙하 활강에 성공해 큰 화제를 불러일으켰다. 앞으로 이런 사람들이 많이 나올 것으로 생각된다.

　물론 결코 병치레 없이 건강하게만 산 것은 아니고 병이나 부상에 신음할 때도 있었겠지만, 그래도 고난을 극복하고 정정하게 살고 있다. 또 다들 운 좋게 건강한 몸을 타고나서 100세까지 살 수 있었던 것이 아니라 자신만의 건강법을 갖고 끊임없이 노력한 결과 100세에 도달했다.

얼마 전까지만 해도 100세라고 하면 장수의 상징이며 초고령자였지만, 이제는 씩씩하게 살며 젊은 세대에게 용기를 북돋아 주는 사람들이 등장했다. 100세의 이미지도 180도 바뀌려 하고 있다. 이것은 참으로 멋진 일이다. '100세 현역 시대'도 이제 머지않은 듯하다.

장수 리스크를 해결하기 위한 다세대 셰어하우스

100년을 건강하게 산다는 것은 참으로 멋진 일이지만, 무작정 기뻐할 수 있는가 하면 그렇지는 않다. 한편으로는 장수 리스크이기도 하다. 즉, 80세나 90세를 종착점으로 인생을 설계했는데 그 뒤에도 인생이 계속된다면 어떻게 될까? 이런 문제로 인해 미국에는 장수 리스크에 대비한 보험이 있다.

이것은 하류 노인이라고 부르는 생활의 위기에 빠진 고령자의 문제와도 겹친다. 현재 하류 노인 문제가 활발히 제기되고 있지만 해결책은 보이지 않는 것이 사실이다. 이대로는 문제가 점점 커지기만 하는 '문제 증대 사회'가 될 수도 있다. 정부가 해결책을 생각해내야 한다는 주장도 많다. 물론 정부가 저소득·저자산 고령자에 대한 대책을 마련해 주기를 바라지만, 정부가 해결책을 마련할 때까지 기다리기만 할 수는 없는 노릇이다. 또 하류 노인은 분명히 문제를 제기해서 분위기를 환기하기에 좋은 소재였고 사회적 의의도 있었지만, 한편으로 '하류 노인'이라고 불려서 기분 좋은 사람은 없을 것이다.

2002년에 스페인의 마드리드에서 개최된 국제연합의 '제2회 고령화 세계 회의'(WAA2)에서는 '고령자의 존엄성'이 논의되었다. 당시 일본에서도 노인 복지 시설에서 젊은 직원이 고령자에게 욕을 하는 일이 있었는데, 그 후 개선의 목소리가 높아져 인생의 선배인 고령자에게 존경심을 품고 대하는 것이 일반화되었다. 최소한 '생활 곤궁 고령자' 등 호칭 자체의 전환도 검토해 볼 여지는 있을 것이다.

장수 리스크의 해결책 중 하나로 생각할 수 있는 것은 '다세대 셰어하우스'다. 고령자의 피난처라고도 할 수 있다. 문자 그대로 고통과 괴로움도 함께 나누는 '상부상조 셰어하우스'다. 특히 같은 세대가 '공조하는' 장소가 될 것으로 기대된다. 무엇보다 '함께 식사'가 가능해 '홀로 식사'를 피할 수 있다는 것이 가장 큰 포인트다.

함께 식사를 하지는 않더라도 대화는 할 수 있다. 담소를 나누기만 해도 효과가 있다. 젊은 인구가 감소하는 가운데, 요지원이나 가벼운 수준의 요개호라면 함께 살면서 서로 돕고 사는 것이다. 또 전국에 빈집이 늘어나고 있는데, 그런 빈 집을 효과적으로 이용해 셰어하우스를 만들 수 있다면 일석이조일 것이다.

기후 현 야오쓰 정에는 자립 생활이 가능한 60세 이상의 여성을 대상으로 한 '공동생활의 집 하나카고'花籠라는 셰어하우스가 있다. 71세의 남편과 67세의 아내가 운영한다는 이 셰어하우스에는 2008년에 개설된 이래 지금까지 26명이 주거했다고 한다. 입주자 중에는 '개호가 조금 필요하지만 자립해서 생활하고 싶다.'고 생각한 여성도 있다. 또 교토 부 조요 시의 '마마스 & 파파스'에서는 아내와 이혼하고 자식과도 몇 년째 연락 없이 살던 66세의 남성이 동세대와 신나게 살고 싶다는 생각에서 '무추 클럽'夢中俱楽部을 발족하고 집 주인(64세)과 의논해 1

층에 있는 식당 겸 카페를 입주자뿐만 아니라 지역 고령자의 교류의 장으로 만들었다고 한다. 그 밖에도 2014년 1월에는 도쿄 도 무사시노 시에 '리베스트 하우스 기치조지'가 문을 열었고, 8월에는 홋카이도 지토세 시에 여성 전용 다세대 셰어하우스가 개설되었다.

셰어하우스는 부엌이나 욕실, 화장실이 공용이며 집 주인이 개장에 들어가는 비용을 줄일 수 있기 때문에 대부분의 경우 일반 임대 주택보다 저렴한 것이 매력이다(니혼게이자이신문, 2015년 11월 4일). 셰어하우스의 커다란 의의는 '돈과 시간 부자' 항목에서 이야기한 '마음을 터놓을 수 있는 동료와 평일 대낮부터 맥주로 건배'를 할 수 있다는 것이다. 물론 먼저 마음을 터놓을 수 있는 동료와 만나야 하겠지만, 앞으로 전국 곳곳에 다양한 셰어하우스가 등장할 것으로 예상되니 자신에게 맞는 셰어하우스를 찾을 때까지 여러 군데에서 살아봐도 좋을 것이다. 특히 단카이 세대가 이용할 무렵이 되면 셰어하우스는 다들 모여서 기타를 치고 노래를 부르며 한때를 즐기는 곳이 될 가능성도 있다. 그곳에서는 젊은이와 함께 비틀즈의 노래를 부르는 광경이 연출될지도 모른다. 혹은 반대로 젊은이들에게 요즘 유행하는 노래를 배움으로써 마음이 젊어질 수도 있을 것이다. 돈은 많지만 고독하게 살기보다는 이렇게 젊은이와 즐겁게 이야기를 나누거나 함께 노래를 부르며 사는 편이 훨씬 행복하게 생활할 수 있다.

'다세대 셰어하우스'에서 기대되는 점은 '자신이 하우스의 주민 또는 지역 사람들을 보살피는 쪽이 된다.'는 것이다. 젊은이들의 고민을 들어 준다든가, 집단 괴롭힘을 당하고 있는 아이의 의논 상대가 되어 줄 수 있을지도 모른다. 혹은 육아 경험을 살려서 젊은 어머니의 푸념을 들어 주거나 교대로 방과 후 아동 지도를 도울 수 있을지도 모른다. 하교 안전 도우미 역할을 분담할 수도 있을 것이다. 이것은 곧 '사회가 필요로 하는' 고령자가 되는 것이다. 고령자의 본질적인 문제는 '사회가 나를 필요로 하지 않는 것이 아닐까?'라는 불안감이다. 그리고 이 불안감이 비관, 홀로 식사, 고독사를 초래한다. 이런 불안감에 휩싸인 사람들이 볼륨존이 된 사회는 안타깝지만 침체된 사회가 될 위험성이 높다. 아무리 작은 일이라도 좋으니 타인이나 지역에 도움이 되는 것이 중요하다. 앞으로 '다세대 셰어하우스'는 세상에 도움이 되는 일을 만들어내는 장소로서도 다양한 형태로 기능하리라 생각된다.

저소득·저자산의 고령자를 받아들이는 다세대 셰어하우스에는 행정 기관의 보조금 지원 등을 예상할 수 있는데, 그럴 경우도 지역 공헌 등을 지원 조건으로 삼는 것이 중요하다. 이것은 고령자에 대한 보조금이라기보다 지역 문제에 대응하기 위한 비용이다. 각 지역의 관공서가 처리해야 할 업무를 저비용으로 대행시키는 대가라고 생각하는 편이 좋다. 매우 효율적인 세금 이용 방법이라고 생각한다. 물론 상태가 심각한 요개호자나 인지증에 걸린 사람은 별개로, 이들은 특별 노인 시설이나 그룹 홈이 담당한다. 요는 그런 사람들을 제외하면 기본적으로 '무조건적인 지원'은 없도록 하라는 것이다.

여담이지만 개호 시설에서 요개호 고령자들이 젊은 직원을 함부로 대하는 경우도 종종 있는데, 본질적으로는 설령 침대 신세를 지고 있는 요개호자라 해도 최대한 얼굴에서 웃음을 잃지 않는다면 그것만으로도 주위의 분위기를 밝게 만들 수 있다. 어떤 상황에서든 자신이 할 수 있는 일은 반드시 있다.

'사회가 나를 필요로 한다.'는 생각이 삶의 의욕으로 이어진다. 그리고 동시에 자긍심을 갖게 함으로써 저수입·저자산 고령자의 '존엄성'을 지켜 준다. 물론 이것으로 문제가 100퍼센트 해결되지는 않지만, 효과적인 방법 중 하나는 될 수 있다고 생각한다.

"인생은 지금부터야"

50대 이상의 변화 가운데 가장 크고 특히 소비에 큰 영향을 끼치는 것은 '의식의 변화'다. 이것은 '인생을 바라보는 시각의 커다란 전환'이며, 이에 따라 사회와 시장도 크게 전환될 가능성이 있다.

지금까지 50세 이상을 바라보는 일반적인 시각은 '인생의 내리막길' 혹은 '여생'余生이었다. 이것이 시니어·고령자에 대한 일반적인 이미지였다. 그러나 지금의 50대·60대는 크게 다르다. 50세가 될 때까지는 일 때문에 뜻대로 살지 못할 경우도 많았지만, 50세를 넘기면 슬슬 '인생의 꽃을 피우고 싶다.'는 생각을 하게 된다. 물론 여기에는 개인차도 있고 남녀, 지역, 연령에 따라서도 차이가 있다. 그러나 수많은 조사 결과와 인터뷰를 종합해 보면 온도차는 있을지언정 누구나 마음속에서는 그렇게 생각하는 듯하다(도표10).

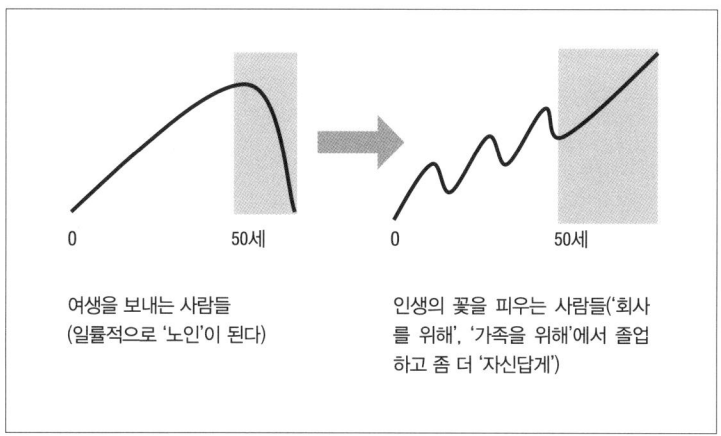

도표10 인생을 바라보는 시각이 크게 바뀌고 있다

여생을 보내는 사람들
(일률적으로 '노인'이 된다)

인생의 꽃을 피우는 사람들('회사를 위해', '가족을 위해'에서 졸업하고 좀 더 '자신답게')

이것은 유사 이래 없었던 시각이다. 오다 노부나가織田信長, 1534~1582의 시대에는 '인생 50년'이라고 해서, 50세가 인생의 끝이었다. '50세부터가 인생'이라는 인식은 역사상 최초인 것이다. 그러다 보니 지금까지는 50세 이상을 위한 상품도, 서비스도, 라이프 스타일도 없었다. 이는 달리 말하면 50대 이상을 타깃으로 삼은 상품·서비스를 제공하고, 라이프 스타일을 제안하는 것이 새로운 비즈니스의 기회이기도 하다는 뜻이다.

물론 이 연령대가 되면 '절반쯤 포기'하는 심정도 생긴다. 필자도 그중 한 명이다. 50세를 넘어서도 활기가 넘치는 사람은 그리 많지 않다. 특히 육체적인 측면에서 노쇠하지 않는 사람은 없다. 50세를 넘기면 요통·당뇨병·신경통·류머티즘 등에 시달린다. 여성은 45세를 넘기면 갱년기 장애에 시달린다. 이것은 당연한 일이며, 이때부터 소위 '나잇값'을 하게 되고 인생의 내리막길을 걸으며 여생을 보내는 것이 일반적이었다.

그러나 육체적인 측면에서는 쇠약해져도 마음속 깊은 곳을 살펴보면 많은 사람이 '인생의 꽃을 피우고 싶다.'고 생각한다. 겉으로 보이는 모습은 그렇지 않더라도 마음속에서는 그렇게 생각한다. 지금까지는 사회가 있어야 개인이 있다는 것이 상식이었기 때문에 은퇴 후에는 문자 그대로 '사회'의 후방으로 물러나 '조역'이 되는 측면이 있었다. 신체적인 변화도 이를 부추겼다. 그러나 자신의 인생이라는 의미에서는 나이가 몇 살이든 '나 자신이 주역'이다. 그리고 시대의 변화와 함께 조직이나 국가의 비중이 상대적으로 줄어들고 그만큼 '개인'이 전면으로 나오게 되었다.

이러한 사회 전체의 변화 속에서 회사를 떠나고 가족을 일단 졸업하자 '내 시간이 찾아왔다.'라는 마음이 전면으로 나오며 '조역'이 아니라 '주역'이라는 의식이 강해진 것이 아닐까 싶다.

예전에는 50세를 넘기면 누구나 '노인'을 향해 달려갔다. 적어도 겉모습을 보면 모두가 똑같아 보이고 개성은 거의 느껴지지 않는 '노인', '고령자'가 되어 가는 것이 당연한 일이었다. 그런데 현재 이 연령대의 생활자는 회사를 위해, 일을 위해, 자녀를 위해, 남편을 위해, 가족을 위해라는 그때까지의 짐을 일단 내려놓은 뒤에는 좀 더 '자신답게' 살고 싶다고 생각하게 되었다. '개성의 소실'에서 '개성의 복권'復權으로 전환이 일어난 것이다.

수많은 조사 결과와 인터뷰를 종합해 보면 많은 사람이 현재 '절반쯤 포기' 상태라 하더라도 가능한 범위에서 '인생의 꽃을 피우고 싶다.'고 생각하고 있다. 신체적인 변화가 있더라도 '그러니 조용히 살자.'가 아니라 어떻게든 그 변화를 관리하고 싶어 한다. 몸을 관리해서 되도록 이면 '인생의 꽃을 피우고 싶다.'고 생각한다.

그렇다면 어떻게 해야 그것을 실현할 수 있느냐가 문제인데, 아무리 간절히 바라더라도 개개인의 힘으로는 실현하기가 결코 쉽지 않다. 이를 위해서는 생활을 뒷받침해 줄 구체적인 상품이나 서비스가 필요하다. 또 상식의 전환인 만큼 전환을 지원해 주는 미디어가 필요하다. 그렇게 생각하면 '생활자'와 '기업'과 '미디어'가 힘을 모을 때 비로소 실현이 가능하다고 할 수 있다. 그렇게 된다면 생활은 더욱 풍요로워지고 비즈니스도 만개할 것이다.

2012년, 11년 만에 정부의 고령 사회 대책 대강이 개정되었다. 여기에는 '고령자'를 바라보는 의식에 대한 개혁으로서 "일률적으로 '도움을 받는' 사람이라는 인식과 현실의 괴리를 없애고 고령자의 의욕과 능력을 활용하는 데 방해가 되는 요소를 배제하기 위해 고령자에 대한 국민의 의식 개혁을 꾀할 필요가 있다. (중략) 고령자의 의욕과 능력을 최대한 활용하기 위해서도 '도움이 필요한 사람'이라는 고령자에 대한 고정 관념을 바꾸고 의욕과 능력이 있는 65세 이상의 사람은 '도움을 주는 쪽'이 되도록 국민의 의식 개혁을 꾀하도록 한다."라는 내용이 있다. 요는 '도움을 받는 쪽'에서 '도움을 주는 쪽'으로의 전환이다.

'자신이 주역'인 인생이란 '도움을 받는 쪽'에서 '도움을 주는 쪽'으로의 전환이기도 하다. 지금까지는 은퇴하면 조역이 되어 도움을 받는 고령자가 되었지만, 은퇴해도 생활자로서는 '주역'이며 '도움을 주는 쪽'이 된다는 것이다. 이미 정부의 방침은 2012년에 크게 전환되었으며, 사회 전체가 그 방향을 향해 나아가고 있다. 이것을 적극적으로 받아들일 때 생활도 사회도 크게 변화해 나갈 것이다.

05
엘더의 불안 요소와
3대 자본

<u>건강과 경제는
2대 불안 요소이자 2대 자본</u>

50대 이상의 생활이 반드시 장밋빛이라고는 말할 수 없다. 오히려 '불안함' 쪽이 더 크다. 지금까지도 사회적으로는 '불안'의 측면이 더욱 강조되어 왔고, 그래서 '시니어·중노년, 즉 인생의 내리막길'이라는 일반적인 이미지가 있었다. 그렇다면 50대 이상의 '불안 요소'는 구체적으로 무엇일까? 앞에서 "인생은 지금부터"로 인식이 변화했다고 말했는데, '불안 요소'를 살펴보지 않는 한 "인생은 지금부터"라고는 말할 수 없다는 의견도 있을 것이다.

본 연구소의 조사에서 '정년 후의 불안 요소'로 꼽힌 것은 1위가 '건강'이고 2위가 '경제'였다(도표11). 이것은 최근 10년 사이에 몇 번을 조사해도 같은 결과였다. '건강'과 '경제'가 2대 불안 요소인 것이다.

'건강에 대한 불안'은 암·심근경색·뇌졸중의 3대 질병과 당뇨병·고혈압 등의 생활 습관병에 대한 불안, 개호에 대한 불안이다. 과거에 본 연구소에서 실시한 '건강'에 관한 조사에서는 '요통', '콜레스테롤', '고혈압'이 불안 요소 1~3위를 차지했다. 사실 나이를 먹을수록 건강해지는 사람은 이 세상에 없다.

또 '경제'의 경우는 수입의 감소를 피할 수 없다. 게다가 연금 지급 개시 연령이 늦춰지려 하고 있다. 수입이 점점 줄어드는 가운데 자칫 길을 잘못 들면 최근 들어 화제가 되고 있는 '노후 붕괴'의 상황에 처할 우려가 있다.

'건강'과 '경제'는 '2대 불안 요소'이며, 이것을 충족시킬 필요가 있는 의미에서 '2대 자본'이기도 하다. 그래서 다양한 수단으로 이 두 가지의 안정을 꾀하는 것이 생활의 기본이 된다. 그런 의미에서 생각하면 불안을 느끼기 때문에 '어떻게든 해야 해.', '자본으로서 확실히 확보하자.'는 심리가 작용한다고 볼 수도 있다. '건강'이든 '경제'든 60대 단카이 세대부터는 어떻게든 해야겠다는 마음이 이번 세대보다 더 강하다.

도표11 정년 후의 2대 불안 요소는 '건강'과 '경제'

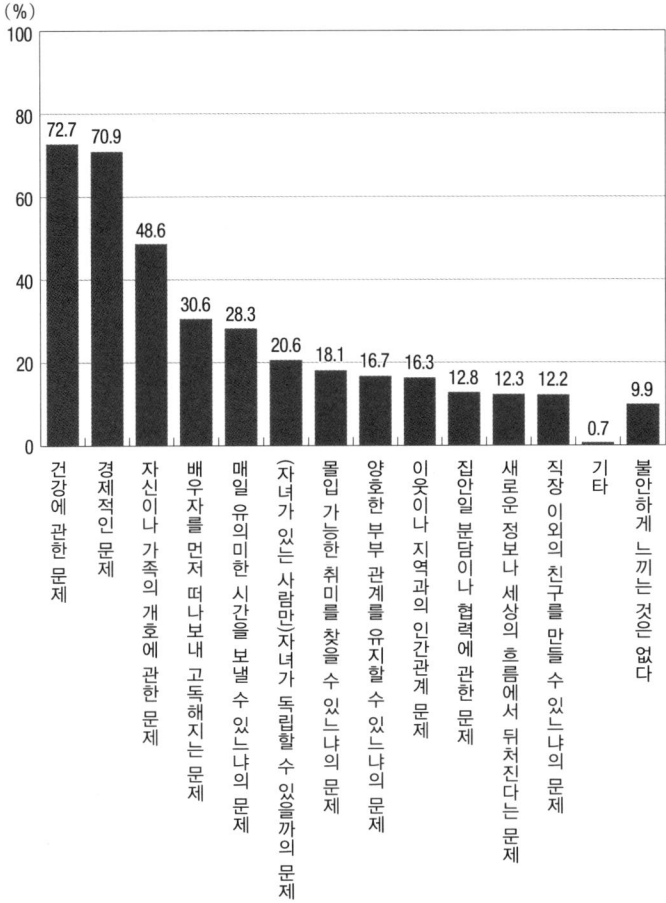

출처 : 하쿠호도 새로운 어른 문화 연구소 조사, 2013년, 40~69세 남녀, 전국 900명 대상

일병식재에서
평생 건강관리로

'건강'에 대한 불안감의 발로 중 하나가 개호 예방이다. 앞에서 소개했듯이 건강과 관련해 어떤 행동을 하고 있는 60대의 비율은 83.2퍼센트에 이르렀다. 지금까지는 고령이 되면 몸이 움직이지 않게 되는 것은 어쩔 수 없는 일이었다. 현재의 70대 이상 고령자들은 이것을 상식으로 여기며, 이것이 현재의 의료비 증가를 낳았다고도 할 수 있다. 한편 현재 60대인 단카이 세대는 '예방'을 위해 적극적으로 노력하면서 어떻게든 해 보려고 한다. 이 말은 현재의 고령 세대처럼 병에 걸리거나 개호가 필요해지지는 않을 가능성이 있다는 뜻이다. 그리고 정부·지방 자치 단체와 비즈니스계가 이러한 움직임을 지원한다면 전에 없던 일이 일어날 가능성이 있다. 게다가 뒤에서 설명하겠지만 그쪽에 돈을 쓰려고 하고 있다. 요컨대 '예방과 관련된 비즈니스를 활성화'시키고 병에 걸리거나 개호를 받게 됨으로써 발생하는 '공적 부담을 줄일' 가능성이 있는 것이다.

물론 50대를 넘기면 많은 사람이 요통을 경험한다. 콜레스테롤 수치나 고혈압, 당뇨병 등도 신경이 쓰인다. 갱년기 장애는 어지럼증이나 짜증 등 명확하지 않은 증상으로 여성을 괴롭힌다. 필자도 45세에 암을 진단 받아 수술과 항암제 치료를 받은 경험이 있다. 그러나 그 병이 있었기에 몸을 관리하려는 마음이 생겼다. 내 나름의 건강법을 만들고 지키자는 생각도 들었다. 무병식재無病息災가 아닌 '일병식재'一病息災인 것이다.

예전에는 한 가지 병에 걸리면 그때부터 인생이 내리막길에 접어들었다고 느끼기 시작해 점점 또 다른 병을 끌어안게 되었다. 그러나 현재는 한 가지 병에 걸리면 몸을 관리해야겠다는 마음가짐이 되고, 한 가지 병을 경험해 봤기 때문에 혹은 한 가지 병을 안고 있기 때문에 더는 병에 걸리지 말자며 예방에 힘쓴다. 물론 현실적으로는 요통이나 대사 증후군 등 두 가지, 세 가지 병에 걸리기도 하지만, 그렇기 때문에 더더욱 몸을 관리하고 예방하려는 마음가짐이 된다.

또한 이 2대 자본의 안정화를 위해 수많은 비즈니스가 탄생하며 이익이 확대되고 있다. 그중에서 '건강'의 경우는 사람들이 돈을 쓰고 싶어 하는 부분에 맞춰 비즈니스가 탄생하고 있다. 의료·의약품·건강보조식품 분야에서는 '코엔자임 Q10'이나 '콜라겐', '글루코사민'이, 신체 단련 분야에서는 현재 급속하게 증가하고 있는 남성의 '피트니스 클럽'과 여성의 '요가 교실'이 그 좋은 예다. 스포츠의 경우는 '워킹'이 있고, 남성의 경우 '골프'도 있다. 참고로 부부가 함께 하기에 가장 좋다고 평가받는 운동은 '워킹'이다.

이와 함께 디지털 도구를 이용한 건강관리 등에도 비즈니스의 가능성이 숨어 있다. 애플 워치도 그런 기능을 갖추고 있다. 아직 50+세대가 쉽게 사용할 수 있다고는 말하기 어렵지만, 앞으로는 더욱 진화해 누구나 쉽게 사용할 수 있는 도구가 되어 갈 가능성이 있다. 또 의사의 진단과 신체 단련의 양 측면에서 개호 예방을 하는 메디컬 피트니스도 시도되고 있다. 각 지방 자치 단체에서는 회사의 건강 진단을 받지 못하게 된 60대 이상의 건강 진단도 추진하고 있다.

이러한 다양한 방법을 통해 적어도 기초적인 '건강관리'에 관해서는 소득·자산 등과 상관없이 보급될 가능성이 있다. '건강관리'와 '개호 예방'은 행정 기관에 요구되는 커다란 과제인 동시에 큰 비즈니스 기회이기도 하다.

재무 설계가 중요해지다

'경제'의 경우, 앞에서 언급했듯이 65세 이상 고령자 세대의 평균 저축액이 2,377만 엔으로 전체 세대 평균 저축액인 1,739만 엔의 1.4배에 이른다. 이러한 차이는 경제에 대한 불안감에서 기인한 것이며, 이것이 1,700조 엔이라는 개인 자산을 만들어냈다. 불안하기 때문에 어떻게든 해야겠다는 심리가 발동해 안전망을 쳐 놓고 있는 것이다. 소비보다 먼저 저축을 하는 일본인의 경향도 이를 부채질하고 있다고 할 수 있다. 또한 60대 단카이 세대부터는 단순히 저축만 하는 것이 아니라 자산을 불리려 하고 있으며, 여기에 국민 연금과 개호 보험 등의 공적 경제 안전망도 있다.

금융계의 대규모 통폐합 이후 금융 상품으로서 '종신 보험'이나 '민간 개호 보험', '암 보험', '개인 연금 보험' 등이 크게 확대되어 왔다. 또 '재무 설계'도 확대되어 왔다. '인생 설계'를 내세운 생명 보험이나

'컨설팅'을 표방하는 증권 등이다. 뒤에서 소개할 'NISA'는 60대 이상의 지지를 받고 있다. 보험 상품은 고수익을 추구하는 금융 상품이기 이전에 안전망으로서의 기능이 중요하다. 특히 '종신 보험'이 최근 15년 사이에 널리 받아들여지게 되었다.

사실 '종신 보험'은 저소득·저자산층을 중심으로 크게 성장한 상품이다. 저소득·저자산층에게는 자신에게 만일의 사태가 벌어졌을 때 장례를 치를 돈이 없어서 장례를 치르지 못하는 것은 아니냐는 불안감이 있는데, 종신 보험은 이러한 불안감을 해소하고 싶다는 바람에 부응하며 성장해 왔다. 그리고 현재는 종신 보험 외에도 평생의 생활을 보장하는 다양한 보험 상품이 등장해 저소득·저자산층뿐만 아니라 고소득·고자산층에도 유효성을 발휘하고 있다. 무턱대고 많은 보험 상품에 가입하는 것이 바람직하다고는 결코 생각하지 않지만, 안전망으로서 보험을 효과적으로 활용하는 일의 중요성은 앞으로 더욱 높아질 것이다.

또한 재무 설계를 통해 개개인에게 맞는 설계를 하는 일이 중요해질 것이다. 일반적으로 재무 설계를 할 때는 '노후에 최소 얼마가 필요한가?'를 기준으로 설정하는 일이 많은데, 연금을 포함한 개개인의 재정을 조사해 죽을 때까지 자신 혹은 자신의 가족이 쓸 수 있는 돈이 얼마인지 산정하는 설계 방식도 있다. 요컨대 '노후에 얼마가 필요한가?'가 아니라 '내가 평생 동안 쓸 수 있는 돈이 어느 정도인가?'를 먼저 산정하는 방법이다. 수중에 있는 저금과 금융 자산, 연금 등을 일단 진부 테이블 위에 올려놓고 그것을 60대·70대·80대·90대에 매달 얼마

씩 쓸 수 있을지 할당해 본다. 그리고 매달 생활에 필요한 최소한의 비용을 산출해서 제외시키면 남은 경비가 '쓸 수 있는 돈'이 된다. 이렇게 하면 그 잉여 경비의 한도에서 여행을 하거나 투자하는 방법을 생각할 수 있다.

요는 '없는 돈을 만들어낼 수는 없다.'는 것이다. '노후에 얼마가 필요한가?'를 산정하는 방법의 경우 미리 1년에 몇 번 여행을 간다는 식으로 가정하고 계산해서 노후에 이만큼 돈이 들어간다고 산정하는데, 대개는 그 액수와 자신이 가지고 있는 돈의 차이에 경악하게 된다. 그리고 이것이 '노후에 대한 불안감', '정년 후에 대한 경제적 불안감'을 만든다. 그러나 아무리 불안해진들 없는 돈을 만들어낼 수는 없는 법이다. 그러므로 처음부터 '내가 가진 돈'이 어느 정도인지 파악하는 것이 중요하며, 이것을 파악하면 '내가 가진 돈 중에서 여분으로 쓸 수 있는 돈은 얼마나 되는가?'도 알 수 있다. 가계 상황이 어떻든 여기에서 시작하는 것이 중요하다. 이렇게 하면 노후 붕괴를 피할 수도 있을 것이다. 가만히 앉아서 한숨을 쉬거나 두려워한들 해결책은 나오지 않는다. 평생의 자산 계획을 확실히 설계하는 것이 중요하다. 물론 가족이나 배우자의 개호를 위해 이직하는 등 예상치 못한 사태에 빠질 수도 있지만, 이에 관해서는 뒤에서 다시 다루도록 하겠다.

어쨌든, '평생 동안 내가 쓸 수 있는 돈은 어느 정도이고 그 돈으로 어떻게 생활해야 할 것인가?'를 생각하는 편이 좋다. 아무리 저소득·저자산 계층이라 해도 여기에서부터 시작하는 수밖에 없으며, 이것은 좀 더 현실적인 생애 설계의 첫걸음이 된다. 노후의 인생 설계는 전문가인 재무 설계사에게 맡기는 편이 좋지만, 그럴 수 없을 경우 직업 해도 나름의 설계는 가능할 것이다.

앞으로는 50+세대를 대상으로 한 컴퓨터나 태블릿 단말기·스마트폰 등의 자산 설계 애플리케이션 소프트웨어에 대한 수요도 확대될 것으로 보인다. 다만 그때의 재무 설계는 '정년 후에 얼마가 필요한가?'보다 '현재 수중에 있는 저금·자산·연금 예산은 얼마나 되는가?', '정년 후에 얼마를 쓸 수 있는가?'가 더 바람직하다.

현재의 40대 사이에서는 연금 수급 시기가 늦춰짐에 따라 은퇴 후에 생활이 불안해지지 않을까 걱정하는 목소리가 들리고 있다. 앞으로는 젊은 세대일수록 공적 지원을 기대하기 어려워진다. 그렇다면 40대에 평생 동안의 재무 설계를 해 놓는 것이 중요해진다. 그리고 이를 위해서는 커리어 설계를 포함해 복수의 시나리오를 분석할 필요가 있다. 이미 보험 회사에서는 이러한 서비스도 시작했는데, 앞으로는 재무 설계사도 지금보다 더 많은 역할을 하게 될 것으로 생각된다. 회계사나 세무사가 기업을 돕듯이 재무 설계사가 개인을 돕게 될지도 모른다. 물론 이를 위한 애플리케이션 소프트웨어도 도움이 될 것이다.

'건강관리'와 함께 '자산 관리'의 중요성은 앞으로 더욱 커질 것이며, 여기에도 커다란 비즈니스의 기회가 열려 있다고 할 수 있다.

제3의 자본
'커뮤니케이션'

'정년 후의 불안 요소'(도표11, 69페이지)의 3위 이하로는 '배우자를 먼저 떠나보내 고독해지는 문제', '양호한 부부 관계를 유지할 수 있느냐의 문제', '이웃이나 지역과의 인간관계 문제' 등 '커뮤니케이션'에 관한 문제가 나열되어 있다. 그 밖의 문제도 주위와의 커뮤니케이션이 양호하면 해결할 수 있는 것이 많다. 요컨대 '건강'과 '경제'에 이은 세 번째 자본은 '커뮤니케이션'이라고 할 수 있다.

흔히 커뮤니케이션이 활발한 사람은 생기 넘치는 인생을 살 수 있다고 한다. 이것은 반대의 경우를 보면 잘 알 수 있다. 3위 이하의 불안 요소가 그대로 현실이 된 것이 '독거노인'이며, NHK에서 '무연 사회'無緣社會라는 제목으로 크게 보도되었다. 또한 그 너머에는 앞에서도 언급한 '고독사' 문제가 있다. 고령자의 사회 문제이며 해결해야 할 커다란 과제 중 하나다. 가족과도 소원해지고 주위에 친구나 지인도 거의 없는 것이 독거노인의 모습이다.

이 문제를 당장 해결하기는 어렵지만, 적어도 현재 60대인 단카이 세대부터 바꿔 나갈 수는 있을 것이다. 앞에서도 말했듯이 단카이 세대는 원래 횡적인 동료 지향의 세대이기 때문이다. 젊었을 때 부모 세대와 대립했고, 팝과 록 등을 통해 친구나 동료와 횡적으로 관계를 맺었다. 가족뿐만 아니라 횡적인 유대를 갖기 쉬운 세대인 것이다. 또 현역 말기에 회사가 개인용 컴퓨터를 도입하는 바람에 컴퓨터나 스마트폰 등의 디지털 기기를 좋든 싫든 나름대로 사용하기 시작했다. 현재는 용도가 이메일이나 웹사이트 열람, 온라인 쇼핑 정도로 국한된 가운데 소셜 네트워크 이용이 서서히 확대되고 있는 상황인데, 소셜 네트워크는 가벼운 커뮤니케이션 수단으로서 기존에 알고 있던 사람은 물론이고 일면식이 없었던 사람과의 교류도 가능케 한다. 가족이나 동료, 나아가 새로운 동료와 횡적인 유대를 유지하고 발전시킬 수 있는 것이다.

또 '독거노인'에 이어 현재 커다란 사회 문제로 부각되고 있는 것이 가족이나 배우자 등의 개호를 위해 직장을 그만두는 이른바 '개호 이직'이다. 이 또한 어떤 한 가지 방법으로 해결할 수 있는 간단한 문제가 아닌데, 그런 의미에서 개호 이직에 관해 의논할 상대가 있는 것은 문제 해결을 위한 중요한 요소 중 하나라고 할 수 있다. 또 의논까지는 아니더라도 고민을 들어 줄 상대가 있으면 큰 도움이 될 터이다. 요컨대 '커뮤니케이션'이 심각한 상황을 다소나마 완화시키고 경우에 따라서는 해결책도 제시할 가능성이 있는 것이다. 그런 커뮤니케이션을 할 수 있는 장소가 요구되는 상황이라 할 수 있다. 개호 이직에 관해서는 뒤에서 자세히 다루도록 하겠다.

2대 자본인 '건강'과 '경제'에 관해서는 이전에도 필요성이 대두되어 왔고 정부에서도 사회 보장 정책을 통해 대책을 마련해 왔다. '건강'과 '경제'는 고령 인구의 증대와 함께 기존에 없었던 비즈니스로 확대될 가능성이 있다. 그러나 곤란하고 복잡한 사회 과제를 해결의 길로 이끌거나 최소한 완화시킬 가능성을 지닌 '커뮤니케이션'의 중요성은 지금까지 별로 중요시되지 않았다. 그런 만큼 오히려 커뮤니케이션은 앞으로 중요한 주제라고 할 수 있다. 게다가 디지털 기술이 새로운 기회를 제공하고 있다. 다만 새로운 어른 세대는 서로 얼굴을 마주하는 대면 커뮤니케이션을 기본으로 여기며 또 이쪽이 더 효과적인 세대다.

그렇게 생각하면 '아날로그적인 대면의 장소와 디지털적인 인터넷의 융합'에 커다란 가능성이 숨어 있다고 할 수 있다. 지역에 실제 만남의 장소를 만들고 이것을 디지털상의 SNS와 융합시키는 것이다. 과거에는 병원 대합실이 고령자의 교류 장소였는데, 현재의 70대에게는 게임 센터가 그런 장소가 되고 있다. 또한 60대에게는 편의점과 노래방, 스낵바, 카페 등 사람이 모이는 가게나 볼링장, 스포츠 시설, 피트니스 센터가 그 역할을 한다. 이미 60대 이상의 피트니스 센터 이용률은 10년 전보다 11퍼센트 포인트 증가했으며, 현재 사교 장소로 통하고 있다(아사히신문, 2015년 10월 12일). 병원의 대합실, 게임센터에 이어 커뮤니케이션의 장소로 피트니스 센터, 여성의 경우는 요가 교실이 주목받기 시작한 것이다. 또한 원래부터 어른의 모임 장소인 카운터 바, 특히 오후 3시에 문을 여는 바는 교류 장소로서 예전보다 더욱 중요하게 기능하기 시작했다. 여기에 인근의 쇼핑센터나 데이서비스 센터(주로 집에서 개호를 받는 고령자가 고립감의 해소와 심신 기능의 유지, 가족의 개호 부담 경감 등을 위해 직접 찾아와서 개호 서비스를 받는 시설-옮긴이)도 커뮤니케이션 장소의 역할을 할 수 있다.

또한 인터넷은 출입의 자유도가 높다는 점에서 효과적인 커뮤니케이션 수단을 제공한다. 커뮤니케이션의 의욕이 있다고 해도 사람은 '그다지 다른 사람과 얼굴을 마주하고 싶지 않다.'는 심리 또한 갖고 있다. 특히 나이가 많을수록 굳이 만날 필요는 없지 않느냐는 생각이 강해진다. 나이 먹은 자신의 모습을 보여주고 싶지 않다는 사람도 있다. 그런 의미에서 소셜 네트워크는 참가하고 싶을 때만 열심히 참가하다 내키지 않으면 언제라도 빠질 수 있다. 얼굴을 보이지 않고도 커뮤니케이션을 할 수 있다. 실제 장소와 디지털을 조합하면 필요에 따라 효과적으로 이용할 수 있으며, 여기에 비즈니스의 또 다른 가능성이 숨어있다.

06

새로운 어른 시장과
새로운 어른 문화

유럽 브랜드와 같은
'어른의 모터사이클'이 탄생하다

앞에서 제3차 모터사이클 열풍에 관해 몇 차례 언급했는데, 2012년에 혼다의 임원이 기자 회견에서 한 말이 계기가 되었다고 한다. 이 열풍의 주역은 중노년의 리턴 라이더들이다. 젊은 시절에 꿈만 꿀 뿐 가질 수 없었던 할리데이비슨 등을 사서 동료와 투어링을 떠난다.

제3차 모터사이클 열풍에 대한 모터사이클 제조사들의 대응이 흥미롭다. 하나같이 "지금 열풍이 불고 있을 때 젊은이들을 타깃으로 한 모터사이클을 개발해서 젊은 고객을 붙잡자."라고 말하는 것이다. 실제로 최근 1~2년 사이에 젊은이를 타깃으로 한 모터사이클이 상품화되어 성공을 거뒀다. 물론 그것은 그것대로 좋은 일이지만, 중노년의 리턴 라이더들에게 더 큰 기회가 숨어 있지는 않을까? 즉, '어른의 모터사이클'이라는 새로운 시장이 형성되려 하는 것은 아닐까? '젊은이'에게만 신경을 쓰고 있으면 기껏 등장한 '어른의 모터사이클'이라는 새로운 기회를 놓쳐 버릴지도 모른다.

모터사이클뿐만 아니라 어떤 비즈니스든 어른을 위한 상품 이야기를 하면 "그보다는 젊은이를 타깃으로 삼은 상품을 생각해야 하지 않을까?"라는 주장이 반드시 나온다. 그리고 대부분의 비즈니스가 그쪽으로 진행된다. '신제품·새 서비스=젊은이'라는 도식이 오랫동안 고착화되었을 뿐만 아니라 젊은이는 미래의 고객이라는 점을 생각하면 이 사고 패턴을 바꾸는 것은 쉬운 일이 아닐 듯하다.

물론 젊은이를 타깃으로 삼는 것은 중요하다. 그러나 이것은 말 그대로 '기존형 마케팅'의 발상이다. 기존의 발상만으로는 앞으로 인구 구조가 크게 변화하는 상황 속에서 살아남기 어려워진다. 애초에 젊은 고객을 획득한들 그들이 앞으로도 자사의 제품을 계속 사용해 준다는 보장은 어디에도 없다. 오히려 젊은이들은 마음에 드는 브랜드가 보이면 망설이지 않고 넘어가며, 상품이나 서비스 자체도 좋은 것이 나타나면 계속 갈아탄다. 젊은 고객을 개척한 것이 미래의 과실로 이어질지는 아무도 모르는 것이다.

유럽에는 있지만 일본에는 없는 것이 '어른 문화'다. 유럽에는 유구한 어른 문화의 역사가 있으며, 그 속에서 명품이 탄생하고 스포츠카가 탄생했다. 이런 것들의 주요 고객은 유럽의 부유한 어른이다. 명품 제조사의 숨겨진 상품 정책은 다양한 사이즈라고 한다. 부유한 엘너 고객은 젊은 시절과 같은 체형을 유지하기가 쉽지 않다. 키보다 허리둘레가

돋보이는 부유한 엘더 여성도 있을 것이다. 그래서 이에 대응할 수 있는 사이즈를 준비한다. 밀라노의 부티크를 찾아오는 손님이 전부 파리 콜렉션의 모델 같은 날씬한 젊은 여성만은 아니다. 유럽의 젊은이들은 대체로 가난하기 때문에 젊은 여성이 부티크에 오는 일은 거의 없다. 또 스포츠카가 2인용인 이유는 부유한 엘더 부부가 타기 때문이다. 유럽에서는 기본적으로 어른 부부 두 명이 함께 행동한다. 자동차의 조수석은 젊은이들의 헌팅을 위한 자리가 아니다. 얼마 전까지 명품과 스포츠카가 젊은이의 전유물이었던 일본이 조금 이상했던 것이다.

그리고 유럽에서 명품이나 스포츠카는 기업이 젊은 고객을 확보하기 위해 열심히 노력한 결과 그 지위를 확립한 것이 아니다. '세련된 어른의 것'이라는 지위를 구축했기에 지속적인 비즈니스가 가능해졌다. 그 결과 일본을 비롯해 전 세계를 시장으로 삼고 있는 명품은 현재도 일본 여성의 동경의 대상이다. 또 2014년부터 2015년에 걸쳐 일본의 자동차 시장에서는 외제차가 호조를 보이고 있는데, 그 구매자는 젊었을 때 유럽의 자동차를 동경하며 성장한 40~50대. 요컨대 일정 이상의 가치를 갈고닦아 '어른의 브랜드'나 '어른의 스포츠카', '어른의 자동차'라는 포지션을 확립하면 지속적인 고가격·고수익 비즈니스가 가능해진다는 말이다.

제3차 모터사이클 열풍은 그런 잠재력을 충분히 지니고 있다. 실제로 비교적 고가의 모터사이클의 판매가 호조라고 한다. 단순한 열풍으로 끝나지 않도록 한시라도 빨리 '어른의 모터사이클'이라는 포지션을 확립하는 것이 중요하다. 그 포지션을 확립한다면 앞으로 지속적인

'어른의 모터사이클' 시장을 약속받을 가능성이 높다. 즉, 고가 모터사이클을 동경하지만 당장은 구매할 여력이 없는 젊은이들도 어른이 되었을 때 고객이 되어줄 것이다.

최근에 발매된 젊은이용 모터사이클이 성공한 이유 중 하나는 '리턴 라이더'인 아버지가 아들에게 권한 덕분이라는 말도 있다. 그야말로 '2세대 모터사이클'이다. 이렇듯 '어른의 모터사이클'은 어른뿐만 아니라 젊은 모터사이클 사용자를 발굴할 가능성이 있다. 어른 사용자가 다음 사용자를 만들어내는 것이다.

최근에는 아버지가 자녀들에게 그다지 존경받지 못하게 되었다. 예전에는 아버지가 호통을 치면 존경심이 되돌아왔을지도 모르지만, 지금은 그랬다가는 인생의 마지막이 될 수도 있다. 그런 의미에서 모터사이클에 대한 해박한 지식을 자랑함으로써 아들에게 존경받는다면 아버지로서는 참으로 기쁠 것이다. 회사를 정년퇴직했든 아니든 상관없다. '어른의 모터사이클' 시장의 확립은 이런 것으로도 이어진다.

'새로운 어른 문화'를 세계에 선보인다

이것은 모터사이클뿐만 아니라 다른 수많은 카테고리에도 해당된다. '스포츠카'도 그 좋은 예다. '어른의 스포츠카'는 2세대뿐만 아니라 3세대, 즉 손자 손녀에게 전승될 가능성도 있다. 손자 손녀의 대가 되면 연료 전자 자동차가 주류가 될지도 모른다. 요즘 젊은이들은 스포츠카를 동경하지 않는다고 하지만 손자 손녀들은 다를지도 모른다. 어린 아이에게 스포츠카는 역시 동경의 대상이기 때문이다. 요즘 젊은이들은 어렸을 때만 해도 스포츠카를 좋아했지만 어느 시점에 졸업해 버렸다. 그런 의미에서는 할아버지가 손자에게 스포츠카 이야기를 열심히 하고 자신도 즐긴다면 손자는 어른이 되어서도 스포츠카를 계속 동경하게 될 것이다.

엔터테인먼트의 영역에서는 '어른의 록 음악'이 있다. 2015년에는 폴 매카트니의 부도칸 콘서트가 있었고, 그 전해에는 롤링 스톤스와 밥 딜런이 일본에서 콘서트를 열었다. 롤링 스톤스의 도쿄돔 라이브 콘서트에서는 머리를 새빨갛게 염색한 60대로 보이는 여성도 볼 수 있었다. 이런 콘서트장에는 20대부터 60대까지 다양한 세대로 모여들어 함께 열광한다.

일용품 중에는 '어른의 초콜릿'이 있다. 초콜릿은 오랫동안 아이들을 위한 음식이었지만, 유럽에서는 아이의 음식인 동시에 어른의 음식이기도 했다. 그 유럽의 브랜드 초콜릿이 최근 일본에서도 인기를 얻고 있다. 초콜릿을 아이들의 음식에서 어른의 음식으로 전환시킨 주된 요인은 밸런타인데이라고 할 수 있다. 밸런타인데이가 되면 좋아하는 사람뿐만 아니라 회사의 상사에게도 관례상 초콜릿을 주게 되는데, 이것이 어른의 초콜릿 시장을 확대시켰다.

이런 '어른의 모터사이클', '어른의 스포츠카', '어른의 록 음악', '어른의 초콜릿'을 확립하는 것이 일본에 '새로운 어른 시장'을 확립하는 길로 이어진다. 젊은이가 나이를 먹어 여유가 생겼을 때 비교적 고가의 소비를 즐기게 되는 결과로 연결된다. 현재의 40~60대는 나이가 많은 순서대로 단카이 세대와 뽀빠이-JJ(포스트 단카이) 세대, 신인류, 버블 세대 등 모두 일본 경제가 지속적으로 성장하던 때 젊은 시절을 보낸 세대로, 당시는 젊은이가 트렌드 세터였다. 그리고 이 세대는 현재 나름 돈과 시간 부자가 되었다. 따라서 이 세대가 40~60대인 지금이야말로 '어른의 모터사이클', '어른의 스포츠카', '어른의 록 음악', '어른의 초콜릿'을 확립할 절호의 기회다. 이 의욕적이고 소비를 좋아하는 세대에서 성공하지 못한다면 기회는 영원히 찾아오지 않을지도 모른다.

이것은 다른 카테고리의 경우도 마찬가지다. '어른의 맥주'도 그중 하나다. 현재 맥주 회사들은 프리미엄 맥주의 종류를 늘려 나가고 있다. 프리미엄 맥주 시장 쟁탈전의 제2라운드라고도 할 수 있는 상황이다. 여기에 무알콜 맥주도 가세하며 '어른의 맥주' 시장이 확립되려 하고 있다.

상업 시설에도 새로운 움직임이 나타나고 있다. 도쿄 니혼바시에서는 COREDO 무로마치가 지금까지 니혼바시에서는 거의 볼 수 없었던 새로운 어른층을 불러들여 거리를 바꾸려 하고 있다. 다이칸야마에서는 새로 문을 연 쓰타야 서점과 아트프런트갤러리가 있는 힐사이드 테라스 등이 다이칸야마를 '새로운 어른의 거리'로 만들려 하고 있다. 또한 시부야의 상업 빌딩인 히카리에는 젊은이의 거리였던 시부야를 '새로운 어른의 거리'로 탈바꿈시키는 기점이 되려 하고 있다. 전국을 둘러봐도 50대인 하나코 세대와 단카이 세대, 단카이 주니어 세대 모녀가 신칸센을 타고 가나자와나 교토, 고베 등을 여행하는 '새로운 어른 여행' 문화가 탄생하려 하고 있다.

　이런 것들이 모여서 일본에 '새로운 어른 문화'를 만들어낸다. 유럽은 유서 깊은 어른 문화가 뿌리를 내린 지역이지만, 역사가 깊은 만큼 경직된 느낌도 있다. 한편 일본은 아무 것도 없었던 곳에 새로 생긴다는 의미에서 '새로운 어른 문화'다. 특히 젊은이들과 공생하고 공유하는 어른 문화가 된다면 문자 그대로 '새로운 어른 문화'가 된다. 이것은 생활자와 기업, 미디어가 함께 만들어 나갈 때 달성 가능할 것이다.

2

시니어 마케팅은 왜 실패하는가?

01 상식 · 고정 관념 · 인상론의 벽

발신자 · 제작자 쪽의 벽

최근 15년 동안 시니어 마케팅을 하려고 해도 "효과가 시원찮다.", "소비자가 움직이지 않는다."라는 말을 자주 들어 왔다. 이런 상황 속에 통감한 가장 큰 벽은 기업의 중심적 담당자가 30대이고 책임자가 40대여서 '그들에게 시니어는 인생에서 아직 경험하지 못한 영역'이라는 점이었다. 그렇다 보니 아무리 유능한 사람이라도 일반론적인 지식을 가지고 시니어를 상상하는 수밖에 없다. 또한 그 위의 임원들은 50대일 때도 많지만 유능하고 최첨단을 달리는 사람들인 만큼 '나는 시니어가 아니야.'라는 의식이 있기 때문에 자신을 대상에서 제외시키는 경향이 있다. 요컨대 자신 이외의 50대 이상, 대개는 인생의 내리막길에 접어든 중노년 · 고령자를 상상하고 이야기하는 경우가 많은 것이다. 그러다 보니 생활자의 본모습을 제대로 파악하지 못하는 경우가 많다.

다만 그런 가운데서도 30대 담당자는 자신들이 시니어에 대해 무지하다는 전제에서 선입견 없이 파악할 수 있어서인지 성공 비즈니스도 만들어내고 있다. 그 좋은 예가 DeNA의 엘더 회원 사이트 '취미인 클럽'趣味人俱楽部이다. '취미인 클럽'은 수많은 시니어 사이트가 고전을 면치 못하는 가운데 엘더 전문 사이트의 선두 주자가 되었다. 현재 대부분의 시니어 사이트가 많든 적든 '취미인 클럽'의 스타일을 도입하고 있을 정도다.

이 사이트를 운영하는 스태프는 전원 30대 이하다. 이들은 단카이 세대에 관해 잘 모르지만 하쿠호도 새로운 어른 문화 연구소(당시는 엘더 비즈니스 추진실)가 간행한 《단카이 제3의 물결団塊サードウェーブ》(2016년)을 참고하고 선행 성공 비즈니스인 클럽 투어리즘과 제휴함으로써 취미 SNS를 성공시켰다.

DeNA는 스태프가 시니어를 경험하지 못했기에 쓸데없는 선입견에 사로잡히지 않고 객관적으로 시니어 시장의 가능성을 모색할 수 있었다. 따라서 취미인 클럽처럼 선입견에 사로잡히지 않고 정확히 정보를 수집하거나 시스템을 개발할 때 비로소 성공의 길이 열린다고 할 수 있다.

시니어에 관해 일반적으로 나오는 이야기에는 크게 두 가지 패턴이 있다. 비관적인 시각과 초낙관적인 시각이다. 비관적인 시각의 대표는 '연금 수입만으로 근근이 생활하는 고령자 세대'와 '개호'다. 그리고 여기에 '독거노인'과 '개호 이직' 문제가 겹친다. 물론 이런 문제들은 반드시 해결해야 할 사회 문제다. 이 책에서도 최대한 해결책을 제시하려 한다. 다만 그렇다고 해서 50대 이상의 생활자를 전부 이렇게 규정하는 것은 조금 무리가 있다. 또 '개호'는 분명히 앞으로도 커다란 비즈니스 기회이겠지만, 비즈니스 기회가 개호뿐이라고 생각하는 것은 문제가 있다.

한편 초낙관적인 시각은 어떨까? '액티브 시니어'가 그 대표적인 예다. 이 말밖에 없으므로 어쩔 수 없는 측면도 있지만, 사용할 때는 주의가 필요하다. '액티브 시니어'는 젊고 건강한 시니어로, '수상 스키'를 즐기는 시니어나 '반바지에 넥타이를 맨 세련된 시니어 남성'이 그 대표적인 이미지다. 그러나 안타깝게도 필자는 지금까지 수상 스키를 즐기는 시니어를 만난 적이 없으며, 실제로 그런 사람이 있다면 그 사람의 건강부터 걱정할 것이다. 또 반바지에 넥타이를 매고 멋을 부리는 시니어도 만난 적이 없다. 정년 후에 그러는 사람이 있다면 친구들이 '쟤 갑자기 왜 저러지?'라며 걱정할지 모른다.

물론 실제로 그런 것이 잘 어울리는 50~60대도 있음은 부정할 수 없는 사실이고, 필자는 그런 사람들을 정말로 멋쟁이라고 생각한다. 다만 그것이 가능한 사람은 극히 일부에 불과하다. 절대 일반적이지 않다. '연금 수입만으로 근근이 생활하는 고령자 세대'와 '수상 스키', 이 양쪽 모두 생활자의 실체와는 거리가 있다. 이것은 30대를 '무직자와 IT 재벌로 양극화되어 있다.'고 파악하는 것과 같아서, 양 극단만을 봐서는 실제 생활자의 모습을 볼 수가 없다.

그리고 이 상상의 토대 위에서 일부 데이터나 텔레비전의 다큐멘터리 등을 보고 이미지를 형성한다. 이렇게 되면 '인상론적 마케팅'의 함정에 빠지기 쉽다. 오해를 바탕으로 논의를 진행하고, 그 결과 비즈니스의 기회를 잃거나 잘못된 투자를 할 우려가 있다. 문제는 이 기존의 이미지가 어느 정도 상식이 되어 버린 까닭에 그런 소비자상으로 귀결되지 않으면 마음이 놓이지 않고 현실적인 시책이 아니라는 착각에 빠진다는 것이다. 만약 이런 방향으로 결론이 날 것 같으면 막다른 골목에 부딪혔다고 생각하고 다시 원점에서 검토해 볼 필요가 있을 것이다.

수신자 · 생활자 쪽의 벽

'절반쯤 포기'와 '사실은 이러이러하고 싶다' 사이의 괴리

생활자, 즉 수신자 쪽에도 벽은 있다. 지금 생활자의 삶의 방식이 크게 변화하려 하면서 생활자 자신이 동요하고 있는 것이다. 이러한 상황을 얼마나 정확하게 파악하느냐가 중요하다. 그것은 앞장에서 이야기했듯이 '절반쯤 포기'와 '사실은 이러이러하고 싶다.'의 괴리이며, '현실과 의향'의 괴리다. '몸과 마음'의 괴리라고 해도 좋을지 모른다. 지금까지 이런 일은 거의 없었다. 전에는 '절반쯤 포기'가 당연했으며, 그래서 나이를 먹었음을 자각하고 '쇠약해져 가는 노인'이 되는 것이 자명한 이치였다. 이것이 어른의 마음가짐이기도 했다.

우스갯소리 같지만, 현재 20대 여성에게 장래에 어떻게 되고 싶은지 물어보면 입을 모아 "귀여운 할머니가 되고 싶어요."라고 말할 것이다. 실제로 그런 인터뷰를 텔레비전에서 여러 차례 보기도 했다. 그런데 여성이 50대를 넘기면 아무도 그런 말을 하지 않게 된다. 눈앞에 닥치면 도저히 실감이 나지 않는 모양이다. 이것은 억지로 젊어 보이려고 하는 것과는 다르다. 50세를 넘길 무렵부터 도저히 '할머니'가 된다는 '실감'이 들지 않게 된다. 이것은 아무도 눈치 채지 못하는 사이에 일어나는 변화이지만, 실제로 일어나고 있는 변화이기도 하다. 그런 가운데 '절반쯤 포기'이기는 하지만 한편으로 '사실은 이러이러하고 싶다.'는 기분이 커진다. 애초에 '불로장수'는 인류의 비원이다. 수명이 늘어나면서 '사실은 이러이러하고 싶다.'는 기분이 커진 것이리라.

일반적으로 시니어 비즈니스를 할 때는 '절반쯤 포기'에 초점을 맞추는 경향이 있다. 그러나 그쪽에 초점을 맞춰서는 도저히 전망이 보이지 않는다. 그쪽에서는 '소비도 절반쯤 포기'하기 때문이다. '사실은 이러이러하고 싶다.'라는 '의향'에 초점을 맞출 때 비로소 풍요로운 삶을 위해 노력하는 생활자의 모습도 보이게 되고 그들의 내부에 숨어 있는 '소비 마인드'도 들여다보이게 된다. 그러면 그 '소비 마인드'를 이끌어낼 수 있는 비즈니스도 보이게 된다.

물론 이 괴리는 연령대가 높아질수록 더욱 심하게 벌어진다. 특히 75세를 넘기면 몸이 크게 변화한다. '스트레스나 어깨 결림'에 대한 불안감이 사라지는 대신 '잔뇨감'에 대한 불안감이 높아지곤 한다. 몸과 마음의 괴리는 앞으로 어떻게 될까? 지금 단카이 세대가 60대가 됨에 따라 60대 자체가 크게 변화하고 있는데, 그 단카이 세대가 70대가 되었을 때 어떤 변화가 일어날까? 앞으로 주목할 점이라고 할 수 있다.

모두가 '자신만은' 기존과는 다른 '신형 50·60대'라고 생각한다

또한 그 괴리가 있기 때문에 나타나는 현상이지만, 사람들은 모두 자신만이 '사실은 이러이러하고 싶다.'고 생각하며 다른 사람들은 '절반쯤 포기'하며 사는 줄 안다. 2015년 3월에 실시한 조사에서 "당신은 기존의 40·50·60대와 다르다고 생각하십니까?"라는 질문에 "그렇다고 생각한다." 또는 "어느 정도 그렇다고 생각한다."라고 답변한 40~60대가 무려 85.1퍼센트나 되었으며, 60대만 따로 놓고 봐도 85.8퍼센트에 이르렀다. '다르다고 생각하는 점'에 관해서는 "마음이 젊다."가 36.2퍼센트로 1위, "육체 연령이 젊다."가 31.3퍼센트로 2위, "새로운 문물에 민감하다."가 27.7퍼센트로 3위에 올랐다. 그야말로 '신형 50·60대'다.

재미있는 사실은 그렇게 생각하는 사람이 '자신뿐'인지, '자신과 주변 사람들뿐'인지, 아니면 '세상 모든 사람'인지 물어본 결과 "나만 그럴 뿐 주변 사람들이나 세상 사람들은 아니라고 생각한다."가 19.4퍼센트, "나와 주변 사람들만 그럴 뿐 세상 사람들은 아니라고 생각한다."가 39.8퍼센트였다는 것이다. 요컨대 '나 혹은 나와 주변 사람들만 그렇게 생각할 뿐 세상 사람들은 그렇게 생각하지 않는다.'고 생각하는 비율이 59.2퍼센트, 그러니까 10명 중 6명이 '우리만 다르다.'고 생각한다는 것이다(도표12).

이것 또한 참으로 골치 아픈 점이다. 50·60대에 대해서는 50·60대기 잘 알 것이라고 생각해 그 세대에게 물어보면 "몸도 그렇고 마음도 그렇고 참 힘들지."라는 대답이 돌아올 때가 있다. 그런데 대답은 그

도표12 50·60대는 '자신만은' 기존의 50·60대와 다르다고 생각한다

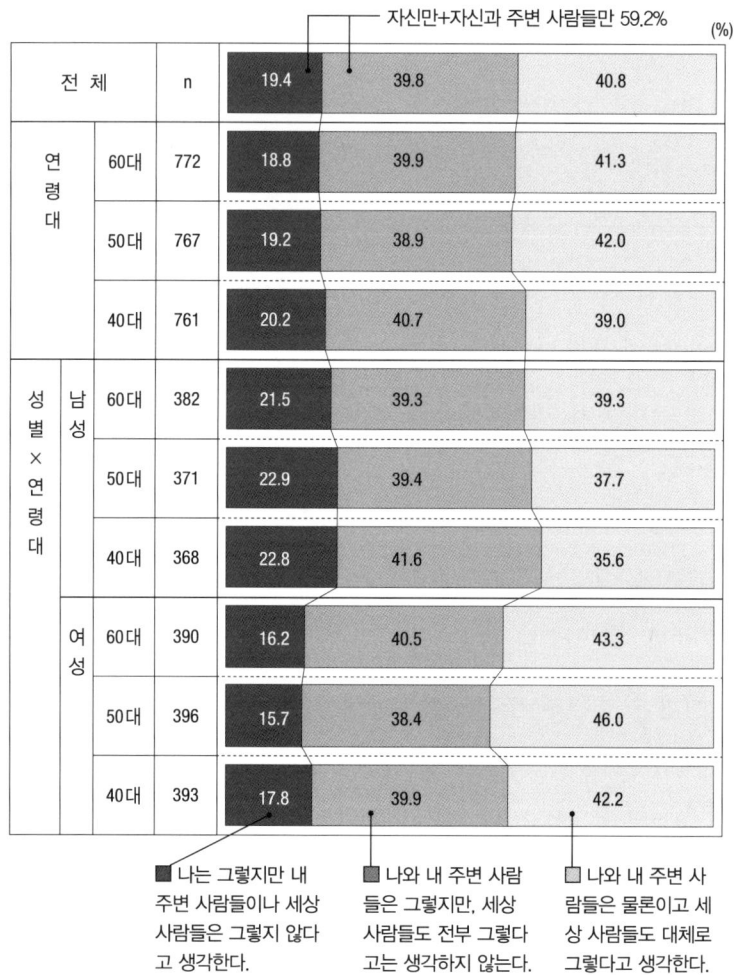

출처 : 하쿠호도 새로운 어른 문화 연구소 조사, 2015년, 40~69세 남녀, 전국 2,700명 대상

렇게 하면서도 자신만은 다르다고 생각한다. 이런 사람이 10명 중 6명이나 되는 것이다.

또 이 연령대를 타깃으로 한 상품의 개발이나 광고는 이 연령대가 담당해야 한다고 말하는 사람이 많지만, 나는 50대 크리에이티브 디렉터가 어떤 상품의 광고를 제작하면서 '시니어의 ○○○'라는 캐치프레이즈를 붙인 것을 보고 나도 모르게 "당신이라면 이 문구를 보고도 상품을 살 마음이 생기겠습니까?"라고 물어본 적이 있다. 자신은 전혀 안 그렇지만 다른 일반적인 50대는 시니어라고 생각하기 때문에 그런 괴리가 생겨나는 것이다.

사회의 벽 · 비즈니스의 벽

현재 미술관이나 박물관에서 기획전이 열리면 놀랄 만큼 많은 사람이 찾아온다. 주말에는 말할 것도 없고 평일에도 관람객으로 붐빈다. 몇 년 전 일 때문에 평일에 도쿄 료코쿠의 에도 도쿄 박물관에 간 적이 있었는데, 오후 2시가 되어 점심을 먹으려고 박물관 내부의 레스토랑을 찾아갔지만 다시 나와야 했다. 50+세대 손님으로 가득해서 자리가 없었던 것이었다. 알고 보니 박물관에서 우키요에 전시회가 열리고 있었다. 또 어떤 일본을 대표하는 박물관의 기획 담당 책임자는 내게 "엘더 대책이요? 필요 없습니다. 가만히 있어도 매일 수많은 엘더 고객이 찾아오시거든요."라는 말을 했다. 실제로 그 대화를 나눈 당일에는 불교 미술전이 열리고 있었는데, 평일임에도 끊임없이 관람객이 몰려들었다.

또한 2015년 봄에 도쿠가와 이에야스 德川家康, 1543~1616 사망 400주년 기념으로 에도 도쿄 박물관에서 열린 세키가하라전에는 평일인 수요일에도 입장에 20분이 걸릴 만큼 많은 관람객이 찾아왔다. 줄을 선 관람객은 대부분이 50대 이상의 남녀였고, 역사에 관심이 많은 20대·30대 여성이 드문드문 보이는 정도였다.

그런데 미술관과 박물관이 이렇게 50+세대로 넘쳐나고 있음에도 시니어 마케팅은 효과가 없다, 고객이 오지 않는다, 상품을 사 주지 않는다는 이야기가 여기저기에서 들린다. 실제로 시니어 마케팅을 몇 년 동안 했지만 효과가 없다며 하소연하는 기업 담당자도 종종 만난다. 요는 미스매치가 일어나고 있는 것이다. 아마도 기존의 패밀리 소비·회사원 가정의 연장선상에서 엘더 생활자를 파악하기 때문에 미스매치가 일어나고 있는 것이리라. 주말만 되면 피곤을 풀기 위해 집에서 죽은 듯이 잠을 자는 아빠는 아이들을 놔두고 박물관에 가기가 좀처럼 어려울지 모르지만, 은퇴한 뒤에는 많은 사람이 평일에 배우자나 동료와 함께, 혹은 혼자서 박물관이나 미술관을 찾아간다.

02
세 가지
미스매치

'건강'이
만능열쇠는 아니다

앞 장에서 '건강'은 엘더의 불안 요소 1위이며 첫 번째 자본이라고 말했다. 따라서 커다란 비즈니스 기회이기도 하다. 다만 그렇다고 해서 어떤 비즈니스든 '건강'을 앞세우면 성공하는가 하면 그렇지는 않다. '건강'이 만능열쇠는 아니다.

'시니어의 건강'을 주제로 한 대표적인 비즈니스로 '출판'과 '식품'이 있다. 이 가운데 '출판'의 경우, 대형 출판사가 속속 시니어 전문지를 간행했지만 하나둘 휴간·폐간되고 있다. '건강'은 시니어의 관심사 1위이자 불안 요소 1위이기도 한 만큼, 각 잡지는 '건강 특집'을 지속적으로 편성했다. 그런데 이것이 생각만큼 팔리지 않았다. 어째서 그런 일이 일어났을까? 분명히 시니어에게 '건강'은 불안 거리이며, '고혈압'이나 '당뇨병'에 대한 걱정도 있다. 다만 그렇다고 해도 그런 특집 기사가 실린 잡지를 들고 있는 모습을 회사의 젊은 사원들에게 보이고 싶지는 않다. 사실 젊은 사원들은 그런 모습을 보더라도 딱히 별다른 생각을 하지 않지만, 보이는 쪽은 당황한다. 요컨대 젊은 사원들에게 생활 습관병을 신경 쓰는 중노년으로 보이고 싶지 않은 것이다.

또 식품의 경우, 최근 15년 사이에 각 회사에서 '저염' 신제품이 속속 발매되었지만 생각만큼 팔리지 않았다. 사실 시니어는 '저염' 식품을 원하지만, 그전에 '맛있는' 식품을 먹고 싶어 한다. '맛있는' 식품이면서 '저염'이면 사자는 것이다. 사실 각 회사 모두 끊임없이 노력한 끝에 최근 들어서야 겨우 '저염' 식품을 팔 수 있게 되었다고 한다. 간장의 경우, 시장이 축소되는 가운데 '저염 간장'만이 매출을 높이고 있다(SankeiBiz, 2015년 9월 20일). 조미료의 경우는 전부터 '저염'이 요구되고 있었기 때문에 '맛'이 강조되고 있다. 이런 노력도 있어서 서서히 소비자들 사이에 침투해 팔리게 된 것으로 생각된다. 특히 간장은 반드시 필요한 조미료이므로 기왕 살 바에는 저염 간장을 사자는 심리가 발동할 것이다.

한편 음료는 애초에 기능성과 상성이 좋기 때문인지 건강 기능을 명확히 내세움으로써 매출을 높이고 있다. 설령 쓴맛이 있더라도 그것이 오히려 건강 기능을 강조하는 결과로 이어지는 듯하다.

이와 같이 카테고리에 따라 건강 기능을 제시하는 방식, 다루는 방식이 다르므로 이 점을 잘 검토할 필요가 있다.

시니어는 '시니어'라는 말을 싫어한다

시니어 마케팅에서 가장 어려운 점은 시니어에게 '시니어'라고 말할 수 없다는 점, 시니어를 타깃으로 한 상품임에도 '시니어용'이라고 말하기 어렵다는 점이다. 본 연구소의 조사에 따르면 자신이 시니어라고 느끼는 비율은 50대가 13.1퍼센트로, 10명 중 9명이 자신을 시니어라고 생각하지 않는다. 60대에서 자신을 시니어라고 느끼는 비율은 절반에 가까운 46.2퍼센트이지만, 자신을 시니어라고 불러 줬으면 하고 바라는 비율은 12.9퍼센트에 그쳤다. 역시 10명 중 9명은 시니어라고 불리고 싶어 하지 않는 것이다(도표13).

'노인'이라는 말도 거의 쓰이지 않게 되었다. '노인'은 '실버'로 바뀌었고, 실버 시트라는 좌석도 생겼다. 그러나 이 실버도 점점 쓰이지 않게 되고 '시니어'로 바뀌었다. 그런데 그 '시니어'조차도 조사를 해 보니 이런 결과가 나왔다. 요컨대 '고령을 의미하는 말로는 불리고 싶지 않다.'는 것이 사람의 마음인 셈이다.

정부·지방 자치 단체는 '고령자'를 65세 이상으로 규정했지만, 65세 정도인 사람에게 "몇 세부터가 고령자일까요?"라고 물으면 "75세"라는 대답이 돌아오곤 한다. 언제나 고령자는 자신보다 위의 연령대를 의미하는 것이다. 2007년에 정부가 처음으로 고령자 의료 제도를 발표했을 때, 고령자 시위대가 국회로 몰려들었다. 이것은 즉 75세 이상 후기 고령자의 의료비 자기 부담이 증가한 데 대한 항의였지만, 단순히

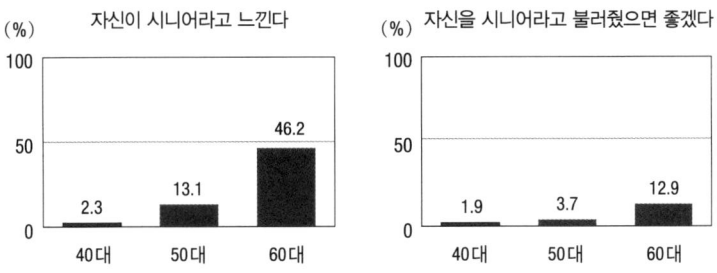

도표13 50·60대는 자신을 시니어라고 생각하지 않으며, 시니어라고 불리고 싶어하지도 않는다

출처 : 하쿠호도 새로운 어른 문화 연구소, 2015년, 40~69세 남녀, 전국 2,700명 대상

 그 이유만은 아니었다. 시위대는 '후기 고령자'라는 말에도 분노하고 있었다. 즉, 안 그래도 평소에 '고령자'라고 불려서 상처 받고 있는데 '후기'까지 붙이다니 무슨 짓이냐는 분노다. 물론 후기든 고령자든 단순히 구별을 위한 표현에 불과하지만, 그 표현에 화가 난 것이다.
 요컨대 50대 이상은 '시니어'라는 말도 '고령자'라는 말도 싫어한다. 앞에서도 언급했지만 이것은 시니어를 시니어로 바라보면 실태를 잘못 파악할 위험성이 있음을 암시한다. 실태를 잘못 파악한 채로 아무리 접근법을 궁리한들 첫 단추부터 잘못 끼운 상태이기 때문에 열심히 궁리할수록 오답이 될 수 있다.
 지금까지 여러 번 이야기했듯이, 50세를 넘기면 요통과 고혈압, 갱년기 장애 등을 안고 살게 된다. 그러나 이런 질환을 갖고 있으면서도 자신이 시니어라고는 생각하지 않는다. 시니어라고 불리고 싶지 않다고 해서 결코 활력이 넘치고 건강한 것은 아니다. 또 활력이 넘치고 건강한 사람들과 병을 안고 있는 사람의 두 부류가 있는 것도 아니다. 모두가 병을 한두 가지는 갖고 있으면서도 자신을 시니어라고 생각하지 않거나 시니어라고 불리고 싶어 하지 않는다.

'인생의 내리막길'을 말해서는 실패한다

왜 이런 일이 일어나는 것일까? 그 이유는 사람들에게 '인생의 내리막길'임을 받아들이고 싶지 않다는 심리가 강해졌기 때문이다(도표10, 63페이지). 예전에는 50세를 넘기면 서서히 육체가 쇠약해짐에 따라 이제 나잇값을 해야겠다고 생각하기 시작해 아주 자연스럽게 '인생의 내리막길'임을 받아들이고 가정과 회사에서 조역이 되어 갔다. 그러나 현재의 50+세대는 과거의 세대와는 다른 의식을 갖고 있다. 물론 직업의 측면에서는 좋든 싫든 정년퇴직 등 분기점을 맞이하게 된다. 주부에게는 자녀의 독립이 하나의 도착점이 된다. 그러나 한 사람의 생활자라는 의미에서는 회사나 육아로부터 해방되면서 오히려 '인생은 지금부터'라는 인식과 함께 지금까지 회사나 육아 때문에 할 수 없었던 일을 하고 싶다는 욕망이 솟아난다. '평생 현역 생활자'인 것이다.

또한 지금까지는 '회사를 위해', '자식을 위해'가 우선되었지만 이제부터는 '나의 인생', '나를 위한 인생'이 시작된다. 물론 '절반쯤 포기'하는 심리는 있지만 어디까지나 '절반쯤'이며, '사실은 이러이러하고 싶다.' 혹은 콕 집어서 말할 수는 없지만 '무엇인가 하고 싶다.'거나 '좀 더 나다운 내가 되고 싶다.'는 생각을 하게 된다. 이것이 바로 '인생은 지금부터'라는 감각이다.

이렇게 '인생은 지금부터'라는 감각을 갖고 싶을 때 "당신은 지금 인생의 내리막길을 걷고 있습니다."라는 말을 들으면 사실은 본인도 어느 정도 그런 생각을 하고 있는 만큼 거부감이 더 커진다. 특히 기업에서 그런 메시지를 보내면 '내가 왜 너희들한테 그런 말을 들어야 하지?'라는 불쾌감을 느낄 수 있다.

03
불안과 즐거움은
수레의 양 바퀴

'불안'이냐 '즐거움'이냐가 아니라
두 기분을 모두 가지고 사는 엘더

앞 장에서 엘더의 3대 불안 요소로 '건강'과 '경제', '커뮤니케이션'을 들었다. 이것은 '인생의 내리막길'로 연결되는 '불안'이다. 기존의 고령자들은 이것을 어느 정도 현실로 받아들이고 조용히 여생을 보내려 하는 마음이 있었다. 그러나 지금의 50+세대는 그럴 수 있다면 이것을 어떻게든 극복하고 싶어 한다. 실제로 이 3대 불안 요소는 곧 3대 자본이며, 이것을 다스릴 수 있으면 나름대로 안심감 속에서 인생을 보낼 수 있다. 이 3대 불안 요소를 다스리면 '인생의 내리막길'에서 '인생은 지금부터'로 인식의 전환이 가능해지는 것이다.

'인생은 지금부터'라는 감각은 인생을 즐기고 싶은 마음이라고 바꿔 말해도 무방할 것이다. 앞에서 '연금 수입만으로 근근이 생활하는 고령자 세대'와 '수상 스키'라는 양 극단을 예로 들었는데, 사실 많은 사람은 그 중간 지점에서 '불안'과 '즐거움'의 감정을 모두 갖고 산다. 따라서 어느 한 극단의 시각으로 바라봐서는 그들을 제대로 파악하지 못할 위험성이 있다. 남성이든 여성이든 저마다 '불안'과 '즐기고 싶은 마음'을 모두 갖고 사는 것이 현실이다. 부유층이라 해도 요개호 상태인 사람이나 고독하고 외로운 노인은 있기 마련이며, 저소득층이라 해도 친구와 즐기며 사는 사람은 얼마든지 있다. 기존의 고정 관념을 잣대로 삼지 말고 전체의 공통항과 각 생활자 계층의 특성을 '불안'과 '즐거움'이라는 양 측면에서 바라봐야 한다.

사람은 '불안'과 '즐거움'의 양 측면을 지니고 있으며, 이 두 심리는 독립적으로 존재하는 것이 아니라 '불안'을 다스리면 '즐겁게' 살 수 있는 관계에 있다. 또한 그 양쪽 모두에 비즈니스의 기회가 숨어 있다. '건강', '경제', '커뮤니케이션'의 '불안'을 '즐거움'으로 전환시킨다면 '인생의 꽃을 피우고 싶다.'는 바람을 실제 생활에서 실현시킬 수 있다.

'건강'이라는 측면에서는 '일병식재'가 그 좋은 예다. 사람은 누구나 50세를 넘기면 요통이나 고혈압, 경우에 따라서는 암 등 어떤 지병을 안고 살게 된다. 빈뇨증까지 포함하면 누구나 두세 가지 병은 안고 산다. 그렇기 때문에 더더욱 건강에 신경을 쓰게 되고, 건강 보조 식품을 먹거나 피트니스 클럽 또는 요가 교실에 다니면서 건강을 관리한다. 그리고 건강이 어느 정도 관리되면 '국내든 해외든 여행이나 떠나 볼까?' 같은 생각을 하기 시작한다.

또 '경제'라는 측면에서는 정년퇴직을 하면 정기 수입이 예전만큼 들어오지 않게 되기 때문에 마음이 불안해진다. 그래서 NISA(일본판 비과세 개인종합자산관리계좌(ISA)인 소액투자비과세제도-옮긴이) 등으로 투자 기회가 넓어지면 투자 신탁이나 주식, 외화 예금, FX 등을 비교 검토해 본다. 그리고 한편으로는 자녀가 대학을 졸업하면서 매년 100만 엔 정도였던 학비 지출이 사라지고, 퇴직금을 받고, 연금도 들어오게 되면서 경제적인 불안감이 완화된 결과 그동안 꿈꿔 왔던 '고급 디지털 일안 반사식 카메라'나 '기타'를 사볼까 하고 생각하기 시작한다.

'커뮤니케이션'이라는 측면에서는 정년퇴직을 하고 집에서 빈둥대며 아내가 잔소리를 해도 "어차피 혼자라 나가도 할 게 없다고."라면서 하루 종일 텔레비전만 보다 어느 날 동창회 모임을 알리는 이메일을 받고 동창회에 가서 역시 은퇴한 동창생들과 학창 시절로 돌아간 듯 즐거운 시간을 보낸다. 분위기에 취해서 다음에는 자신이 간사가 되겠다고 말했더니 다들 좋아한다. 순간 아차 싶은 생각도 있었지만, 기왕 맡기로 했으니 남녀 동창생 모두가 즐길 수 있으면서 가격도 저렴한 '맛집'을 찾기로 마음먹고 동창들과 '즐겁게 연락을 주고받기' 시작한다. 이렇게 해서 커뮤니케이션 상의 답답함이 다스려진다.

'불안'을 다스려
'즐겁게' 살고 싶다

종종 "시니어 중에는 건강한 사람만 있는 게 아니라 병을 안고 있는 사람도 있지요."라는 말을 듣는다. 그러나 이미 이야기했듯이 50세를 넘기면 많은 사람이 한두 가지 병을 안고 산다. 또 정년퇴직을 한 뒤에는 수입이 예전 같지 않기 때문에 누구나 경제적인 불안을 느낀다. 부유층과 빈곤 세대로 깔끔하게 구분되는 것이 아니다. 또한 커뮤니케이션도 크루즈 여객선을 타고 즐겁게 대화를 나누는 부유층과 독거노인의 두 부류만 있는 것이 아니다. 대부분은 '불안'과 '즐거움'의 사이에서 방황한다. 다만 무작정 방황하는 것은 아니며, '불안'을 '다스려' '즐거움'의 방향으로 향하려는 의지를 갖고 자기 나름대로 노력한다.

기존의 중노년·고령자는 불안을 느껴도 세월을 이길 장사는 없다며 그대로 포기했다. 그러나 지금 사람들은 '어디까지나 절반'만 포기할 뿐 어떻게든 해 보려고 최대한 노력하며, 이를 위해 돈을 쓸 준비가 되어 있다. 비즈니스가 그 노력을 지원해 불안을 다스리도록 돕는다면 즐겁게 살고 싶다는 기분이 될 것이고, 이것이 새로운 소비로 이어질 것이다.

3

'새로운 어른'은 무엇이 새로운가?

01

칭찬의 말이 '성숙한 사람'에서 '센스가 좋은 사람'으로 변한다

필자가 최초로 고령자 조사를 시작한 시기는 2000년에 새로운 어른 문화 연구소의 전신인 엘더 비즈니스 추진실이 생겼을 때였다. 당시 50~80대의 생활자를 조사한 필자는 현재의 50+세대가 과거의 세대와 결정적으로 다른 점을 발견했다. 이들이 신문·텔레비전을 매일 접하는 미디어 생활자라는 점이었다. 고령자가 크게 변화하려 하고 있음이 눈에 보였다.

그리고 2003년, 단카이 세대를 대상으로 실시한 조사에서 처음으로 알게 된 것이 '들었을 때 기분 좋은 말'이다. 지금도 그렇지만 당시는 중노년에 대한 칭찬의 말이라고 하면 '성숙한 사람'이 일반적이었다. 그래서 '성숙 세대'라는 말도 있었다. 그런데 조사를 해 보니 들었을 때 기분이 좋은 말 1위는 '생기발랄하다.', 2위는 '센스가 좋다.', 3위는 '자연체'('꾸밈 없는', '가식 없는', '자연스러운', '있는 그대로의' 정도로 해석되는 용어이나 원서의 뉘앙스를 살리기 위해 그대로 사용한다.-옮긴이)였다. '성숙한 사람'이라는 말을 들었을 때 기분이 좋다는 사람은 매우 적었다. 2008년에 40~60대로 대상을 확대해 실시한 조사에서도 40대, 50대, 60대 모두 거의 같은 결과가 나왔으며 2011년과 2015년에 40~60대를 대상으로 실시한 조사에서도 거의 같은 결과를 얻었다. '성숙'이 아니라 '생기발랄함 · 센스 · 자연체'를 선호하는 것은 현재의 40~60대의 근간을 이루는 의식이다. 새어연에서는 이것을 '성숙에서 센스로'라고 소개해 왔다.

'성숙'이 선호되었던 시대에는 '젊다.'는 말이 굳이 따지자면 경멸의 의미에 가까웠다. 요컨대 '어른스럽게 말하지 못하는 사람', '비즈니스의 대화에 끼어들지 못하는 사람'이며 '미숙한 사람'이었다. 60 · 70대 사이에서는 종종 "마흔, 쉰(살)은 아직 코흘리개"라는 말이 들려 왔다. 불과 수십 년 전의 이야기다. 당시는 '원숙', '관록', '분별' 같은 말이 있었다. 그러나 그 말 자체가 지금 사회에서 사라져 가고 있으며, 그 대신 '생기발랄하다.', '센스 있다.', '꾸밈없다.'로 크게 변화했다.

본 연구소에서는 조사 분석 결과를 새어연 보고서라는 형태로 간행하고 있는데, 이 조사 보고서에는 '멸종!?하는 중노년'이라는 제목을 붙였다. 이것은 정말로 중노년이 사라지고 있다는 말이 아니라 현재의 40~60대에게서 중노년 의식이 소멸되고 있다는 의미다. 50 · 60대가 그렇게 생각하고 있다는 것은 커다란 변화이며, 40대는 그 생각을 더욱 진화시키려 하고 있다.

지금도 젊은이 문화가 사회의 기본이라는 생각이 드는 이유는 여전히 젊은이의 기분을 어느 정도 유지하고 있는 40대가 상당 비율 있기 때문이다. SMAP이 아이돌인 채로 40대에 돌입하고 모닝무스메의 멤버였던 나카자와 유코中澤裕子도 이미 40대 엄마가 되었다는 것이 이를 상징한다.

그리고 2015년의 조사에서 새로운 변화가 나타났다. 40~60대를 종합적으로 살펴봤을 때 '센스'가 1위, '생기발랄하다.'가 2위로 순위가 역전된 것이다. 조사를 시작한 이래 최초의 순위 변화였다(도표14). 이것은 무엇을 의미할까? 최근 10년 동안은 '성숙'보다 '생기발랄함'이 더 부각되어 왔다. 이것은 안티 에이징과 미마녀美魔女(아름다운 35세 이상의 여성을 가리키는 말. 패션 잡지에서 시작된 유행어다-옮긴이)가 대히트를 기록한 것과 궤를 함께 하는 커다란 변화였다. 그런데 이것이 '제1 스테이지'였다고 하면, 슬슬 다음 단계인 '제2 스테이지'로 넘어가려 하고 있다. 요컨대 생기발랄한 것은 당연하고 여기에 '센스'가 더욱 중요시되고 있는 것이다. 50·60대에서는 여전히 '생기발랄하다.'가 1위이므로 40대에서 시작된 변화이기는 하지만, 확실히 다음 단계로 나아가고 있다. 그야말로 '성숙에서 센스로'인 것이다.

또한 "어떤 어른이 되고 싶습니까? 어떤 어른이고 싶습니까?"라는 질문에 대해 "있는 그대로의 모습으로 살아가는 어른이고 싶다."라고 대답한 40~60대가 71.6퍼센트로 "언제까지나 생기발랄한 어른이고 싶다."라고 대답한 71.1퍼센트를 조금이나마 웃돌았다. 이것은 50·60대일수록 그 경향이 강해서, "패션 감각이 좋은 어른이고 싶다."라고 대답한 42.4퍼센트를 크게 웃돌았다. 요컨대 '자연체'가 '센스'와 같은 수준으로 중요해진 것이다. 제2 스테이지에는 '생기발랄함'은 당연한 전제이고 여기에 '자연체'이면서 '센스'도 좋은 사람이고 싶은 듯하다. 특히 여성에게서 이런 경향이 강하다. 역시 이 연령대도 여성이 주도하고 있다. 본 연구소는 이런 여성에게 '자연체 어른 여성'이라는 이름을 붙였다.

그런데 왜 40~60대에서 이런 변화가 일어난 것일까? 그것은 현재의 40~60대가 윗세대부터 순서대로 '단카이 세대', '뽀빠이-JJ(포스트 단카이) 세대', '신인류', '버블 세대', 그리고 '단카이 주니어'로 이어지기 때문이다. '단카이 세대'는 처음으로 젊은이 문화를 세상의 주류로 만들었다. 그리고 '단카이 세대'부터 '단카이 주니어 세대'까지는 전부 젊은이 문화 속에서 트렌드 세터였던 세대다. 특히 '단카이 세대'부터 '버블 세대'까지는 지속적인 경제 성장 속에서 청년 시절을 보냈다. 이런 공전절후의 세대가 40~60대가 된 것이 '멸종!?하는 중노년'이라는 변화를 만들어내며 중노년의 의식을 크게 바꾸고 있다. 각 세대에 관해 자세히 알고 싶으면 《세대론 교과서世代論の教科書》(도요게이자이신보사, 2015년 10월)를 참조하기 바란다. 이들 세대가 최근 10년 동안 '시니어·중노년'에 대해 '생기발랄함'을 부각시켜 왔다. '생기발랄함'은 이제 보편적인 것이며 전제가 되고 있다.

그리고 유행이나 패션을 선도하는 트렌드 세터로 살면서 단련된 것이 '센스'다. 이 '센스'의 차이가 더욱 중요해졌다. 여기에 '자연체'다. 억지로 젊어 보이려고 하는 것이 아니라 '자연스러운 젊음'이고 싶다는 의식이다.

이 '자연체'와 '센스'의 혼합이 더욱 추구되고 있다. 2014년에 다카

도표14 들었을 때 기분 좋은 말은 '성숙'에서 '센스'로

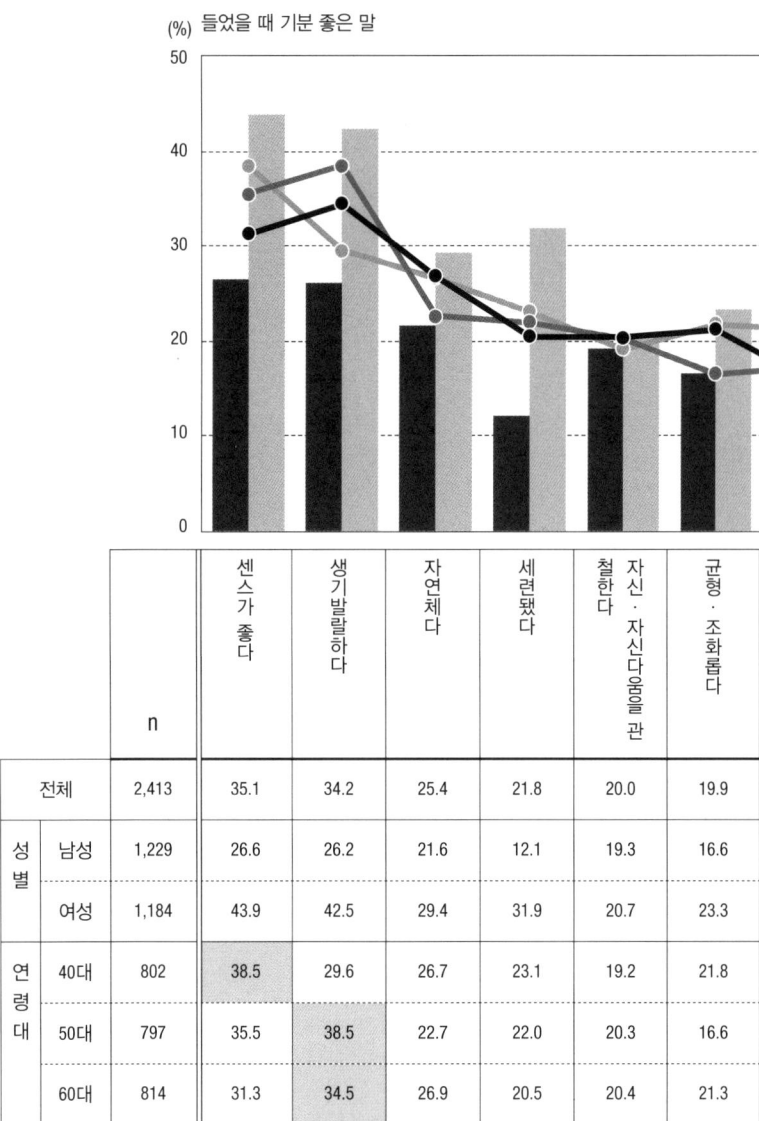

		n	센스가 좋다	생기발랄하다	자연체다	세련됐다	자신·자신다움을 관철한다	균형·조화롭다
전체		2,413	35.1	34.2	25.4	21.8	20.0	19.9
성별	남성	1,229	26.6	26.2	21.6	12.1	19.3	16.6
	여성	1,184	43.9	42.5	29.4	31.9	20.7	23.3
연령대	40대	802	38.5	29.6	26.7	23.1	19.2	21.8
	50대	797	35.5	38.5	22.7	22.0	20.3	16.6
	60대	814	31.3	34.5	26.9	20.5	20.4	21.3

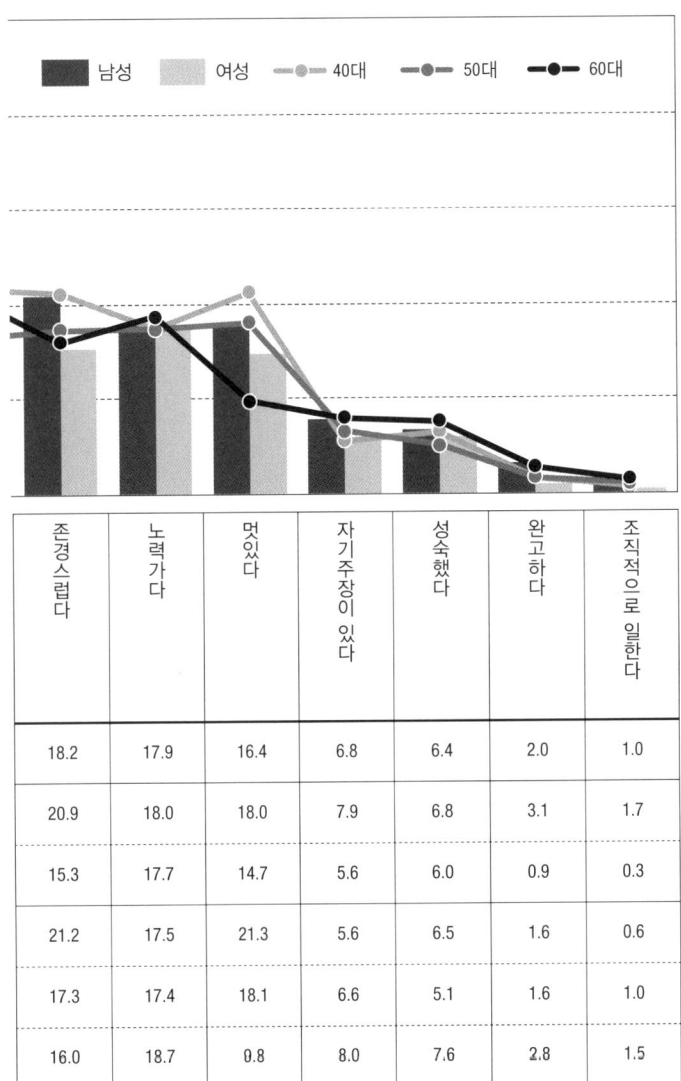

出처: 하쿠호도 새로운 어른 문화 연구소 조사, 2015년, 40~69세 남녀, 전국 2,700명 대상

제3장 • '새로운 어른'은 무엇이 새로운가? | 113

라지마사가 40·50대 여성을 타깃으로 한 여성지 〈어른의 멋내기 수첩〉을 간행해 16만 부를 전부 팔았다. 〈어른의 멋내기 수첩〉은 '세련된 평상복, 세련된 일상'을 슬로건으로 내걸고 있다. 그야말로 '자연체' 더하기 '센스'다.

자신을 가리킨다고 느끼는 호칭은 '어른'

앞 장에서 소개했듯이 50대 중 90퍼센트는 자신을 시니어라고 생각하지 않으며, 60대의 90퍼센트는 시니어라고 불리기 싫어한다. 그렇다면 어떻게 불러야 할까? 이것이 참으로 어려운 문제다. 실제로 여러 곳에서 이 문제를 검토하고 있지만 아직 적절한 호칭이 발견되지 않았다. 결국 고령을 의미하는 말로는 불리고 싶지 않다는 의식이 있기 때문에 어떻게 부르든 적절한 호칭은 되지 않는다. 그런 가운데 유일하게 사용할 수 있는 말이 '어른'이다. 예전에 실시한 조사의 경우, 50대의 경우 '어른'과 '50대'라는 호칭에는 부정적인 반응이 없었다.

사실 미국에서도 똑같은 일이 일어나고 있다. '선시티'는 세계적으로 유명한 미국의 은퇴자 커뮤니티다. 캘리포니아와 텍사스, 플로리다에 광대한 커뮤니티를 운영하고 있다. 필자는 시찰단을 인솔해서 이곳을 찾아간 적이 있는데, 개발사인 델웸의 설명을 듣다가 문득 어떤 사실을 깨달았다. 새빨간 안내 책자의 표지에 'Active Adult'라고 적혀 있었던 것이다. 그래서 "왜 액티브 시니어가 아니죠?"라고 물어보니 "미국 사람들은 시니어라는 말을 듣기 싫어합니다."라는 대답이 돌아왔다. 요컨대 일본이나 미국이나 마찬가지였던 것이다. 해당 세대인 일본의 단카이 세대와 미국의 베이비붐 세대가 모두 비틀즈 세대라는 공통점도 커다란 영향을 끼친 것으로 보인다.

또한 앞에서 언급했듯이 세계 최대의 고령자 NPO인 AARP도 '50+', 직역하면 '50대 이상'이라는 표현을 사용한다. 미국에서도 '어른'과 '50대'라는 새어연의 조사 결과와 일치하는 표현을 사용하고 있는 것이다. 특히 '어른'은 가치중립적인 표현 같으면서도 '지식과 경험이 풍부한 사람', '포용력이 있는 사람', '품위를 아는 사람'이라는 긍정적인 의미를 담고 있다. 이 점도 사람들에게 선호 받는 이유로 생각된다.

그리고 앞에서 설명했듯이 들었을 때 기분 좋은 말도 '성숙'에서 '센스'로 변화하고 있다. '멸종!?하는 중노년'이라는 의식 변화가 일어나고 있는 것이다. 그리고 '인생의 내리막길'이라는 생각을 하지 않는 등 생활자들에게서 다양한 변화가 일어나고 있다. '어른'은 '어른'이지만 내부적으로 변화하고 있다는 점에 입각해 본 연구소에서는 이들을 '새로운 어른'이라고 부른다.

'새로운 어른'이
움직이기 시작하다

    실제로 지금 이 '새로운 어른'이 사회적으로 확산되려 하고 있다. 2015년 8월 5일, 메이지 생명 기획부에서 뜻 있는 사람들이 '마루노우치 새어른부'라는 모임을 결성했다. 이 모임은 기존의 '중노년 이미지'를 타파하고 세련된 삶의 방식을 추구하는 '새로운 어른'을 지향하자고 외치고 있다. 이를 위해 '스카치위스키 세미나', '어른의 요리 교실', '순수한 라쿠고 모임' 등을 지속적으로 개최하고 있으며, 여기에는 마루노우치에서 회사원 생활을 하다 은퇴한 60대 선배들도 참가하고 있다.

    한편 에이벡스는 2015년 10월에 새로운 유형의 문화 학교로서 즐길 줄 아는 어른을 창조하는 새어른 연구소 'avex Life Design lab'을 발족했다. 이것은 이사키飯崎俊彦라는 이름의 프로젝트 리더가 50대에 서핑을 시작하자 동료가 생겨 즐거웠던 개인적인 경험을 바탕으로 만든 것이다.

    또한 거품 경제기에 회사원들이 정보를 발신하기 위한 '파티 커넥션'이라는 모임이 있었는데, 그 모임의 동료들이 2015년 11월 14일에 '어른의 동아리 활동'을 새로 시작했다. 대표는 고가미 다카코伍上隆子라는 하나코 세대의 여성이며, 50대를 중심으로 '일본 문화부', '일본 영화 애호가 모여라!', '맛있는 식사', '다마가와 자전거', '해외 네트워크', '비틀비틀 술 클럽', '교토·이세시마' 등의 동아리 활동을 시작했다.

    그리고 어떤 측면에서 '새로운 어른'의 토양을 만들었다고 할 수 있는 존재는 비틀즈가 일본을 석권하기 직전에 일렉트릭 열풍을 일으킨 그룹 '벤쳐스'다. 이 그룹은 멤버를 교체하면서 꾸준한 활동을 보이고 있는데, 매년 일본을 찾아와 북쪽으로는 홋카이도부터 남쪽으로는 오키나와까지 전국에서 이미 70회에 가까운 공연을 했다고 한다. 그 영향으로 전국 방방곡곡에서 센다이 벤처스, 히로시마 벤처스 등 아저씨 카피 밴드가 활동하고 있으며 일렉트릭 음악제도 열리고 있다.

이와 같이 '새로운 어른'은 지금 '새어른' 등으로 불리며 다방면에서 확산되고 있다.

02

'인생의 내리막길'에서 '인생은 지금부터'로 거대한 전환이 일어난다

'새로운 어른' 의식이란?

그런데 '새로운 어른'은 어떤 의식을 가진 사람들일까? 본 연구소의 조사에서는 "50대에도 청바지가 잘 어울리는 멋진 어른이고 싶다(어른이 되고 싶다)."고 대답한 40~60대가 60퍼센트에 이르렀다. 또 "50대를 넘겼으면 더는 나이를 먹지 않는 나이고 싶다(내가 되고 싶다)."고 대답한 사람은 50.9퍼센트였으며, "몇 살이 되더라도 젊은 모습으로 살고 싶다."고 대답한 사람은 64.5퍼센트였다(도표15). 머리말에서도 언급했듯이, 이것은 대도시뿐만 아니라 지방 중소 도시의 의식도 반영되도록 설계해 2015년 3월에 전국 2,700개 표본을 대상으로 실시한 조사의 결과다.

'젊은 모습으로 살고 싶다.'고 대답한 사람은 60대만을 봐도 63.4퍼센트에 이른다. 현재의 60대 중 60퍼센트 이상이 '젊은 모습으로 살고 싶다.'고 생각한다. 정부와 지방 자치 단체에서는 지금도 65세 이상을 고령자로 규정하고 있으며, 실제로 얼마 전까지만 해도 60대라고 하면 할아버지·할머니로 통했다. 그런 60대의 60퍼센트 이상이 젊은 모습으로 살고 싶다고 말했다는 것은 놀라운 일이다. 이것은 역시 단카이 세대가 60대가 되었다는 것과 커다란 관련이 있다. 이들은 남성의 경우 장발에 청바지라는 젊은이의 패션을 유행시켰으며 여성의 경우 포스트 단카이 세대와 함께 미니스커트를 입고 〈an·an〉과 〈non-no〉를 최초로 지지한 세대다. 앞의 질문을 여성들만으로 한정해서 살펴보면 무려 50대 여성의 75.6퍼센트, 60대 여성의 71.1퍼센트가 "젊은 모습으로 살고 싶다."라고 대답했다. 여성은 70퍼센트 이상이 그렇게 생

도표15 지금의 40~60대는 몇 살이 되더라도 젊게, 긍정적인 의식을 유지하며 살고 싶어 한다

40~60대

50대에도 청바지가 잘 어울리는 멋진 어른이고 싶다 (어른이 되고 싶다)	60.0%
50대를 넘겼으면 더는 나이를 먹지 않는 나이고 싶다 (내가 되고 싶다)	50.9%
몇 살이 되더라도 젊은 모습으로 살고 싶다	64.5%

↑

몇 살이 되더라도 젊게, 긍정적인 의식을 유지하며 살고 싶다	73.7%

출처 : 하쿠호도 새로운 어른 문화 연구소 조사, 2015년, 40~69세 남녀, 전국 2,700명 대상

각하고 있는 것이다. 기존의 아줌마, 할머니와는 전혀 다른 의식이라고 말할 수 있다.

그 기반으로 생각되는 40~60대의 의식 조사에서는 '몇 살이 되더라도 젊게, 긍정적인 의식을 유지하며 살고 싶다.'가 73.7퍼센트를 차지했다. 물론 표면적으로는 많은 사람이 '절반쯤 포기'하고 살며 시니어라는 인상도 주지만, 마음속에서는 이렇게 살고 싶어 한다. 본 연구소에서는 이 '몇 살이 되더라도 젊게, 긍정적인 의식을 유지하며 살고 싶다.'를 생활자에 대한 조사를 바탕으로 한 '새로운 어른의 정의'定義로 삼고 있다. '인생의 내리막길인 것이 현실이니 나잇값을 하며 살자.'라던 기존의 중노년·시니어의 의식에서 대전환이 일어난 것이다.

다만 주의해야 할 점은 결코 이 수치가 '젊고 건강한' 액티브 시니어가 많음을 의미하지는 않는다는 것이다. 표면적으로는 시니어로 보이는 것에서도 알 수 있듯이, 이 세대의 대부분은 적어도 한두 가지의 병을 안고 산다고 해도 과언이 아니다. 그래서 '절반쯤 포기'하고 살게도 된다. 사실 현실을 조사하면 대부분은 "절반쯤 포기하고 산다."고 대답한다. 그러나 "사실은 어떻게 살고 싶습니까?"라고 물으면 지금 적은 것과 같은 대답이 돌아온다.

이것은 소비의 측면에서 중요한 문제다. 시니어 마케팅이 성공하지 못하는 요인 중 하나는 '절반쯤 포기하고 사는' 표면적인 모습에 직접 초점을 맞추기 때문이다. 그들은 자신이 그렇게 생각하고 있기에 더더욱 다른 사람에게서 그 말을 듣고 싶지는 않아 하며, 하물며 그런 광고는 더더욱 보고 싶어 하지 않는다. '사실은 이러이러하고 싶다.'고 느끼는 내면에 초점을 맞추지 않는다면 상품도 서비스도 성공할 수 없다.

여기에 '시니어·중노년'과 '새로운 어른'의 분기점이 있다. '기존의 중노년·시니어·고령자'는 '절반쯤 포기'를 당연한 것으로 받아들이고 자신도 '나잇값'을 해야 한다고 생각하며 '인생의 내리막길'을 걷는 느낌으로 여생을 조용히 보내려 했다. 가정에서도 조역, 사회에서도 조역이 되어 갔다. 그들은 필연적으로 소비를 포기하게 되었고, 회사에서 은퇴하는 동시에 소비자로서도 서서히 무대에서 퇴장했다. 그리고는 보살핌을 받아야 할 노인이 되고, 요개호자가 되고, 사회적 약자가 되고, 공적 부담의 수혜자가 되었다. 한편 '새로운 어른'의 경우, 50세를 넘기면 모두 '절반쯤 포기'하는 심리가 되는 것까지는 같지만 '나잇값'을 해야겠다는 생각은 하지 않는다. 그래서 표면적으로는 '절반쯤 포기'하고 살면서도 마음속으로는 '몇 살이 되더라도 젊게, 긍정적인 의식을 유지하며 살고 싶다.'고 생각한다.

예전에는 회사를 퇴직하면 일종의 쓸쓸함 속에서 조용히 살려고 했지만, 지금의 50·60대는 '회사를 위해', '일을 위해', '자녀를 위해', '가족을 위해' 살던 시간이 끝나고 드디어 '자신의 시간'이 찾아왔다고 생각한다. 그래서 '인생의 내리막길'과는 180도 다른 '인생은 지금부터'라는 의식으로 비록 회사에서는 은퇴했지만 사회에서는 은퇴하지 않았다고 생각하며 가급적 평생 현역 생활자, 즉 평생 현역 소비자가 되려고 한다. '기존의 중노년·시니어·고령자'들도 "인생은 아직 끝나지 않았어."라든가 "아직 할 일이 많아."라는 말을 종종 했으나, 이것은 '인생의 내리막길'이지만 '아직 끝나지 않은' 것이며 '아직 할 일이 많은' 것이었다. 그에 비해 '새로운 어른'들은 '지금부터 시작이야.'라는 생각으로 살고 싶어 한다.

'기존의 시니어·중노년·고령자'는 소비자로서도 서서히 퇴장하고 개호·의료의 비중이 높아져 공적 부담의 수혜자가 되어 갔다. 소비하는 사람이 아니라 공적 비용이 들어가는 사람이 되는 경향이 있었다. 한편 '새로운 어른'은 건강의 측면에서도 예방 의식이 강해서 건강 관리를 위해 자신의 돈을 쓰려고 한다. 건강에 돈을 쓰고 몸을 관리하며 여행을 비롯한 소비를 적극적으로 하고 싶어 한다. 똑같은 고령기의 '건강 불안'에 대해 '기존의 시니어·중노년·고령자'는 공적 자금을 지원받는 '수혜자'였지만 '새로운 어른'은 자신의 돈을 사용하는 '소비자'인 것이다.

그들은 평생 현역 소비자로서 계속 비즈니스의 대상이 된다. 63페이지의 [도표10]처럼 180도 다른 변화가 일어나고 있는 것이다. 이것은 '소비자가 아니게 되어 가는 사람'에서 '계속 소비자로 남는 사람'으로의 전환이다. 표면적인 모습은 어떻든 간에 마음속에서는 [도표10] 왼쪽의 '기존의 시니어·중노년·고령자'로부터 오른쪽에서 '새로운 어른'으로 전환하고 있다. 그리고 이 '새로운 어른'이 '새로운 어른 소비'를 계속 만들어내고 있다.

이미 50세 이상은 '극적으로 변화'하고 있다

지금 50대 이상의 세대가 극적으로 변화하고 있다. 애니메이션 '사자에상'(1946년 후쿠오카의 지방신문에서부터 연재를 시작한 일본의 최장수 만화이자 국민애니메이션-옮긴이)은 변함없는 인기를 자랑하고 있는데, 사자에상의 어머니인 이소노 후네磯野フネ의 나이가 몇 살인지 알고 있는가? 사실은 52세라고 한다. 48세라는 설도 있지만, 일단 여기에서는 52세라고 생각하고 현재 그보다 나이가 많은 유명인 여성이 누가 있는지 찾아보자. 배우 구로키 히토미黑木瞳가 세 살 많은 55세이고, 역시 배우인 아사다 미요코浅田美代子가 60세, 배우이자 작사가, 소설가인 아키 요코阿木燿子가 70세, 국민 배우 요시나가 사유리吉永小百合가 71세다. 이렇게 보면 여성은 나이를 먹을수록 점점 젊어지는 것이 아닌가 하는 착각이 들 정도다.

사자에상에 등장하는 남성을 살펴보면 후네의 남편인 이소노 나미헤이磯野波平가 54세다. 당시는 정년이 55세여서 정년을 눈앞에 두고 분재를 즐긴다는 설정이었다. 현재 나미헤이보다 나이가 많은 유명인으로는 AKB48의 프로듀서인 아키모토 야스시秋元康가 57세, 인기 밴드 서전 올스타즈의 리드 보컬 구와타 게이스케桑田佳祐가 60세, 코미디언이며 사회자인 아카시야 산마明石家さんま가 60세, 코미디언이자 배우, 감독인 기타노 다케시北野武가 69세다. 그렇다면 나미헤이와 나이가 같은 유명인은 누가 있을까? 인기 코미디언 듀오 다운타운의 두 멤버가 52세이고 코

미디언이자 배우, 감독인 우치무라 데루요시^{內村光良}가 51세다. 그뿐만이 아니다. 사실은 코미디언 데가와 데쓰로^{出川哲朗}가 52세이고, 코미디언이자 배우 우에시마 류헤이^{上島竜兵}는 55세다. 따라서 그들의 리액션 코미디는 젊은이의 것이 아니라 50대의 코미디다.

액티브 시니어라는 말을 들었을 때 데가와 데쓰로나 우에시마 류헤이를 떠올리는 사람이 얼마나 있을까? 물론 텔레비전에 나오는 연예인은 일반인과 다르지만, 일반인도 대략 연예인의 60~70퍼센트는 될 것이다. 실제로 데가와 데쓰로나 우에시마 류헤이의 60~70퍼센트 정도 되는 사람은 거리에서도 흔히 볼 수 있다. 시니어·중노년에 대한 일반적인 이미지는 애니메이션 사자에상의 이소노 후네나 이소노 나미헤이 같은 사람일 터인데, 겉모습부터가 전혀 다르기 때문에 '새로운 어른'이라고 부르는 것이다.

그 윗세대는 어떨까? 2014년 후지 록페스티벌에 오노 요코^{小野洋子}가 등장해 화제가 되었는데, 여러분은 오노 요코의 나이를 알고 있는가? 사실은 83세다. 그럼에도 후지 록페스티벌에 할머니가 왔다고 말하는 사람은 아무도 없었으며, 본인도 그렇게는 생각하지 않았을 것이다. 모두가 '오노 요코가 후지 록페스티벌의 무대에 서다니!'라고 생각했다. 같은 연령대의 유명인으로는 배우 노기와 요코^{野際陽子}가 80세,《창가의 토토》로 유명한 구로야나기 데쓰코^{柳徹子}가 82세. 남성 중에서는 라쿠고가인 제6대 가쓰가 분시^{桂文枝}가 72세, 배우이자 가수 가야마 유조^{加山雄三}가 78세, 저널리스트이자 평론가인 다하라 소이치로^{田原総一朗}가 81세다. 80세라고 하면 누구나 '고령자'라고 생각하겠지만 사실은 이런 사람들이 80세인 것이다. 현 시점에서는 고령자의 이미지와 다르지 않은 80세도 있지만, 현재 60대인 단카이 세대가 80세가 될 무렵에는 이런 사람들이 주류가 되어 거리에 넘쳐날 가능성이 높다.

지금까지 소개한 조사 결과는 주로 40~60대를 대상으로 한 것인데, 현재 70대, 80대도 크게 변화하려 하고 있다. 그리고 이와 같은 50대 이상의 커다란 변화 속에서 기존의 고령자관觀, 노후관도 크게 바뀌려 하고 있다. 즉, '황혼 중노년 · 성숙 중노년'에서 '젊고 센스 있는 어른'으로, '여생을 보낸다.'에서 '인생의 꽃을 피우고 싶다.'로, '시들어 가는 노후'에서 '인생 최고의 시기'로 크게 전환되고 있는 것이다(도표16).

물론 앞에서 이야기했던 것과 같이 마음 한구석에는 '절반쯤 포기'하는 심리가 있다. 그렇다면 어떻게 해야 그 괴리를 메울 수 있을까? 생

도표16 '시들어 가는 노후'에서 '인생 최고의 시기'로

> 지금 전체적으로 다음과 같은 커다란 변화가 일어나려 하고 있다.
>
> 《황혼 중노년 · 성숙 중노년》에서
> **《자연스럽게 젊고 센스 있는 어른》으로**
>
> 《여생을 보낸다》에서
> **《인생의 꽃을 피우고 싶다》로**
>
> 《시들어 가는 노후》에서
> **《인생 최고의 시기》로**

생활자와 기업과 미디어의 공동 노력으로

활자는 표면적으로는 어떻든 간에 마음속에서는 이런 전환을 하고 싶다고 생각한다. 그렇다면 기업이 그 마음을 긍정하고 그런 생활을 실현시켜 줄 상품과 서비스를 제공하며 나아가 미디어가 그 마음을 긍정적으로 소개한다면 그 방향으로 나아가지 않을까? 여기에서 미디어는 '기사·방송'과 '광고'의 두 측면이다. 즉 '생활자'와 상품·서비스를 제공하는 '기업', 그리고 상품·서비스를 소개하면서 생활자의 마음과 생활을 지원하는 '미디어'가 함께 노력한다면 실현 가능하다고 생각한다. 이것은 각 기업의 상품·서비스를 통해 어떻게 해야 '건강'이나 '경제'의 불안을 다스리면서 '자연스럽게 젊고 센스 있는 어른'이 될 수 있는지, '인생의 꽃을 피울' 수 있는지, '인생 최고의 시기'를 만들 수 있는지 구체적으로 제시하고 제공해 나가는 것이다.

이런 생활의 전환을 실현시키기 위해서는 개인의 노력, 즉 소비가 필요한 만큼 필연적으로 비즈니스의 꽃을 피우는 결과로 이어진다.

03
'1억 총 노후 붕괴'는 '1억 총 생활 붕괴'

　현재 일본은 '절반쯤 포기'였다가 정말로 '인생을 포기하는' 사람이 주류가 되어 그 부담을 전부 젊은 세대가 짊어지는 '삶이 괴로운 일본'이 되느냐, 아니면 인생을 포기하지 않고 '인생의 마지막을 최고의 시기로 만들고 싶다.'고 생각하는 사람이 주류가 되어 자조自助 혹은 젊은 세대와 공조共助하는 '활력 있는 일본'이 되느냐의 기로에 서 있다. 이미 50대 이상 인구가 성인 인구의 과반수를 차지하고 있으므로 원하든 원치 않든 이 연령대가 어떻게 되느냐에 따라 사회 전체가 결정된다. '인생을 포기하는' 사람이 주류가 되면 많은 사람이 개호를 필요로 하게 되기 쉽다.

　50·60대 사이에서 '생기발랄하게 살고 싶다.'는 의식이 높아졌다는 조사 결과를 공표하면 그것은 커다란 오류 혹은 착각이다. '노인'은 '노인다워야' 하며 이를 자각해야 한다는 이야기가 종종 나온다. 또 관공서나 기업의 고위층 중에는 미래를 낙관적으로 바라봐서는 안 된다,

일본은 고령 사회가 진행되어 '무겁고 어두운 사회'가 될 것임을 직시해야 한다고 말하는 사람이 많다. 분명히 그렇기는 하지만, 그것이 정말로 현실이 되어 '인생을 포기하는' 사람이 주류가 된다면 어떻게 될까? 병원이나 개호 시설은 사람들로 가득 차고, 각 가정에는 반드시 요개호자가 있게 된다. 그리고 그 부담은 상대적으로 수가 적은 젊은 세대에게 온전히 전가되어 '더 젊은 세대가 전부 떠받치게' 된다.

소비세율은 더욱 높아지고, 국민 특히 젊은 세대는 매일 사회 보장비를 위해 일하게 될 수 있다. 이것은 그야말로 '삶이 괴로운 미래'를 의미한다. '노인'다워지면서도 전혀 요개호 상태가 되거나 병에 걸리지 않는 기적이 일어난다면 좋겠지만, 이것을 고령기의 사람들 모두에게 기대하는 것은 현실적이지 못하다. 지금 이상으로 많은 고령기의 사람들이 요개호 상태가 되거나 병에 걸리고 '그 부담이 전부 젊은 세대에게 전가되는 미래'는 '결코 있어서는 안 되는 미래'인 것이다.

후기 고령자까지 생각하면 고령 사회는 개호·복지로 지탱해야 한다는 말도 종종 나오는데, 문제는 그 비용을 누가 부담하느냐다. 물론 현 시점에서 75세 이상의 후기 고령자 가운데 요지원까지 포함한 31.3퍼센트의 사람들에게는 개호·복지가 필요하며 더 젊은 세대가 이들을 뒷받침해야 마땅하다고 생각하지만, 그 결과 소비세 증세가 필요하며 그 세율도 점점 높아져야 할 만큼 심각한 상황에 몰리고 있다. 하물며 현재 60대인 단카이 세대는 최대의 인구 볼륨존 세대다. 1947~1949년에 태어난 좁은 의미의 단카이 세대가 700만 명이고 1951년생까지 포함하는 넓은 의미의 단카이 세대는 1,000만 명에 이른다. 최근의 신생아 수가 연간 약 100만 명이므로 3년이면 300만 명, 5년이면 500만 명이다. 요컨대 현재와 비교할 때 좁은 의미의 단카이 세대는 2배 이상, 넓은 의미의 단카이 세대는 딱 2배의 규모인 것이다. 이 단카이 세대가 75세 이상의 후기 고령자가 되는 시기가 2025년이며, 이 때문에 2025년 문제라고 한다. 그때 일본은 과연 어떻게 될까?

'하류 노인부터 1억 총 노후 붕괴'라는 이야기도 나오고 있다. 이 이야기를 들은 40대 이후 사이에서도 미래가 걱정이라는 말이 나오고 있으며, 장밋빛 미래를 그려서는 안 된다는 이야기도 나오고 있다. 그러나 단카이 세대가 75세 이상이 되는 2025년은 당장 10년 뒤면 찾아온다. 1억 총 노후 붕괴라는 것은 그보다 젊은 세대가 그 부담에 짓눌림을 의미한다. 그리고 이것은 먼 미래가 아니라 당장 현역 세대의 '1억 총 생활 붕괴'로 이어진다. 현재 75세 이상의 요개호율(요지원율을 포함)은 31퍼센트인데, 하류 노인·1억 총 노후 붕괴는 인구의 볼륨존인 단카이 세대의 경우 지금보다 더 많은 사람이 그런 상태가 되어 갈 위험성이 있음을 암시한다.

하류 노인이 되면 고령기인 까닭에 필연적으로 요개호 상태가 되기 쉬우며 많은 병을 안고 살게 되기 쉽다. 그 하류 노인·1억 총 노후 붕괴에 대한 대책으로 이야기되고 있는 것은 '정부의 노력'과 '생활 보호비'인데, 이것은 세금의 투입을 의미한다. 이 비용을 '더 젊은 세대가 전부 부담할' 수밖에 없으며, 그 결과 '1억 총 생활 붕괴'로 이어진다. 지금도 고령기의 개호·의료를 중심으로 사회 보장비가 증가함에 따라 소비세율을 인상해야 하는 상황인데, 이와는 비교할 수도 없는 부담이 젊은 세대를 짓누르게 된다. '의료·개호 급부비가 급증해 2025년에는 현재의 1.5배인 74조 엔으로 부풀어 오를 것'(니혼게이자이신문, 2016년 1월 3일)이라고 한다. 장밋빛 미래를 그려도 되느냐 안 되느냐 같은 한가한 논의나 하고 있을 때가 아니다. 2025년은 금방 찾아온다. 논의가 아니라 해결을 위한 행동을 당장 시작하지 않으면 늦고 만다.

생활 곤궁 고령자가 증가하고 요개호자의 비율도 지금 이상으로 증가한다. 통원·입원 고령자도 증가한다. 그리고 그 비용을 젊은 세대가 전부 부담한다. 돈이 모자라면 적자 국채 등을 더욱 발행한다. 요컨대 그 다음 세대로 부담을 떠넘기는 것이다. 말 그대로 악순환이다. 다음 세대로 갈수록 점점 부담이 커지는 이 악순환의 고리를 하루 빨리 끊어야 한다.

04

'활력 있는 나라'인가
'삶이 괴로운 나라'인가

활력 있는
나라가 될 가능성

또 하나의 길은 '절반쯤 포기'의 '절반'을 '자조 노력'으로 어떻게든 해결해서 '인생의 마지막을 최고의 시기로 만들고 싶다.'고 생각하는 사람들이 주류가 되는 '활력 있는 일본'이다. 지금까지 몇 번을 말했지만, 이것은 돈만으로 해결되지 않는다. 부자 중에도 고독한 노인은 있다. 요는 연금 수입만으로 근근이 살더라도 '평일 대낮에 친구와 맥주로 건배'를 할 수 있느냐다.

또한 요개호 상태가 되거나 병에 걸리지 않도록 최대한 '자조 노력'을 하고, 어쩔 수 없이 그런 상황이 된 연장자들이나 친구, 인근의 같은 연령대 사람들을 '함께 도움'으로써 젊은 세대에게 부담을 가급적 주지 않도록 한다. 이를 위해 자신의 돈이나 자산을 사용한다. 그저 앉아서 요개호 상태가 되거나 병에 걸리기를 기다리는 것이 아니라 스스로 예방을 위해 노력하고, 운동을 하고, 건강 진단도 받는다. 그러면 요가교실이나 피트니스 클럽에서도 일손이 필요해져 젊은 사람들을 더 많이 고용하게 된다. 또한 건강보조식품이나 화장품 등도 이것저것 써 보면서 자신에게 맞는 것을 찾아서 지속적으로 사용한다. 그러면 관련 비즈니스에 관여하는 젊은 세대의 고용을 창출하고 급여를 높이는 결과로 이어진다.

뿐만 아니라 인생 최고의 시기로 만들기 위해 배움과 취미에도 힘을 쏟는다. 음악·미술·영화·카메라·모터사이클·각종 스포츠 등 그 범위는 매우 넓을 것이며, 그 분야에서도 젊은 사람의 고용이나 급여 향상으로 이어진다. 또 여행이나 관광 관련 비즈니스도 활성화시킨다. 이것은 일본을 찾아오는 외국인 관광객과 맞물려 지방 재건에도 긍정적으로 작용해, 그곳에서 일하는 젊은 사람들과 지역에 활기를 불어넣는다. 나아가서는 젊은 세대가 활약할 수 있는 사회로 만들기 위해 비정규직이나 무직자의 취업을 돕거나 엘더 여성이 젊은 엄마의 육아를 지원하는 등 자신이 할 수 있는 일을 한다. 이 거대한 개인 자산을 썩히는 것이 아니라 사회에 환원한다. 그러면 자연스럽게 활력 있는 나라가 될 것이다.

다만 이렇게 한다고 해도 '악순환의 고리'를 완전히 끊는 것은 쉬운 일이 아니다. 그러나 생활자들이 움직이기 시작했으며, 이것을 돌파구로 삼을 수는 있다. 인터넷상에서 "꼴사납다.", "노인이면 노인답게 살아라."라고 비난만 하며 젊은 세대의 부담을 가중시키려는 행동만 하지 않는다면 그 가능성은 높다.

'활력 있는 나라'를 만들 것인가, '삶이 괴로운 나라'를 만들 것인가는 결국 50+세대 한 사람 한 사람에게 달려 있다. 특히 현재의 60대 이상이 어느 쪽을 지향하며 사느냐에 따라 결정될 것이다.

세계 고령화의 모델이 된 일본

새어연에서 세계를 대상으로 조사를 실시한 적이 있다. 유럽, 북아메리카, 아시아의 12개국·지역에서 간행되는 엘더 잡지를 모아 어떤 말을 자주 사용하는지 찾는 조사였다. 그 결과 일본과 미국과 영국에서 공통적으로 나타난 단어는 '베이비붐 세대'였다. 또한 중국·홍콩·타이완·싱가포르의 아시아 국가까지 포함했을 때 공통적으로 나온 말은 'Stay Young', 'Young at Heart'였다(도표17). 요컨대 비틀즈 세대 이후는 세계적으로 공통된 감각을 지니고 있는 것이다. 실제로 2014년과 2015년에 일본을 찾아온 롤링스톤스의 리드 보컬 믹 재거Mick Jagger는 72세, 폴 매카트니는 73세다. 또한 미국의 '선시티'와 'AARP'에서 알 수 있듯이 미국의 이 세대도 일본의 이 세대와 매우 비슷한 감각을 갖고 있다. 이것은 제1장에서 소개했듯이 '활력 있는 일본'의 모델이 완성된다면 완전히 똑같은 형태는 아니더라도 그 응용 버전을 세계에 확산시킬 가능성이 있음을 의미한다.

일본은 세계 어느 나라보다도 고령화가 빠르게 진행되고 있다. 그래서 전 세계가 일본을 주목하고 있다. 각국의 선행 지표가 되기 때문이다. 만약 '삶이 괴로운 일본'이 된다면 일본은 다른 나라의 반면교사가 될 것이다. 반대로 '활력 있는 일본'이 된다면 전 세계 각국의 모델이 될 것이다.

고령화라고 하면 문제점만 부각되는 경향이 있고, 실제로 '삶이 괴로운 일본'이 될 위험성은 상당히 높다. 그러나 '활력 있는 일본'이 될 가능성 또한 아직 남아 있기에 한편으로는 커다란 기회이기도 하다. 이것은 현재 60대인 단카이 세대 이하 한 사람 한 사람의 손에 달려 있다.

도표17 세계의 공통 의식은 'Stay Young'과 'Young at Heart'

```
┌─────────────────────────────────┐
│       공통적인 마음 · 의식        │
│         'Stay Young'            │
│        'Young at Heart'         │
└─────────────────────────────────┘
                ▲
                │
┌─────────────────────────────────┐
│  북유럽 : 스웨덴, 덴마크           │
│  서유럽 : 영국, 프랑스, 독일, 이탈리아, 스페인 │
│  북아메리카 : 미국                 │
│  아시아 : 중국(베이징, 상하이, 광저우) │
│         홍콩, 타이완, 싱가포르      │
│                  총 4지역 · 12개국 │
└─────────────────────────────────┘
```

4

'새로운 어른 시장'의 **잠재력**

01

'새로운 어른 시장'이라는 볼륨 시장

제1장 제1절의 '시장의 변화 · 텔레비전의 변화'에서 말했듯이, 2014년 1월 9일자 니혼게이자이신문에 '시니어(60세 이상) 소비 100조 엔 돌파 – 뚜렷한 성장세로 개인 소비의 46퍼센트를 차지하기에 이르다.'라는 기사가 실렸다. 단순히 인구비로 환산하면 50세 이상의 소비는 개인 소비의 약 60퍼센트에 이른다. 이것은 최근 수년 사이에 일어난 특이한 현상이 아니며, 50세 이상 소비의 비중은 앞으로 더더욱 높아질 것이다.

50대 이상 세대世帶는 기존의 표준 세대와는 크게 다르다. '자녀의 독립'과 '정년퇴직'을 계기로 여성은 50대부터, 남성은 60대부터 본격적으로 다음 라이프 스테이지에 접어든다. 제1장 제2절의 '50대 이상의 커다란 변화'에서도 언급했듯이 일단 가족을 졸업하고 '혼자', '부부 두 사람', '동료', '어머니와 딸, 손자 · 손녀'라는 새로운 인간관계를 시작한다. 여기에서는 그 인간관계에 관해 자세히 살펴보려 한다.

먼저 '혼자'를 살펴보자. 50대 이상의 여성은 육아 중심의 생활에서 해방되어 '한 사람의 여성'으로 돌아간다. 최근 수년 사이에 간행된 50대 여성을 타깃으로 한 잡지를 보면 상징적인 변화를 발견할 수 있다. 지금까지는 주부 잡지나 미세스 잡지가 많았는데, 최근에 새로 간행된 잡지는 전부 '여성지'다. 〈HERS〉, 〈eclat〉, 〈어른의 멋쟁이 수첩〉 등이 그것이다. 〈HERS〉 2016년 1월호의 특집은 '50세의 맹세!'였고, 2월호의 특집은 'HERS 세대에게 정말 잘 어울리는 옷'이었다.

남성도 정년이 다가옴에 따라 '한 사람의 남성'이 된다. 지금까지는 회사원이며 아버지였지만, 자신의 취미를 찾게 된다. 남성의 경우는 '취미 잡지'가 50대 이상 남성지의 정석이다. 〈사라이〉, 〈일개인〉, 〈Pen〉 등이 그 대표적인 예이며, 미식美食 잡지인 〈어른의 주말〉이나 〈dancyu〉 등도 있다. 남성 패션지로는 〈LEON〉과 〈MADURO〉 등이 있다.

'한 사람의 남성', '한 사람의 여성'으로 돌아가는 것은 커다란 의미를 지닌다. 지금까지 일본에서는 30세를 넘기면 남성은 '회사원이며 아버지', 여성은 '주부이며 어머니'라는 두 가지 얼굴을 가졌고 또 그것이 전부였다. 물론 한 사람의 어른이 되는 것, 사회인이 되는 것은 분명 중요한 일이다. 다만 개인은 어딘가로 사라져 버린 채 '좋은 조직인', '좋은 가정인'이 전부이자 인생의 목표가 되어 버리는 일이 많았고, 그러다 보니 이후는 여생에 불과했다. 그런데 '자녀의 독립', '정년퇴직'을 계기로 '개인으로서의 어른'이라는 다음 스테이지로 나아가게 되었다. 일본에서는 '개인으로서의 어른의 생활'이 없는 듯했지만, 50대 이상의 인구 볼륨이 커짐에 따라 사회적으로도 눈에 보이기 시작했다.

50대 부부는 '불협화음'에서
'멋진 두 어른'으로

그리고 50대 이상은 '부부 두 명'이 기본 단위가 되는데, 여기에 커다란 문제와 기회가 있다. 커다란 문제는 '불협화음'이다. "다시 태어나더라도 지금의 배우자와 함께 살고 싶습니까?"라는 질문에 40~60대 남성 중 46.9퍼센트는 그렇다고 대답한 데 비해 여성의 27.9퍼센트는 다시 태어난다면 다른 사람과 가정을 꾸리고 싶다고 대답했다(도표 18). 이것은 이 연령대의 남성 대다수가 '집안일과 육아에 관여하지 않았던 것'이 만들어낸 괴리라고 할 수 있다.

그렇다면 이 괴리를 회복하기는 불가능한 것일까? 사실 현재 60대인 단카이 세대 사이에서는 부분적이나마 '상호 이해를 위한 노력'이 진행되고 있다. 이것은 본 연구소의 조사에서 배우자와 어떤 시간을 보내는 일이 많아졌느냐는 질문에 대해 남성, 특히 단카이 세대를 중심으로 한 60대 남성의 경우 '함께 식사하기', '대화 나누기', '상대의 이야기를 들어 주기', '평소에 함께 장보기' 등이라고 대답한 것에서도 드러난다(도표19).

이 연령대의 남성이 정말 아내와 서로를 이해할 수 있을지 의문을 느끼는 사람도 많을 터인데, 부분적으로나마 '상호 이해'를 위해 노력하기 시작된 데는 이유가 있다. 단카이 세대는 '연애결혼'과 '중매결혼'의 비율이 처음으로 역전된 세대다. 즉 연애 끝에 결혼에 골인한 세대다. 단카이 세대 이후도 연애결혼 세대다. 그래서 '부부 사이에 불협

도표18 **여성 4명 중 한 명 이상은 다시 태어나면 다른 사람과 함께 살고 싶어 한다**

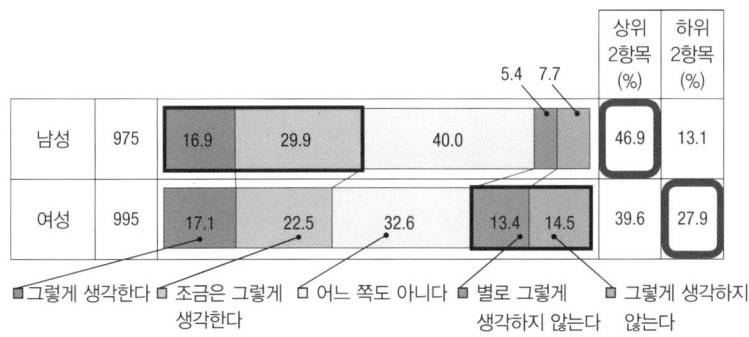

출처 : 하쿠호도 새로운 어른 문화 연구소 조사, 2015년, 40~69세 남녀, 전국 2,700명 대상

도표19 **남성은 아내와 보내는 시간이 늘어났다고 생각하지만 여성은 그렇게 생각하지 않는다**

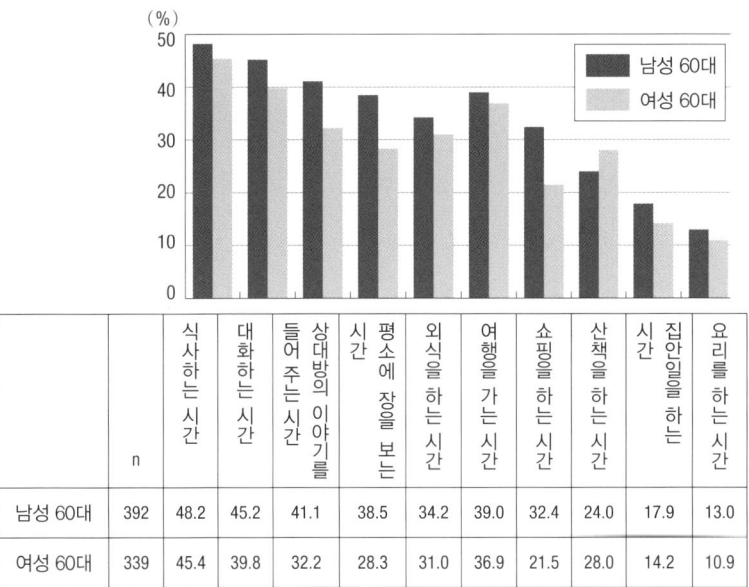

	n	식사하는 시간	대화하는 시간	상대방의 이야기를 들어 주는 시간	평소에 시간 장을 보는	외식을 하는 시간	여행을 가는 시간	쇼핑을 하는 시간	산책을 하는 시간	집안일을 하는 시간	요리를 하는 시간
남성 60대	392	48.2	45.2	41.1	38.5	34.2	39.0	32.4	24.0	17.9	13.0
여성 60대	339	45.4	39.8	32.2	28.3	31.0	36.9	21.5	28.0	14.2	10.9

출처 : 하쿠호도 새로운 어른 문화 연구소 조사, 2012년, 40~60세 남녀, 전국 2,700명 대상

화음'이 생기면 대체 어떻게 된 일인지 고민한다. 가령 정년을 앞둔 남편이 집을 리폼하려고 구상하며 "서재를 만들었으면 좋겠어."라고 말했더니 아내가 "당신은 항상 그렇게 자기 생각만 하지."라고 반응했다. 남편이 "당신도 고생 많이 했으니 정년퇴직을 하면 우리 함께 해외여행이나 떠나자고."라고 말했는데 아내에게서 "난 친구들하고 여행 가려고 계획을 다 짜 놓았는데?"라는 대답이 돌아와 할 말을 잃는다. 이런 일이 이어지면 남편으로서는 '이건 뭔가 잘못됐어. 이걸 어떻게 풀어야 하지?'라는 생각이 든다. 그리고 한동안 끙끙 앓다가 결국 결혼 전의 데이트를 떠올린다. 아내가 좋아할 것 같은 영화나 레스토랑을 열심히 뒤져서 찾아내고, 데이트 중에는 분위기를 깨지 않도록 필사적으로 아내가 좋아할 것 같은 이야기만 골라서 했던 모습이다. 그 시절을 떠올리며 아내의 이야기를 귀담아 듣게 되고 함께 장을 보기 시작한다.

사실은 "배우자와 어떤 시간을 보내는 일이 많아졌습니까?"라는 질문에 대한 답변의 수를 살펴보면 전부 남성보다 여성의 수가 조금씩 적다. 이것은 아내에게 다가가려는 남편의 노력이 아직 완전히는 평가받지 못하고 있음을 말해 준다. 남편은 '슈퍼마켓에서 카트를 끌어 줬으니 아내가 고마워하겠지?'라고 생각하지만, 아내는 '어쩌다 한 번 그런 것 가지고 잘난 채 하기는….'이라고 생각한다. 그래도 부분적이기는 하지만 부부 관계의 수복이 진행되고 있음은 분명하다.

그리고 '부부 간의 불협화음'이 있는 가운데서도 누구와 여행을 가고 싶으냐는 질문에는 남성과 여성 모두 '배우자'를 1위로 꼽았으며(도표42, 285페이지), '돈을 써서 사치스러운 여행을 해도 좋을 상대' 역시

도표20 남녀 모두 '부부의 외식'에는 돈을 써도 좋다고 생각한다

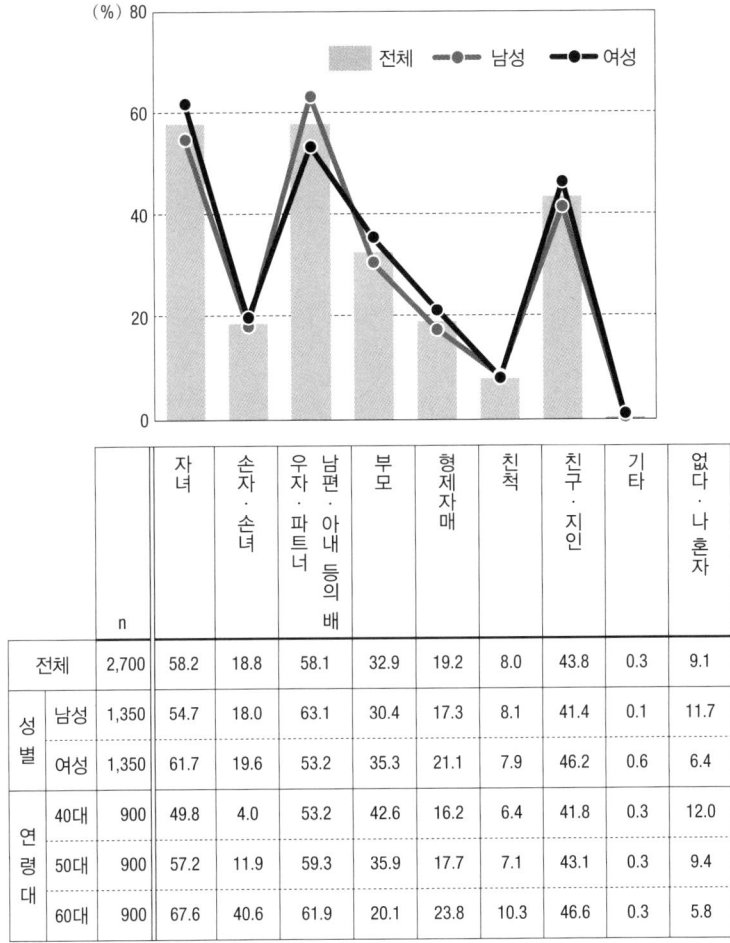

		n	자녀	손자·손녀	남편·아내 등의 배우자·파트너	부모	형제자매	친척	친구·지인	기타	없다·나 혼자
전체		2,700	58.2	18.8	58.1	32.9	19.2	8.0	43.8	0.3	9.1
성별	남성	1,350	54.7	18.0	63.1	30.4	17.3	8.1	41.4	0.1	11.7
	여성	1,350	61.7	19.6	53.2	35.3	21.1	7.9	46.2	0.6	6.4
연령대	40대	900	49.8	4.0	53.2	42.6	16.2	6.4	41.8	0.3	12.0
	50대	900	57.2	11.9	59.3	35.9	17.7	7.1	43.1	0.3	9.4
	60대	900	67.6	40.6	61.9	20.1	23.8	10.3	46.6	0.3	5.8

출처 : 하쿠호도 새로운 어른 문화 연구소 조사, 2015년, 40~69세 남녀, 전국 2,700명 대상

남녀 모두 '배우자'가 1위였다(도표43, 286페이지). 또한 외식 역시 '돈을 더 써도 좋은 상대'는 남녀 모두 '배우자'였다(도표20).

앞으로는 '부부 두 명'의 행동, 특히 '부부 소비'가 기대된다. 극단적으로 말하면 '가장 돈을 써 줄 것 같은' 소비자가 50대 이상 부부다. 상품·서비스를 제공하는 쪽으로서도 소비의 주체로 기대할 수 있다. 실제로 속속 탄생하고 있는 새로운 상업 시절의 식당가는 하나같이 50대 이상 부부로 넘쳐난다. 유럽에서는 자녀가 생기면 베이비시터에게 맡기고 부부 둘이서 여행을 간다. 유럽의 콘서트홀은 어른 두 사람의 사교장이며, 콘서트가 끝난 뒤에는 맛있는 레스토랑으로 식사를 하러 간다. 빈이든 파리든 맛있는 레스토랑은 어른 고객을 타깃으로 삼으며 아이는 받지 않는다. 또 유럽의 명품 의류는 이런 사교장에 어른이 입고 가기 위한 것이다. 이렇듯 유럽의 유구한 어른 문화를 만들어낸 주체는 '어른 두 사람'이다.

한편 젊은이와 가족이 중심이고 어른 두 사람은 좀처럼 존재하지 않았던 일본에서 50대 이상의 부부 두 명이 행동하기 시작했다는 것은 이런 '어른 두 사람'이 소비의 전면에 나서는 시대가 드디어 찾아왔음을 의미한다. 이것은 '어른 두 명의 커뮤니케이션'이다. 앞에서 엘더의 세 번째 자본이 '커뮤니케이션'이라고 말했는데, 부부 관계라는 의미에서나 소비의 측면에서나 '커뮤니케이션'의 회복이 중요하다.

50대 이상 어른의 '동료'

50대에 '자녀가 독립'할 때 남편은 아직 회사에 다니기 때문에 아내는 한 발 먼저 자신의 시간을 갖게 된다. 그리고 '동료와의 커뮤니케이션'에 발을 들인다. 그 대상은 주로 학부모 친구나 동창생이며, 다음은 취미 동료다. 이런 여성의 동료 커뮤니케이션을 통해 폭발한 것이 '겨울 연가·욘사마 현상'이다. 앞에서도 이야기했듯이 한류 열풍은 여기에서 시작되었고, 이후 한류는 거대한 비즈니스가 되었다. 50대 이후의 '어른 동료'는 그 정도의 힘을 지니고 있다. 남성도 마찬가지다. 60대 단카이 세대 남성도 젊었을 때 횡적으로 유대를 맺었다. 록, 포크, 뉴뮤직, 장발, 청바지를 통해 연결되었다.

어른 동료의 소비가 나타난 것이 제1장에서도 언급한 정년퇴직 후의 골프다. 골프 시장은 회사원이 대량으로 빠져나감으로서 심각한 상황이 이어지고 있었다. 그러다 전국 골프장의 매출이 2014년에 오랜만에 전년 대비 증가를 기록하고 2015년에도 수도권에서 골프장 입장객 수가 전년 대비 증가한 것은 단카이 세대가 평일에 동창생 등과 골프를 치러 온 덕분이었다. 50대 이후의 '어른 동료'들은 전국 골프장의 매출을 전년 대비 증가시킬 만큼 거대한 소비 파워를 지니고 있다.

이 동료 파워를 간파한 비즈니스가 '클럽 투어리즘'이다. '온천', '일본 100명산' 등 동료와의 여행을 제안해 증수증익을 지속하고 있다. 노 '취미인 클럽'도 '취미 SNS'로 동료 커뮤니티를 형성함으로써 월간 2

억 6,000만 PV(페이지뷰)를 자랑하는 독보적인 엘더 사이트가 되었다. 한편 50대 이상 여성 잡지의 선두 주자인 〈이키이키〉(2016년 5월호부터 〈halmek〉로 이름을 바꿨다)는 판매 부수가 20만 부에 이르며, 단순한 여성지에 머무르지 않고 수제품을 가지고 모이는 '이키이키 수제手製 페스타' 같은 이벤트를 개최해 여성 동료 만들기를 지원하고 있다.

동창회, 그리고 동창생과의 동료 커뮤니케이션은 앞으로 계속 증가할 것으로 예상된다. 50세가 넘어가면 동창회 개최가 증가하며, 60세를 넘기면 더욱 왕성해진다. 은퇴하면 함께 여행도 갈 수 있게 된다. 이미 동창회 지원 비즈니스도 등장했다. 특히 지역에서는 동창회가 비즈니스 기회가 된다. '동료와의 커뮤니케이션'이 소비력이 되는 것이다.

점점 끈끈해지는 '모녀'의 관계

육아를 마친 여성이 '동료'와 함께 시작하는 또 하나의 커뮤니케이션이 어른이 된 딸과의 '모녀 커뮤니케이션'이다. 어떤 가정이든 대체로 딸이 고등학생 정도가 되었을 때 미묘한 관계를 맞이한다. 부모로부터 자립하기 시작하는 시기이기 때문이다. 그런데 20세를 넘길 무렵부터 모녀는 어른 여성 대 어른 여성으로서 마음을 터놓는 친구가 되어 간다. 물론 개인차는 있지만, 20대 전반에서 후반이 됨에 따라 그런 경향이 강해진다. 일단 친구 관계가 된 모녀는 함께 쇼핑을 가고 여행을 떠난다. 10년 정도 전부터 모녀 소비라는 말이 나오기 시작했는데, 그 관계는 앞으로 더욱 끈끈해질 것이다.

  그 이유 중 하나는 모녀의 관계가 크게 변화하고 있기 때문이다. 즉 예전에는 '어머니는 옛날 사람'이고 '딸은 요즘 사람'이어서 '나이를 먹은 엄마를 배려하는 딸'이 일반적이었다. 그런데 현재는 어머니도 '요즘 사람'이며 '새로운 시대의 사람'이고자 한다. 이것이 결정적인 차이다. 그래서 '음악, 드라마, 영화, 패션, 환경, 다이어트, 건강' 등이 공통의 화제가 된다. 실제로 예전에 실시한 조사에서 딸이 어머니에게 바라는 것은 '안심감'이었다. 반대로 어머니가 딸에게 바라는 것은 '대화나 정보 교환', '새로움·자극'이었으며, 어머니에게 딸은 '최신 트렌드 정보·패션 정보'의 공급처였다. 게다가 어머니가 40대의 버블 세대일 경우는 오히려 최신 트렌드 정보·패션 정보를 더 잘 알고 있어서 딸에게 가르쳐 준다는 이야기가 있을 정도다. 어머니는 이제 '가장 안심할 수 있는 어른 여성 친구'다. 젊은 아빠, 젊은 엄마와 어린 자녀라는 기존의 가족상이 아닌 새로운 가족의 형태다. 그리고 '모녀 커뮤니케이션'이 '모녀 소비'를 만들어낸다.

새로운 가족상(家族像)으로서의 '신 삼대'(新三代)

  그 연장선상이 '신 삼대'(新三代)다. 지금까지는 '자녀 가족의 보살핌을 받는 노인'이 일반적인 조부모상이었는데, 이것이 크게 변화하고 있다. 일본의 2대 인구 볼륨존이라고 하면 '단카이 세대'와 '단카이 주니어 세대'인데, 현재 그 단카이 세대가 조부모이고 단카이 주니어 세대가 자녀 가족의 부모인 경우가 많다(도표21).

단카이 세대 이후 조부모의 이미지가 크게 변화하고 있다. 먼저 단카이 세대 부부의 부모, 특히 어머니는 아직 한 명 이상 살아 있는 경우가 많다. 따라서 그 부모를 돌봐야 한다. 일부는 개호가 필요한 상태다. 그리고 자녀 가족에서는 젊은 엄마인 딸이나 며느리가 직장에 다니고 있어서 바쁘다. 아이도 키워야 하고 일도 해야 한다. 그래서 필연적으로 할머니가 손자·손녀를 돌보게 된다. 할머니만으로 부족하면 할아버지도 육아에 뛰어든다. 요컨대 단카이 세대부터는 '자녀 가족의 보살핌을 받는 노인'에서 '다른 세대를 보살피는 조부모'로 크게 전환되고 있다는 것이다. 새어연에서는 이것을 '신 삼대'라고 부른다.

지금까지는 휴일이 되면 가족이 함께 박스왜건을 타고 할아버지 할머니의 집을 찾아갔다. 그리고 할아버지 할머니를 모시고 안전 운전을 하며 드라이브를 즐겼다. 그런데 현재는 젊은 엄마가 일로 바빠서 휴일에도 집에서 쉬거나 출장을 간다. 자녀들은 어디든 놀러 가자고 성화를 부린다. 곤란해진 젊은 엄마는 자신의 어머니에게 전화를 건다. 조부모는 "손자 손녀를 위해서라면…."이라며 아침 6시 무렵에 찾아온다. 그것도 정년퇴직 기념으로 산 새빨간 스포츠카를 몰고 온다. 그리고 기뻐하는 손자 손녀와 함께 고속도로를 질주하며 테마파크로 향하는데, 손자가 "할아버지, 너무 빨라서 무서워요."라고 말한다. 하지만 조부는

도표21 '보살핌을 받는' 노인에서 다른 세대를 '보살피는' 엘더로, 신 삼대로

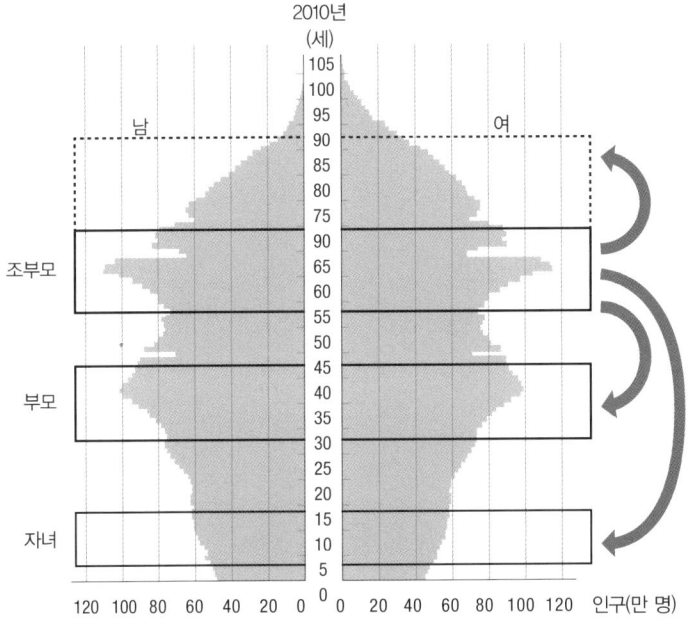

출처 : 국립 사회 보장 · 인구 문제 연구소

제한 속도 이내라면 개의치 않고 오히려 "고속도로에서 빨리 달리는 게 당연하지."라며 가볍게 핀잔을 준다.

요즘 50 · 60대 조모는 손자가 '할머니'라고 부르지 못하게 한다. 특히 자신의 어머니가 아직 살아 있으면 "할머니는 저 사람이지. 나는 할머니가 아니란다."라고 말한다. 그렇다면 뭐라고 부르게 할까? 크게 두 갈래로 나뉘는데, '이름'으로 부르게 하거나 '큰엄마'라고 부르게 한다. 한편 조부는 별 생각이 없어서인지 대체로 '할아버지'라고 부르게 놔둔다. 그 결과 집에 있는 고령자는 할아버지뿐이라는 뭔가 이해하기

어려운 사태가 벌어진다. 이것이 앞에서 이야기한 '모녀' 관계의 연장선상이 된다. 요컨대 딸에게 손녀가 생기면 '여자 삼대'가 된다. 조모는 할머니가 아니다. 그렇다면 무엇일까? 바로 '언니'다. 그래서 '세 자매' 같은 '여자 삼대'가 된다.

예전과는 달리 조부모가 크게 변화하고 있다. 예전에는 손자 손녀에게 자신은 잘 모르는 비디오게임이나 옷을 사 줬다. 그러나 단카이 세대부터는 자신이 인베이더를 즐긴 제1세대 게이머이며, 〈an·an〉과 〈non-no〉를 즐겨 본 첫 번째 세대다. 플레이스테이션도 잘 알고 있고, 손자·손녀의 패션을 코디해 주기도 한다. 돈만 내는 것이 아니라 의견도 내고, 의견을 내기에 돈도 더 많이 쓴다. '디즈니'나 '007'을 가르쳐 줄 수 있는 조부모인 것이다. 예전에 본 연구소는 '손자·손녀가 조부에게 원하는 것'이 무엇인지 조사한 적이 있는데, 1위는 '비싼 게임기나 옷'이 아니라 '모르는 것을 가르쳐 줬으면 좋겠다.'였다. 손자·손녀는 조부모에게 매우 건전한 요구를 하고 있는 것이다. 손자·손녀에게 패션이나 비틀즈, 디즈니, 007, SL, 역사 등을 즐겁게 가르쳐 줄 수 있게 된다. 그리고 이것이 상품 구입이나 외출, 여행 등으로 이어진다. '삼대의 새로운 커뮤니케이션'이 신 삼대 소비를 낳는 것이다.

새로운 40대

지금까지 50대 이상의 라이프 스테이지의 변화를 살펴봤는데, 그렇다면 40대는 어떨까? 40대 또한 크게 변화하고 있다. 그리고 그 변화는 50대 이상의 라이프 스테이지의 변화와 궤를 함께 한다.

최근 10년 사이 대형 출판사가 시니어 잡지를 속속 창간했지만 대부분이 휴간·폐간되었다는 이야기는 이미 한 바 있다. 한편 40대·50대, 특히 40대를 타깃으로 삼은 여성지와 남성지가 속속 창간되고 있으며 성공 사례도 나오고 있다. 여성지로는 〈STORY〉, 〈미美ST〉, 〈Glow〉, 〈GOLD〉, 〈DRESS〉 등이 있고, 남성지로는 〈LEON〉이 있다. 이들 잡지의 공통점은 50대를 타깃으로 삼은 잡지와 마찬가지로 '여성지', '남성지'라는 것이다. 엄마 잡지도 주부 잡지도 미세스 잡지도 아니며, 아빠 잡지도 회사원 잡지도 비즈니스 잡지도 아니다.

이것은 40대 생활자의 의식 변화를 나타낸다. 즉, 과거의 40대는 남녀 모두 두 가지 얼굴을 갖고 있었다. 50대를 이야기할 때 언급했듯이, 여성은 '주부이며 어머니'였고 남성은 '회사원이며 아버지'였다. 그런데 여성지·남성지가 일정한 지위를 구축했다는 것은 생활자가 세 번째 얼굴, 즉 한 사람의 '여성', '남성'이라는 얼굴을 갖기 시작했음을 의미한다. 요컨대 일단 가족을 졸업한 50대뿐만 아니라 아직 패밀리 라이프 속에 있는 40대도 한 사람의 여성, 한 사람의 남성이고 싶어 한다. 그리고 동시에 주부·어머니이며 회사원·아버지다.

이것을 극단적으로 보여 주는 예가 '미마녀'다. 미마녀 콘테스트의 중심은 40대다. 대부분은 남편이 있고 자녀가 있는 가정의 주부이며 어머니다. 미마녀 콘테스트에서 우승해 자녀와 함께 기뻐하는 모습이 텔레비전에 나오기도 한다. 가정주부이면서 어머니인 사람이 그렇게

까지 아름다움에 집착할 필요가 있느냐는 쓸데없는 생각이 들게 한다. 그러나 본인에게 미마녀는 지향하고 싶은 목표다. 가정을 내팽개치고 미마녀가 되는 것이 아니라 자녀나 남편도 기뻐해 주기에 더더욱 미마녀를 지향하는 것이다.

자녀가 어려서 손이 많이 갈 때는 여유가 없지만, 40대가 되어 자녀가 초등학교 고학년에서 중학생으로 성장하면 서서히 손이 덜 가게 되어 새로운 의식을 가질 수 있게 된다. 이것은 현재의 40대에 결혼하지 않은 사람이나 한 번은 결혼을 했지만 다시 싱글로 돌아온 사람이 늘고 있는 상황과도 관련이 있다. 동년대의 많은 사람이 결혼을 하지 않거나 이혼하고 한 사람의 여성·남성으로 돌아오고 있다. 가정이 있는 여성·남성도 친구와 만날 때는 대개 한 사람의 여성·남성이 된다. 특히 여성의 경우는 남녀 고용 기회 균등법이 시행된 이후의 세대여서 일을 계속하고 있는 사람이 많기 때문에 이런 의식을 갖기 쉽다.

40대는 극적으로 변화하고 있다. 1971~1974년에 태어난 진정한 단카이 주니어 세대는 이제 40대가 되었다. 현재의 40대는 40대 전반의 단카이 주니어 세대와 40대 후반의 버블 세대로 구성되어 있다. 그 상징이 앞에서도 언급한 SMAP이다. SMAP은 40대에 돌입했다. 그들은 아이돌인 채로 40대가 되었으며, 이것은 전례가 없었던 일이다.

계속 한 사람의 '남성', '여성'이고자 하는 40대는 그 윗세대, 즉 라이프 스테이지가 변화해 한 사람의 '남성', '여성'이 되는 50대로 이어진다. 앞으로의 40대는 육아에서 힘든 시기가 지나가고 다소 여유가 생기기 시작하는 동시에 한 사람의 '남성', '여성'이라는 얼굴을 갖기 시작할 것이다. 이것은 여성지나 남성지에 반영되어 있듯이 '한 사람의 어른 남성·어른 여성이라는 시장'이 확대되려 하고 있음을 의미한다.

50대 이상의 기본이 한 사람의 '남성', '여성'이 된다면 40대에서도 마찬가지로 한 사람의 '남성', '여성', '새로운 어른 소비'가 시작될 것이다. 그 결과 '새로운 어른 소비'는 40대부터 강력한 힘을 지니게 되어 갈 것이다. 남성의 경우 잡지 〈LEON〉과 이세탄 백화점의 남성관館이 그 전형이다.

'1인 고객'이 중심이 된다?

전에는 세대 유형에서 '부부와 자녀 세대'가 차지하는 비율이 가장 높았기 때문에 이를 표준 세대라고 불렀으며, 이것이 핵가족을 의미했다. 제2차 세계 대전 후 오랜 기간 동안 일본에서는 핵가족이 가장 일반적인 세대 유형이었다. 그러나 2010년도 국제 조사의 '세대 가족 유형' 데이터에 따르면 1,678만 세대의 '단독 세대'가 1,444만 세대의 '부부와 자녀로 구성된 세대'를 제치고 세대 유형 1위에 올랐다. 1995년과 2000년, 2005년까지는 '부부와 자녀로 구성된 세대'가 세대 유형 1위였지만, '부부와 자녀 세대'가 감소세를 보이는 한편으로 '단독 세대'가 급격히 증가하면서 2010년 시점에 결국 역전되어 '단독 세대'가 '부부와 자녀 세대'를 제치고 1위를 차지한 것이다(도표22). 물론 여기

도표22 2010년, '부부와 자녀 세대'와 '단독 세대'의 비율이 역전되다

	부부와 자녀 세대	단독 세대 (세대)
1995년	15,014,279	11,239,389
2000년	14,904,212	12,911,318
2005년	14,631,459	14,457,083
2010년	14,439,724	16,784,507

출처 : 국세 조사 2010년도판

에는 젊은이 세대의 미혼과 비혼非婚, 고령자 세대의 부부 사별 등도 영향을 끼쳤지만, '독신 세대'가 최대의 주류임에는 변함이 없다. 비즈니스도 마케팅도 표준 세대를 확보하면 시장을 지배할 수 있는 시대가 아니게 되었다.

참고로 앞에서 소개한 '클럽 투어리즘'의 최근 히트 상품은 '어른의 나홀로 여행'이다. 간토 지역의 버스 투어는 은퇴 계층, 그중에서도 여성에게 인기이지만 친구와 함께 참가하는 사람이 많아서 혼자 가면 고립되어 버린다. 그러나 '어른의 나홀로 여행'은 다른 사람도 전부 혼자 왔기 때문에 마음이 편하다. 다른 사람과 대화를 나누고 싶으면 대화를 나누고, 대화하기 싫다면 하지 않아도 된다. 이것은 어떤 의미에서 훌륭한 '커뮤니케이션'이다. 제1장에서 '독거노인' 문제를 언급한 바 있다. 그와는 180도 다른 발상인데, '독거노인'은 외롭지만 '혼자'는 편하다. 누구를 신경 쓸 필요가 없기 때문이다. '혼자'끼리는 좋은 커뮤니케이션을 만들기도 수월하다. 이 또한 60대 단카이 세대부터 시작된 커다란 변화라고 할 수 있다.

'단독 세대'의 증가 경향은 일시적인 현상이 아니라 앞으로 더욱 강해질 것이다. 물론 패밀리 소비가 사라지지는 않겠지만, '단독 세대'가 패밀리 세대와 동등한 혹은 그 이상의 힘을 지니게 될 가능성이 높다. 단독 세대의 개척이 성장의 열쇠인 것이다.

70대 소비
'L70'의 중요성

고령 독신자 세대의 대부분은 배우자를 먼저 떠나보낸 남녀 독신자이며, 특히 여성이 많다. 이 연령대와 관련된 비즈니스로 논의되고 또 사회 문제가 되고 있는 것은 개호다. 개호는 분명 앞으로 해결해야 할 과제이며 유력한 비즈니스 기회다. 그러나 개호 외에도 새로운 비즈니스 기회가 탄생하고 있다.

그것은 경제 평론가인 요시모토 요시오^{吉本佳生} 씨가 제창한 'L70' 시장이다. L70은 'Lady70', 즉 70대 여성을 의미한다. 70대 여성의 학력이 서서히 높아짐에 따라 지적 호기심이 왕성한 생활자가 늘어나면서 소비가 활발해진다. 요시모토 씨는 수많은 데이터를 통해 이를 실증했다. 특히 여행과 엔터테인먼트, 식사 같은 영역에서 두드러지게 나타난다. 지적 호기심이 강하기 때문에 여행도 엔터테인먼트도 식사도 즐거워진다. 더 알고 싶다는 욕구가 소비를 만들어낸다. 자세한 내용은 《L70을 노려라! 70세 이상 여성이 소비의 주역이 된다^{L70を狙え! 70歳以上の女性}

が消費の主役になる》(요시모토 요시오, 니혼게이자이신문출판사, 2014년 8월)를 참조하기 바란다.

 L70의 시점이 중요한 이유는 현재의 60대 단카이 세대부터 50대 뽀빠이-JJ(포스트 단카이) 세대가 여성의 대학 진학률이 급격히 상승한 세대에 해당하기 때문이다. 따라서 지금의 50·60대 여성이 70대가 되면 더욱 본격적으로 소비 생활을 할 가능성이 있다. 앞에서도 이야기했듯이 한류 열풍이 시작되고 관련 비즈니스가 크게 성장한 데는 50·60대 여성의 힘이 컸다. 그들이 윗세대가 되어 가는 것이다. 현재 50·60대 여성들은 연애결혼 세대다. 70대의 중매결혼 세대는 남편을 먼저 떠나보낸 뒤에야 비로소 집안일에서 졸업할 수 있었지만, 50대 연애결혼 세대는 자녀가 독립한 시점에 절반쯤 집안일에서 졸업한 기분이 되어 '나홀로 소비'와 '여성 동료 소비'를 시작한다. 독신 세대가 되기 이전에 이미 독신 기분이 된다. 또 단카이 세대의 남성도 부모의 타계 후 소비를 늘릴 가능성이 있다. 닛케이MJ신문은 2015년 7월에 '70대 여자의 반짝반짝 소비'라는 특집 기사를 통해 70대 여성 소비에 관해 소개했는데, 70대에서도 '새로운 어른 소비'가 앞으로 더욱 강력한 힘을 갖게 될 것이다.

신 삼대 소비와
네트워크 가족

앞에서 소개한 신 삼대는 어떤 형태로 생활하고 있을까? 본 연구소에서는 부모나 자녀와 같이 살고 싶은지 아니면 따로 살고 싶은지에 관한 조사를 실시했는데, 자신의 부모와 가까운 곳에서 따로 살고 싶어 하며, 자녀 가족과는 더더욱 가까운 곳에서 따로 살고 싶어 한다는 결과가 나왔다(도표46, 331페이지). 물론 현실적으로는 같이 사는 가족도 많겠지만, 적어도 마음만은 '가까이서 따로 살고 싶어 하는' 사람이 압도적으로 많았다. 이것은 서로의 사생활을 방해하지 않으면서 좋은 커뮤니케이션을 유지하고 싶다는 심리다. 그리고 근처에서 살면 '손자·손녀 돌보기'도 가능하다. 개중에는 조부모의 집 근처로 자녀 가족이 이사를 오는 사례도 있다.

'손자·손녀 돌보기'는 두 번째 육아이고 몸도 젊었을 때 같지 않아서 부담이 크다는 목소리도 있다. 그런데 조사를 해 보니 재미있는 결과가 나왔다(도표23). "자녀 가족을 돕고 싶다."는 대답도 많았지만 "함께 있으면 즐겁다. 자극이 된다."는 대답이 73.0퍼센트로 1위를 차지한 것이다. 여성은 78.5퍼센트, 남성은 63.2퍼센트로 남녀 모두 "자녀 가족을 돕고 싶다."를 크게 웃돌았다. 아무래도 즐겁기 때문에 '손자·손녀 돌보기'를 하는 모양이다. 조부모는 직접적인 육아 책임이 없기 때문에 그런 것인지도 모르지만, 어쨌든 '손자·손녀 돌보기'를 즐겁게 생각한다. 지금의 단카이 세대 조부모는 디즈니나 007 이야기를 하고

도표23 손자·손녀를 돌보고 싶은 이유는 "함께 있으면 즐거워서·자극이 되어서"

Q. 당신의 '손자·손녀'를 돌보고 싶어 하는 이유는 무엇입니까? 해당하는 것을 전부 선택해 주십시오.(손자·손녀를 돌볼 의향이 있는 사람 대상)

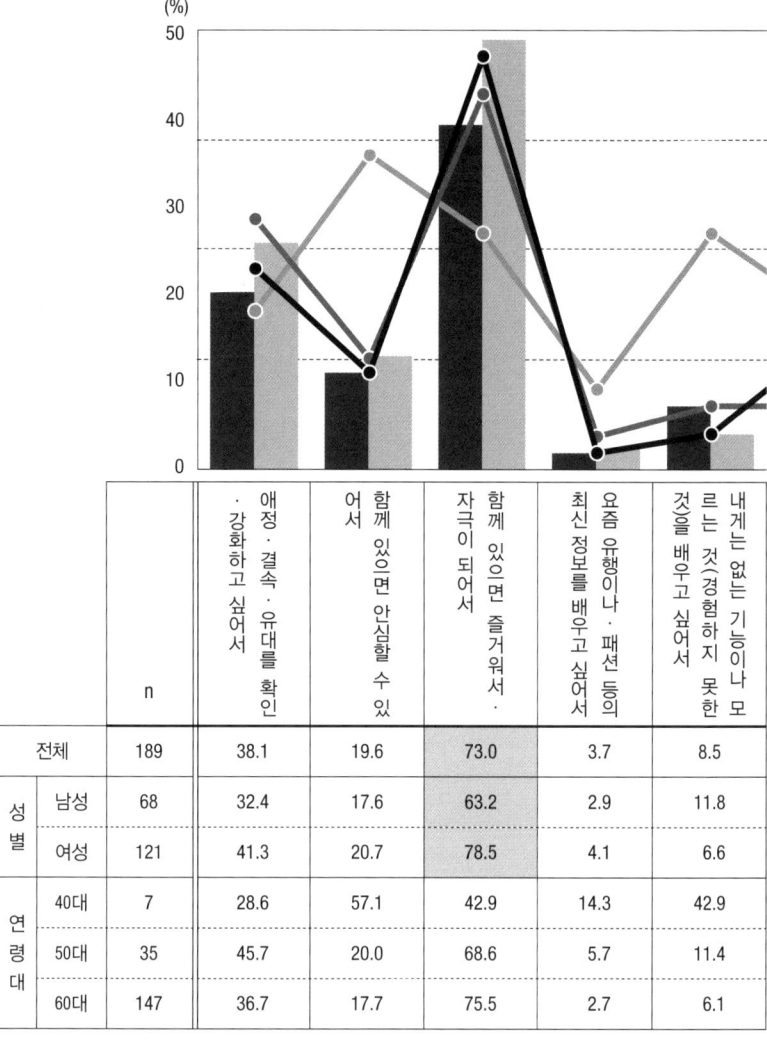

		n	애정·결속·유대를 확인·강화하고 싶어서	함께 있으면 안심할 수 있어서	함께 있으면 즐거워서·자극이 되어서	요즘 유행이나·패션 등의 최신 정보를 배우고 싶어서	내게는 없는 기능이나 모르는 것을 경험하지 못한 것을 배우고 싶어서
전체		189	38.1	19.6	73.0	3.7	8.5
성별	남성	68	32.4	17.6	63.2	2.9	11.8
	여성	121	41.3	20.7	78.5	4.1	6.6
연령대	40대	7	28.6	57.1	42.9	14.3	42.9
	50대	35	45.7	20.0	68.6	5.7	11.4
	60대	147	36.7	17.7	75.5	2.7	6.1

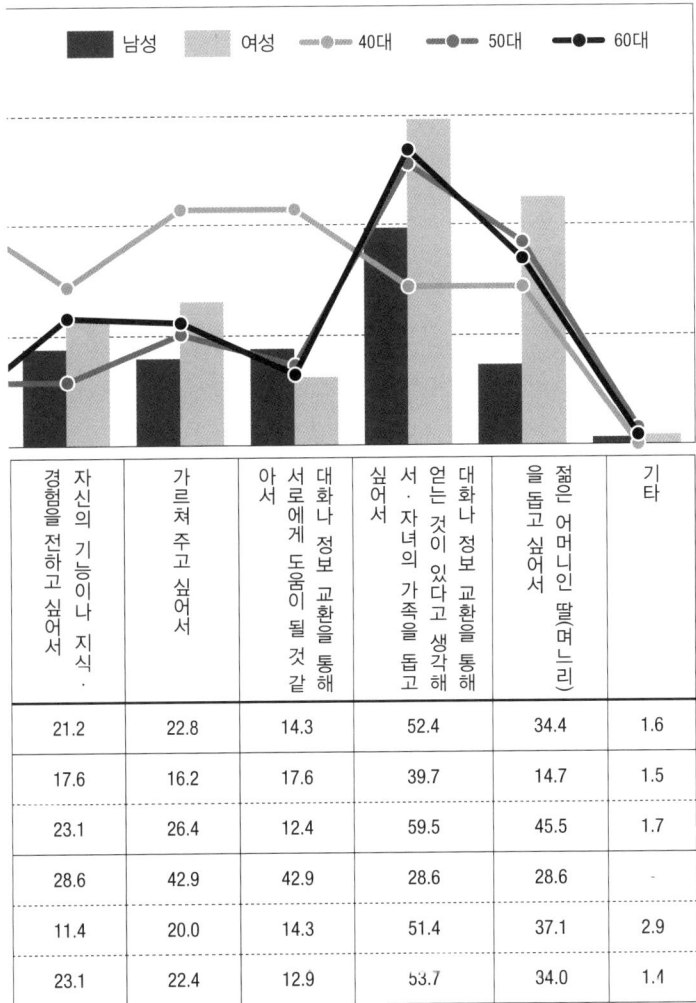

자신의 기능이나 지식·경험을 전하고 싶어서	가르쳐 주고 싶어서	서로에게 도움이 될 것 같아서	대화나 정보 교환을 통해 자녀의 가족을 돕고 싶어서	대화나 정보 교환을 통해 얻는 것이 있다고 생각해서	젊은 어머니인 딸(며느리)을 돕고 싶어서	기타
21.2	22.8	14.3	52.4	34.4	1.6	
17.6	16.2	17.6	39.7	14.7	1.5	
23.1	26.4	12.4	59.5	45.5	1.7	
28.6	42.9	42.9	28.6	28.6	-	
11.4	20.0	14.3	51.4	37.1	2.9	
23.1	22.4	12.9	53.7	34.0	1.4	

출처 : 하쿠호도 새로운 어른 연구소 조사, 2015년, 40~60세 남녀, 전국 2,700명 대상

손자·손녀와 함께 DVD를 보며 즐길 수 있다. 요컨대 손자·손녀와 쉽게 '친구'가 될 수 있다.

60대 단카이 세대는 '친구 같은 부부', '친구 같은 가족'이라는 새로운 가족의 형태를 처음으로 만들어낸 세대인데, 손자·손녀와도 친구가 되었다. 그리고 친구 같은 가족의 자녀였던 '단카이 주니어 세대'는 거품 경제가 붕괴된 뒤에 취직한 경제 하락 경험 세대다. 프리터나 니트Not in Employment, Education or Training(젊은 무직자)가 탄생한 세대이기도 하다. 여기에서 유대를 소중히 여기는 마음도 생겨났다. 그래서 부모 이상의 '친구 같은 가족'이 되고 있다. 그 결과 부모의 '친구 같은 가족'과 자녀의 '친구 같은 가족'이 결합해 '친구 같은 삼대'가 되었다. 여기에 앞에서 소개한 '보살핌을 받는 노인'에서 '보살펴 주는 조부모'로의 변화가 결합한 결과물이 '신 삼대'다. 게다가 '단카이 세대'와 '단카이 주니어 세대'는 2대 인구 볼륨존이기 때문에 역사상 최대 규모의 '삼대'다.

이것은 어떤 형태로 소비에 나타날까? '요괴워치'가 히트했을 때 가게 앞에서 줄을 서던 사람들은 모두 엘더였다고 한다. 원래 그들은 월광 가면이나 우주 소년 아톰 등을 보고 자란 프리애니메이션 세대이며 만화 세대다. 지금까지의 조부모에 비해 애니메이션에 대한 이해도가 훨씬 높다. 시리즈물에도 금방 적응한다. 닌텐도는 처음부터 조부모 세대를 계산에 넣었다는 이야기까지 있을 정도다. 여기에 손자·손녀의 교육 자금 지원을 위해 시작된 비과세 조치인 '교육 자금 증여 신탁'은 이미 5,000억 엔 규모에 이르렀다. 정부의 과학 조성금 총액이 4,000억 엔이니 얼마나 큰 규모인지 알 수 있다. 물론 여기에는 70대 이상의 돈도 포함되어 있다. '돈과 시간 부자'의 돈이 움직이면 이런 규모가 된다.

또 요즘 실적이 호조인 업종으로는 테마파크를 들 수 있다. 도쿄 디즈니 리조트, 유니버설 스튜디오 재팬, 나가사키의 하우스텐보스가 대표적이다. 왜 테마파크가 호조인가 하면, 50+세대에 초점을 맞춰 마케팅을 한 결과 40+나 50+의 어른 세대가 배우자와 함께, 친구와 함께, 혹은 '신 삼대'가 함께 오게 되었기 때문이다. 그 기반이 바로 일본의 2대 인구 볼륨존의 조합이다. '친구 같은 삼대'가 테마파크로 몰려들고 있는 것이다.

일본의 가족은 제2차 세계 대전을 기점으로 '대가족'에서 '핵가족'으로 크게 변화했다. '대가족'에서는 가장의 의향이 절대적이며 특히 여성에게는 거의 발언권이 없었다. 그런데 제2차 세계 대전 이후의 고도 경제 성장기에 수도권을 중심으로 한 대도시로 인구가 집중되면서 부부와 자녀 두 명의 핵가족이 되었고, 이러한 형태를 표준 가족이라고 불렀다. 그리고 지금, 다시 한 번 변화가 일어나고 있다. 그것이 바로 '신 삼대'다. 물론 대가족일 때도 삼대가 함께 살았지만, 그때는 피라미드 구조의 봉건적인 가족 관계였다. 그러나 신 삼대는 수평적이고 서로를 속박하지 않는 '네트워크 가족'이다(도표24). 각 구성원이 자립한 개인으로서 서로 돕는 관계가 된다. 특히 조부모가 노력의 측면에서나 경제의 측면에서나 다른 세대를 돌본다는 특징이 있다. 그리고 서로의 사생활을 방해하지 않으면서 좋은 관계를 유지하기 위해 '가까운 곳에서 따로 살며' 이메일이나 라인 등의 디지털 도구를 활용한다. 니시틸의 활용이라는 의미에서도 '네트워크 가족'이다. 일본의 가족은 '핵가족'

에서 '네트워크 가족'으로 전환되고 있다.

표준 세대는 표준이 아니게 되고, '한 사람의 어른 남성·여성', '부부 단 둘', '동료', 그리고 '모녀와 신 삼대'와 '네트워크 가족'으로 인구 구조의 급격한 변화는 생활과 사회의 모습을 크게 바꿔 놓으려 하고 있다. 그리고 모든 관계에서 '커뮤니케이션'이 중요한 역할을 담당하고 있다.

도표24 대가족에서 핵가족으로, 그리고 21세기에는 '네트워크 가족'으로

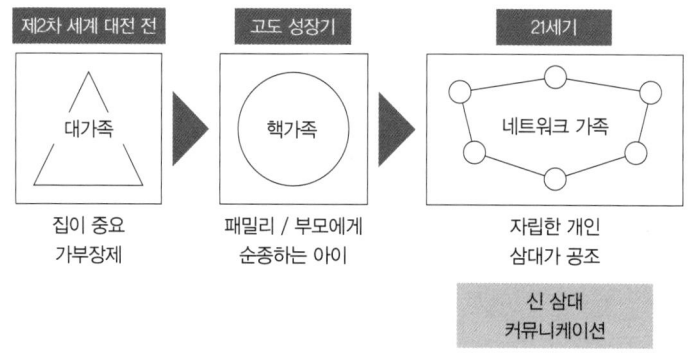

일본의 유일한 성장 시장인 '새어른 시장'

일본의 시장은 지금까지 '젊은이'와 '영 패밀리' 중심이었다. 비즈니스나 마케팅을 생각할 때면 항상 '젊은이' 아니면 '영 패밀리'를 타깃

으로 삼았고, 어떤 비즈니스든 이 소비자층에서 어떻게 히트작을 만들어낼지 궁리하는 경향이 있었다. 그만큼 긴 세월에 걸쳐 성공 신화가 축적되었기 때문일 것이다(도표25).

책 앞머리에서 말했듯이 대부분의 기업은 '시니어라는 예상치 못한 시장이 생겼으니 일단 부수적으로 염두에 두는 편이 좋을 듯은 한데, 쉽지 않을 것 같아.'라고 생각하고 있을 것이다. 그러나 인구 구조의 극적인 변화는 지금 그런 한가한 소리나 하고 있을 때가 아니라고 말하고 있다. 시장의 전체 구조는 크게 변화하고 있으며, 사실은 그 변화 속에 거대한 볼륨 시장이 숨어 있다(도표26).

먼저, 50대부터 라이프 스테이지가 변화해 '한 사람의 남성', '한 사람의 여성'으로 돌아간다. 그리고 '혼자', '두 사람', '동료', '삼대(+모녀)'라는 새로운 스테이지에 돌입한다. 기본적인 경제 기반도 '연수입'에서 '자산'으로 넘어간다. 그 결과 '새로운 시장'이 생긴다. 이미 단순히 인구비로 환산하면 50세 이상의 개인 소비가 일본 전체의 60퍼센트

도표25 마케팅의 중심은 젊은이와 영 패밀리였다

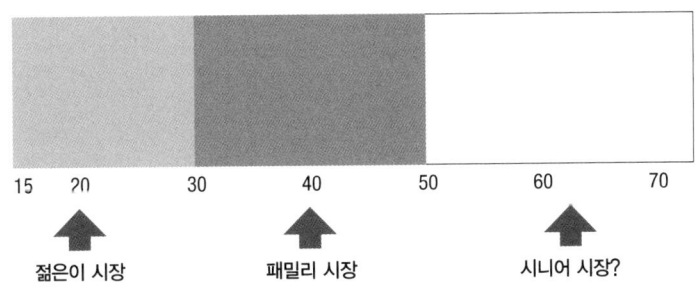

에 이르렀으며, 그 규모는 약 140조 엔으로 추정할 수 있다.

40대도 크게 변화하고 있다. 기존에는 '회사원·아버지', '주부·어머니'라는 두 개의 얼굴이었지만 여기에 '한 사람의 남성', '한 사람의 여성'이라는 얼굴도 갖기 시작했다. 또한 50대 이상에서 위쪽을 살펴봐도 70대에서 새로운 가능성이 보이기 시작했다. 기존에는 개호 시장만이 부각되는 측면도 있었지만, 'L70' 내지 '70대 여성'이라는 소비층이 등장했다. 그리고 고학력화가 이를 뒷받침하고 있다. 60대·50대로 연령대가 내려갈수록 여성의 평균 학력이 높아지기 때문에 L70 소비는 앞으로 더더욱 활발해질 것으로 예상된다. 남성 역시 단카이 세대가 70대가 되면 '부모의 타계'라는 슬픔 너머로 '자유감'이 기다리고 있으며, 그 결과 소비가 활발해질 것이다.

그리고 '신 삼대 소비'도 있다. 교육 자금 증여 신탁의 예에서 볼 수

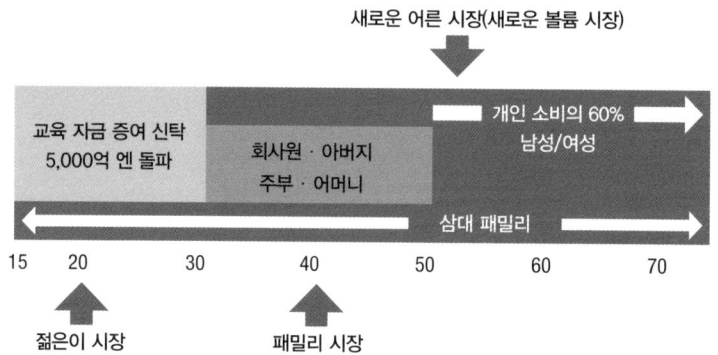

도표26 새로운 볼륨 시장인 '새로운 어른 시장'이 탄생하다

있듯이, 손자·손녀를 위해서라면 상식적으로는 생각하기 어려울 만큼 돈을 쓴다. 여기에 '독신 세대'가 '부부와 자녀 세대'를 제치고 일본 최대 규모의 세대가 되었다. 이에 따라 50+세대 한 명 또는 두 명을 타깃으로 개발된 상품·서비스가 다양한 세대에서 소비될 가능성이 있다. 유니버설 디자인 상품이 모든 세대에 대해 사용하기 편한 상품이 된 것과 같은 일이 다양한 카테고리에서 일어날 것이다.

'새로운 어른 시장'은 미래의 유일한 성장 시장이며, 일본 최대의 중심 시장이 될 것이다. 인구 구조의 변화는 되돌릴 수 없다. 좋든 싫든 앞으로 표준이 될 것이다.

정리하면,

- '십대나 젊은이 중심'의 사회에서 '30대 이상의 어른이 볼륨존'인 사회로
- 60세 이상은 기존의 '소비를 줄여 가는 생활자'에서 '평생 현역 생활자=평생 현역 소비자'로

크게 변화한다. 그리고 이 변화의 중심축에 있는 것이 40~60대의 '새로운 어른 세대'다.

그런 의미에서,

- 30대는 젊은이를 졸업하고 '새로운 어른'으로 향하는 '새로운 어른 진입 세대'

- 40~60대는 '새로운 어른 소비'를 중심적으로 담당하는 '새로운 어른 세대'
- 70·80·90대와 100세 이상의 센테네리안은 '새로운 어른 플러스 세대'

라고 부를 수 있다(도표27).

'젊은이 문화'에서 '새로운 어른 문화'로의 사회 전환은 이와 같은 생활자의 대규모 전환이 바탕이 되는 것이다.

도표27 새로운 어른 시장은 최대 엔트리 세대부터 센테네리안까지

새로운 어른 진입 세대 30대	새로운 어른 세대 40·50·50대	새로운 어른 플러스 세대 70·80·90대·센테네리안

02
새로운 어른
소비의 특징

그렇다면 '새로운 어른 소비'에는 어떤 특징이 있을까? 먼저 소비의 상식이 어떻게 바뀌는지 그 포인트를 네 가지 소개한 다음 소비 행동 패턴을 살펴보도록 하겠다.

소비의 상식이 바뀐다

'패밀리 소비'에서 '개인형 소비'로

50대가 되면 자녀가 독립해 '가족을 일단 졸업'한다. 그리고 '개인형 소비'가 시작된다. 이 '개인형 소비'에는 두 가지 의미가 있다. 첫째는 '가족을 위한 소비'에서 '나(우리)를 위한 소비'로의 변화이며 '기족을 위해 참는 소비'에서 '나(우리)를 위해 여유를 갖고 하는 소비'로의 변화다. 그리고 둘째는 '가족 단위의 소비'에서 '개인 단위의 소비'로의 변화이며 '3인분·4인분의 소비'에서 '1인 혹은 2인을 위한 소비'로의 변화다. 이 두 가지가 결합함에 따라 '조금 비싸더라도 내가 원하면 선택적으로 구입하는' 소비가 된다.

이 가운데 첫 번째 의미인 '가족을 위한 소비'에서 '나(우리)를 위한 소비'로의 변화부터 살펴보자. 40~60대에게 퇴직금이나 저축 투자로 얻은 돈을 어디에 쓰느냐고 질문한 결과, "나와 우리 부부를 위해 사용한다."가 66.9퍼센트였고 "자손에게 남긴다."는 10.5퍼센트에 불과했다. 이런 경향은 50대·60대로 연령대가 높아질수록 강해졌다. 특히 60대 남성에 이르러서는 "나와 우리 부부를 위해 사용한다."가 73.8퍼센트나 되었고 "자손에게 남긴다."는 9.8퍼센트에 불과했다(도표28). 내가 번 돈은 내(우리)가 써야지 왜 자식이나 손자·손녀한테 남기느냐는 의식이다.

또 65세를 넘기면 배우자를 먼저 떠나보낸 독신 세대가 늘어난다. 특히 여성 독신 세대가 많아져 '개인형 소비'가 된다. 40대 이하의 젊은 세대에서도 비혼 독신 세대가 증가해 '개인형 소비'가 된다. 앞으로 '개인형 소비'는 50대 이상뿐만 아니라 다른 세대에서도 하나의 주류 소비 형태가 될 것으로 보인다.

'개인형 소비'에는 '조부모가 자신의 만족을 위해 자녀 가족 또는 손자·손녀에게 돈을 쓰는 소비'도 들어 있다. 앞의 조사에서 "자손에게 남긴다."라고 대답한 비율은 낮았다. 그러나 '나와 배우자를 위해 사용하는' 돈에는 '지금' 손자·손녀를 위해 쓰는 돈도 포함되어 있다. 즉,

'삼대 소비'다. 물론 '자녀 가족을 돕고 싶다.'는 마음도 있지만, 그와 동시에 앞에서 살펴봤듯이 '손자·손녀와 있으면 즐겁고 자극이 되기' 때문에 돈을 쓴다. 패밀리 소비도 핵가족 안에서 완결되는 것이 아니라 '조부모의 개인형 소비'가 일정 비중을 담당하는 방향으로 변화할 것이다. 조부모가 사 주는 것이 일반적이 된 책가방이 좋은 예다. 앞으로는 자녀 가족의 패밀리 소비와 '신 삼대 소비'의 경계선이 모호해질 것이다.

다음에는 두 번째 의미인 '가족 단위의 소비'에서 '개인 단위의 소비'로의 변화를 살펴보자. 이해하기 쉽도록 '식품'과 '가전제품'을 예로 들겠다. '식품'에서 눈에 띄는 변화는 슈퍼마켓의 소량 포장이다. 가족 4인 기준으로 나오던 가공 식품이 1인용·2인용으로 나오고 있다. 소량 포장은 대용량 포장에 비해 가격이 비싸지만 남아서 버리지 않아도 된다는 장점이 있다. 또 레토르트 식품은 양이 적더라도 맛있는 쪽을 선호한다. 다소 비싸더라도 소량 포장의 고급 레토르트 카레나 스튜를 선택한다.

'가전제품'도 마찬가지다. 지금까지는 말 그대로 '가족을 위한 가전제품'이었지만, 앞으로는 '개인을 위한 가전제품'이 된다. 즉, 1인 세대·2인 세대를 위한 가전제품이다. 최근 수년 사이 큰 인기를 얻고 있는 것이 10만 엔이나 하는 '고급 전기밥솥'이다. '개인을 위한 가전제품'이면서 좀 더 좋은 것, 가령 조리용 가전제품이라면 맛있는 요리를 만들 수 있는 것, 몸에 좋은 요리를 만들 수 있는 것을 더 신호한다. 가격 이상의 가치가 느껴진다면 다소 비싸더라도 살 마음이 생긴다. 전자레인지

도표28 내가 번 돈은 자손에게 남기지 않고 자신(들)을 위해 사용한다

퇴직금이나 저금·투자 운용으로 얻은 돈의 사용처

(%)		n	나(와 우리 부부)를 위해 쓴다	굳이 따지자면 나(우리 부부)를 위해 사용한다	굳이 따지자면 자손에게 남긴다	자손에게 남긴다	모르겠다	나·우리 부부를 위해 사용한다(합계)	자손에게 남긴다(합계)
전체		2700	37.7	29.2	7.8	2.7	22.6	66.9	10.5
성별	남성	1350	39.9	27.9	7.2	2.4	22.7	67.8	9.6
	여성	1350	35.5	30.5	8.4	3.0	22.6	66.0	11.4
연령	40대	900	35.1	26.1	8.6	2.6	27.7	61.2	11.1
	50대	900	38.6	30.0	6.4	1.9	23.1	68.6	8.3
	60대	900	39.3	31.6	8.4	3.6	17.1	70.9	12.0
성별×연령	남성	1350	39.9	27.9	7.2	2.4	22.7	67.8	9.6
	남성 40대	450	34.7	25.3	9.3	2.4	28.2	60.0	11.8
	남성 50대	450	41.8	27.8	5.6	1.6	23.3	69.6	7.1
	남성 60대	450	43.1	30.7	6.7	3.1	16.4	73.8	9.8
	여성	1350	35.5	30.5	8.4	3.0	22.6	66.0	11.4
	여성 40대	450	35.6	26.9	7.8	2.7	27.1	62.4	10.4
	여성 50대	450	35.3	32.2	7.3	2.2	22.9	67.6	9.6
	여성 60대	450	35.6	32.4	10.2	4.0	17.8	68.0	14.2

출처 : 하쿠호도 새로운 어른 문화 연구소, 2012년, 40~69세 남녀, 전국 2,700명 대상

든 냉장고든 세탁기든 청소기든 마찬가지다. 외국산 고기능 청소기나 온풍·냉풍기가 인기인 이유도 여기에 있다. '새로운 어른을 위한 가전 제품'이 요구되고 있는 것이다. 또한 이러한 가전제품은 식품과 마찬가지로 50·60대의 볼륨존뿐만 아니라 그 전후의 독신 세대와 자녀가 없는 부부 세대의 니즈에도 부응한다. '새로운 어른을 위한 가전제품'의 가벼운 무게와 쉬운 사용법은 그 전후 세대에게도 환영받는다.

앞으로 인구 볼륨존인 50·60대를 기점으로 이런 '개인형 소비'가 확산될 것이다.

'급여형 소비'에서 '저축 투자형 소비'로

정년이 60세에서 65세로 연장되는 반면에 50대 조기 퇴직이 일반화되고 있는 세상이지만, 어쨌든 많은 사람은 60대에 정년을 맞이한다. 퇴직금이 들어오고 서서히 연금 생활을 하게 된다. 제1장에서 다뤘듯이 과거에는 '퇴직금=저축=묵혀 둠'이었지만 현재의 60대 단카이 세대는 저축만 하는 것이 아니라 '투자 운용'을 시작했다. 전에는 일부 부유층만이 주식 투자를 했지만 60대 단카이 세대부터는 다수가 '투자 운용'을 시도하고 있으며, 이것이 개인 투자가로서 NISA를 포함해 아베노믹스를 지탱하는 측면이 있다. 은행에 저축해서 묵혀 두는 것이 아니라 투자 운용을 해서 불린 돈으로 소비를 하게 되었다.

일본의 최대 인구 볼륨존인 단카이 세대에서 현상이 일어나고 있다는 것은 전체 소비에서 '급여형 소비'뿐만 아니라 '저축 투자형 소비'의 비중이 높아졌음을 의미한다. 일부 기관 투자가나 해외 펀드만으로는 아베노믹스가 이만큼 확산될 수가 없었다. 많은 개인 투자가가 참가했기에 사회 현상이 될 수 있었다. 그리고 그 개인 투자가의 중심적 존재가 바로 단카이 세대였다.

이것은 각 회사의 주주 총회에 단카이 세대가 몰려들었다는 뉴스에서도 알 수 있다. 그리고 이어진 NISA의 확산은 그들의 부인, 즉 단카이 세대 여성이 참여했음을 의미한다. 또 2014년 봄에 단행된 소비세 증세가 소비에 끼친 타격이 그전에 증세를 했을 때보다 미약했던 이유는 단카이 세대가 '급여형'에서 '저축 투자형'으로 이행했고 자녀를 위한 지출이 사라짐에 따라 허리띠를 갑자기 졸라맬 필요가 없어진 것과도 관련이 있을 것이다. 종종 플로Flow형에서 스톡Stock형으로 이행했다고 표현하기도 하는데, 사실은 '급여형 소비'에서 '저축형 소비'가 아니라 '저축 투자형 소비'로 이행했다는 것이 중요하다. 요컨대 '투자'가 핵심이다. 단순히 '급여형 소비'에서 '저축형 소비'로 이행한 것이라면 '허리띠를 졸라매게' 되기 쉽다. 급여가 들어오지 않게 된다는 것은 '장래에 대한 불안감'으로 직결된다. "은퇴 세대는 돈을 쓰지 않는다."라는 이야기는 바로 여기에서 비롯되었다. 그러나 '투자'는 말하자면 '돈한테 일을 시킴'으로써 '새로운 돈'을 불러들인다. 실제로 60대의 대화를 듣다 보면 "외환과 FX, REIT를 해서 돈을 벌었는데 뭐에 쓰지?"라는 이야기가 종종 나온다. 50·60대 남성의 일상 대화는 건강 이야기가 많지만, 그에 못지않게 '요즘 돈이 되는 금융 상품'도 많이 이야기되며 입소문을 통해 퍼져 나간다.

애초에 '자녀'라는 절대로 줄일 수 없는 가계 지출 대상이 독립하고,

수중에 있는 것은 '정년 퇴직금' 등 극단적으로 말해 전부 가처분 소득이며, '연금'이라는 소득도 있다. 그런 상태에서 '투자'로 다소나마 돈이 들어오면 필연적으로 '돈을 써 볼까?'라는 심리가 된다. 게다가 많은 사람이 정년 후에도 무엇인가 일을 한다. 정년 연장이나 유급 자원봉사 등을 하고 '수입'을 얻고 있을 때가 많다. 그리고 그 소득은 소비에 대한 긍정적인 의식으로 이어진다. 물론 예전에 단카이 소비가 선전되었을 때처럼 돈을 물 쓰듯이 쓰기 시작하는 사람은 없지만, 은퇴 후의 생활에 익숙해지는 동시에 소비를 일정 수준 늘리기 시작한다.

인구 구조의 변화는 필연적으로 소비 구조의 변화를 불러온다. 그러므로 향후의 경제 활성화와 개인 소비 자극을 위해서도 급여 수준의 개선뿐만 아니라 '저축 투자형 소비를 더욱 활성화시킬 방법'을 검토해야 한다.

NISA(소액 투자 비과세 제도)의 투자 가능 규모가 2016년부터 120만 엔으로 확대된다. 주니어 NISA도 시작된다. 부유층의 낙수 효과는 거의 기대하기 어렵지만, 인구 볼륨존을 대상으로 한 소액 투자 비과세 제도의 확대는 소비의 측면에서나 자녀 가족에게로 돈을 이동시킨다는 측면에서나 커다란 영향을 끼칠 것이다.

'물건 소비'에서 '정보 소비'로

물건 소비에서 행위 소비로 이행되고 있다는 이야기를 가끔 듣는다. 이것은 50·60대에도 해당되는 이야기다. 가령 소부모를 대상으로 경로의 날에 가장 받고 싶은 선물이 무엇이냐고 질문한 결과 '다 함께 식사하기'가 1위를 차지했다. 행위가 1위를 차지한 것이다.

게다가 더 중요한 사실이 있다. 현재의 50+세대에서는 물건이든 행위든 '물건+정보', '행위+정보'를 소비한다는 것이다. 생활의 각 분야에 관한 정보를 어디에서 얻느냐고 물어본 결과, 물건이나 행위를 직접 설명하는 '상품 팸플릿·카탈로그'나 '전문가·프로의 정보·평판'이라고 대답한 비율은 대체로 낮았고 '매스미디어', '인터넷', '지인·친구'에게서 정보를 얻는다고 대답한 비율이 높았다(도표29).

이것은 무엇을 의미할까? 소비자는 화제성이나 주변 정보와 함께 물건 또는 행위를 접한다는 것이다. 가령 식품의 경우, '식재료' 자체가 맛있느냐 뿐만 아니라 '맛집 정보', '식품과 관련된 교양 정보'도 같이 소비한다. 교양 정보를 좋아하는 60대 단카이 세대나 50대 하나코 세대는 특히 그런 경향이 강하다. 50대가 되어서 라이프 스테이지가 변화하고 '자녀가 독립'하면 시간적으로나 금전적으로나 여유가 생긴다. 이것은 소비의 측면에서도 매우 중요한 변화다. 시간 여유가 생긴 덕분에 부부 또는 동료와 대화를 통해 '맛집 정보'나 '교양 정보'를 공유하며 즐길 수 있게 되었다. 지금까지 관심은 있었지만 시간 여유가 없던 탓에 넘기기 쉬웠던 정보를 교환할 수 있게 되었다.

중노년 남성의 관심사 중 하나인 '소바 면 만들기'는 그 전형적인 예다. 메밀가루의 산지와 반죽하는 법, 면봉麵棒, 도마, 식칼, 앞치마 등에 관한 정보를 교환하며 소바의 오묘함을 배우고 직접 실천해 볼 수도 있다는 점이 남성들의 마음을 사로잡았다. 중노년 리턴 라이더나 고급 디지털 일안 반사식 카메라 마니아들도 모터사이클의 배기량이나 카메

도표29 정보원은 텔레비전 · 신문 · 웹사이트 · 입소문

> Q. 평소에 정보를 수집할 때 이용하는 정보원은 무엇입니까? 분야별 [여행] [취미] [음식] [건강] [주거] [금융 · 보험] / 각 생활 분야의 정보원 순위

(%)

	여행	취미	음식	건강	주거	금융 · 보험
1	텔레비전 64.8	텔레비전 55.9	텔레비전 81.8	텔레비전 86.4	텔레비전 51.4	텔레비전 45.3
2	신문 34.9	신문 29.0	신문 37.5	신문 50.3	기업의 웹사이트 34.5	신문 45.1
3	기업의 웹사이트 23.2	전문지 29.0	점포 25.8	지인 · 친구 21.3	신문 34.2	기업의 웹사이트 26.6
4	전문지 20.2	기업의 웹사이트 27.9	지인 · 친구 25.0	가족 16.6	전단지 · 쿠폰 23.4	전문지 19.7
5	지인 · 친구 19.3	블로그SNS 20.8	전문지 21.9	기업의 웹사이트 15.9	전문지 18.2	전문가나 프로 15.0
6	입소문 사이트 16.8	금융 · 보험 20.7	금융 · 보험 21.7	텔레비전 15.0	텔레비전 14.8	텔레비전 14.6
7	가게에 있는 상품 팸플릿 · 카탈로그 17.3	가게에 있는 상품 팸플릿 · 카탈로그 9.3	가게에 있는 상품 팸플릿 · 카탈로그 10.5	가게에 있는 상품 팸플릿 · 카탈로그 6.8	가게에 있는 상품 팸플릿 · 카탈로그 6.8	가게에 있는 상품 팸플릿 · 카탈로그 7.7
8	전문가나 프로에게서 직접 들은 정보 · 평판 4.1	전문가나 프로에게서 직접 들은 정보 · 평판 7.9	전문가나 프로에게서 직접 들은 정보 · 평판 4.7	전문가나 프로에게서 직접 들은 정보 · 평판 8.2	전문가나 프로에게서 직접 들은 정보 · 평판 11.4	

출처 : 하쿠호도 새로운 어른 문화 연구소 조사, 2012년, 40~69세 남녀, 전국 2,700명 대상

라의 렌즈에 관한 지식, 할리데이비슨이나 니콘, 캐논, 라이카 등의 브랜드를 둘러싼 정보를 즐겁게 공유한다. 전국의 모든 노선의 열차를 타는 '철도 승차 마니아'도, 열차의 사진을 찍는 '열차 촬영 마니아'도 정보 교환이나 관련 지식을 들려주는 동료와의 대화에서 즐거움을 느낀다. 취미 동료와의 대화는 시간의 흐름을 잊게 할 만큼 즐겁다. 전통적인 인기 분야인 세계 유산도 그와 관련된 교양 지식이 많다는 점이 인기의 비밀 중 하나다. 가령 후지산의 센겐 신사에 관한 교양 지식을 사람들에게 가르쳐 줄 때면 즐겁기도 하고 어딘가 자랑스럽기도 하다

또 정년 전후의 남성이 모이면 자주 나오는 이야깃거리로 건강이 있다. 의약품이나 건강 보조 식품의 이야기가 시작되면 시간 가는 줄도 모르고 즐겁게 정보를 교환한다.

'주말·성수기 소비'에서 '평일·비수기 소비'로

이것은 은퇴 세대 특유의 현상인데, 레저 시설이나 대형 상업 시설을 이용하는 패턴이 기존의 '주말·성수기 소비'에서 '평일·비수기 소비'로 변화하고 있다. 시간이 생겼기 때문이다. 단카이 세대라는 인구 볼륨존이 은퇴 세대가 되면서 전체에 영향을 끼치고 있다

유명한 박물관이나 미술관의 전시회에 관람객이 몰려드는 상황은 10여 년 전부터 시작되었지만, 7~8년 전부터 그 경향이 더욱 심해졌다. 미켈란젤로나 인상파 같은 인기 전시회는 아예 처음부터 포기하는 사람이 있을 정도다. 2015년 봄에 에도 도쿄 박물관에서 열린 세키가하라전이 평일에도 20분을 기다려야 할 만큼 성황을 이루었다는 이야

기는 앞에서 소개한 바 있다. 그런데 같은 해 여름에 도쿄 국립 박물관에서 개최된 '조수 희화전'의 경우는 그보다 더 많은 관람객이 찾아와서, 평일 목요일임에도 입장 대기 시간과 인기 작품 관람 대기 시간을 문의한 결과 무려 3시간 20분이라는 안내를 받았다.

극장도 50+세대가 많이 보는 영화의 경우는 평일에도 상영관이 엘더 부부로 가득 찼다. 2015년 4월에 개봉된 기타노 다케시 감독의 '류조와 일곱 명의 부하'는 대히트를 기록했는데, 50+세대의 평일 관람은 영화의 흥행 구조를 바꾸고 있다. 지금까지는 개봉 첫날의 관객 동원수가 흥행의 열쇠로 알려져 있었다. 그런데 첫날 관객 동원수가 부진해 실패했다고 여겼던 영화가 엘더 부부의 지속적인 평일 관람으로 롱런을 기록했다는 이야기를 종종 듣게 되었다. 실제로 필자가 제작에 관여한 영화 가운데도 그런 사례가 있다.

고령화가 급속히 진행된다는 것은 평일에 움직일 수 있는 사람의 수가 급증한다는 의미이기도 하다. 지금까지는 백화점도 엔터테인먼트도 주말이 승부처였지만, 앞으로는 평일이라는 새로운 기회가 펼쳐질 것이며 지금보다 더 많은 고용과 사업 자원을 평일에 투입하게 될 것이다. 여행도 정년 전에는 설날 연휴, 봄의 황금연휴, 여름 휴가철, 가을의 행락 시즌이 중심이지만 정년 후에는 혼잡하고 요금도 비싼 성수기가 아니라 한적하고 요금도 비교적 저렴한 비수기에 떠날 수 있게 된다.

이런 엘더의 평일·비수기 소비는 이들이 최대의 인구 볼륨존인 만큼 전체에 커다란 영향을 끼치게 된다. 고령화는 단순히 시니어 소비가 증가할 것인가 아닌가의 문제가 아니다. 인구 구조의 변화에 따라 비즈니스의 구조도 변화한다. 10년 후에는 다음 볼륨존인 단카이 주니어가 50대가 된다. 또한 그 사이에 있는 뽀빠이-JJ(포스트 단카이) 세대와 신인류, 버블 세대는 명실상부한 엔터테인먼트·미식美食 세대다. 따라서 필연적으로 평일·비수기 소비를 하는 인구가 증가할 것이다.

'언제 어디에서 살까?' 소비 행동의 세 가지 패턴

외출 소비

소비 방식도 크게 변화할 것이다. 50대 이상은 체력적인 문제가 있다. 지금까지 40~60대는 '젊은' 마음을 갖고 있다고 썼지만, 아무리 마음이 젊다 해도 체력까지 젊지는 않다. 그리고 이것은 소비에 그대로 나타난다. 50세를 넘기면 가전 양판점에서 젊은 사원과 흥정을 하면서 물건을 사기가 점점 두려워지며, 친절한 동세대 점원을 더 선호하게 된다.

그렇다면 대형 상업 시설 등에는 가지 않을까? 그렇지는 않다. 도쿄에는 새로운 상업 시설이 속속 탄생하고 있다. 마루노우치 빌딩과 신 마루노우치 빌딩, 롯폰기힐스를 비롯해 시부야의 히카리에와 마루노우치의 KITTE, 니혼바시의 COREDO 무로마치, 도라노몬힐스 등이다. 이런 시설의 개장 첫날, 특히 이른 시간대에는 50·60대 여성 일행과 부부가 몰려든다. 개장일에는 반드시 도쿄에 간다는 50+여성들도 있다.

히카리에 등은 20~40대 여성이 타깃이라고 공언하고 있음에도 도

큐션 근처에 사는 50·60대 여성들이 '그렇다면 우리한테 딱 어울리 겠네?'라는 듯이 오전부터 대낮의 시간대에 몰려든다. 식당가의 음식 가격은 상당히 비싼 편이지만 50·60대 여성 일행이나 부부로 넘쳐난 다. 돈도 있고 시간도 있는 '돈과 시간 부자'이기에 가능한 일이다.

요컨대 필요한 물건을 사기 위해 도심지로 나온다기보다는 쇼핑이 나 외식을 즐기는 '외출 소비'가 시작되고 있다. 이것은 즐거움을 위한 소비이며 엔터테인먼트와 일체화된 소비다. 도쿄의 새로운 가부키자, 오사카의 우메다 예술 극장, 후쿠오카의 하카타자 같은 극장이나 콘서 트홀, 미술관·박물관 등과 주위의 레스토랑, 상업 시설, 백화점의 윈 도쇼핑을 함께 즐기는 소비다.

백화점은 얼마 전까지만 해도 한물 간 업태라는 인식이 있었지만 아 베노믹스 이후 회복세가 지속되고 있다. 여기에는 물론 기업의 노력도 있었지만, 50+의 백화점 세대가 시간이 생겨서 백화점을 찾아가고 있 는 것도 커다란 요인일 것이다. 백화점 지하 식품 코너의 단골손님은 바로 이 세대다. 또한 재미있는 곳은 유아용품 매장이다. 둘러보면 젊 은 부부는 별로 없고 손자·손녀에게 줄 선물을 사러 온 엘더 부부로 가득한 모습을 볼 수 있다. 패션 부문의 매출이 호조인 백화점의 고객 층을 자세히 살펴봤더니 젊은 여성이 대다수일 줄 알았는데 사실은 모 녀 고객이 많은 사례도 종종 있다.

앞으로는 50+세대도 인터넷을 능숙하게 다루게 된다. 먼저 인터넷 에서 조사한 다음 '외출 소비'를 즐긴다. 혹은 상업 시설에 가서 스마트 폰으로 검색하거나 스마트폰으로 약속 장소를 확인하는 사람도 늘어날 것이다.

'돈과 시간 부자'의 '외출 소비'는 앞으로 인터넷 서비스와도 연계하면서 더욱 확대될 것이다.

근린 소비

'근린 소비'는 앞으로 가장 증가할 소비 서비스일지 모른다. 나이를 먹을수록 점점 멀리까지 이동하기가 귀찮아진다. 또 은퇴를 하면 매일 도심지에 갈 필요도 없어진다. 그래서 필연적으로 근처에서 물건을 사는 일이 늘어난다. 가장 가능성이 있는 후보는 편의점이다. 24시간 열려 있고 편리하다. 아내가 친구와 외출을 나가고 집에 홀로 남은 남편이 점심을 어떻게 해결할지 고민할 때도 편의점에 가면 고급 주먹밥이나 라면이 있고 식빵도 있다. 커피도 테이크아웃이 가능하다. 맛있는 레토르트 카레도 있다. 저녁 식사를 위해 아내가 백화점 지하 식품 코너에서 음식을 사 온다면 곁들일 수 있는 부식도 꽤 풍부하게 준비되어 있다. 이른 아침에 산책을 나왔을 때도 잠깐 들러서 아내가 부탁한 크루아상이나 요구르트를 살 수 있다.

근린형 쇼핑센터도 커다란 가능성이 있다. 맛있는 음식을 먹고 싶을 때는 고급 슈퍼마켓이 식재료를 제공한다. 지역 맥주나 와인, 치즈도 즐길 수 있다. 레스토랑도 있어서 조금 사치스러운 외식을 즐길 수도 있다. 생활용품의 조달도 함께 해결할 수 있다. 악기 교실이나 요리 교실이 있으면 가기도 한다.

마을의 상점가에도 가능성이 있다. 텔레비전부터 에어컨, 세탁기, 전자레인지, 컴퓨터에 이르기까지 무슨 일이 있을 때 가까운 점포에서 수리를 해 주면 그보다 고마울 수가 없다. 기존의 아날로그식 전력량계 대신 전자식 전력량계(스마트미터)가 보급되어 가전제품과 연결되면 초보자는 알기 어려운 문제나 대처할 수 없는 문제가 늘어날 것이다. 그럴 때 전화를 걸면 바로 찾아와 해결해 줄 수 있는 인근의 가전제품 판매점은 참으로 고마운 존재다.

　노래방에도 가능성은 있다. 평일 낮은 은퇴 세대이기에 이용 가능한 시간대다. 단카이 세대는 젊었을 때 친구들과 함께 포크나 뉴뮤직을 즐긴 세대다. 사회에 진출한 뒤에는 스낵바나 바의 노래방 시설 앞에서 마이크를 독점했던 세대이기도 하다. "집에서 빈둥대지만 말고 좀 나가기도 해 봐요."라고 아내가 재촉할 때 건강관리에도 좋은 노래방은 아주 적합한 장소다. 다만 현재의 노래방은 혼자서 가기가 조금 부담스러우므로 혼자서도 즐길 수 있는 시설이나 프로그램도 기대된다. 평일 대낮이라는 시간대에 찾아와 주는 고마운 손님이 될 것이다.

　은퇴 계층의 근린 소비가 활발해진다면 현재 몰락하고 있는 상점가의 부활도 기대할 수 있다. 단순히 소비자가 아니라 지역 활성화에 일익을 담당하는 유지有志로서의 역할이 기대된다. 지역의 젊은이들과 함께 활동할 수 있다면 그들의 의욕을 끌어내는 결과로도 이어질 것이다. 지역에서 물건을 사는 동시에 지역을 활성화시키는 양 측면에서의 활약도 기대할 수 있다.

재택 소비

나이가 많아질수록 늘어나는 것이 '재택 소비'다. 아무리 마음이 젊더라도 집 안에서 해결할 수 있다면 그보다 고마울 수는 없다. 편의점에서도 배달 서비스를 시작했고, 식사 배달 서비스도 활발해지고 있다. 이용자의 대부분은 70·80대다.

텔레비전 홈쇼핑도 인기다. BS(방송위성) 방송사들을 지탱하고 있는 커다란 기둥이 텔레비전 홈쇼핑이다. 그 비중이 지나치게 커지지 않도록 규제하는 방안을 총무성이 검토하고 있을 정도이며, 심야 시간대에는 어느 방송을 틀더라도 텔레비전 홈쇼핑뿐이다. 그리고 BS 자체가 그렇듯이 텔레비전 홈쇼핑을 떠받치는 이용자층은 50·60대, 특히 여성이다.

인터넷 쇼핑에도 변화가 나타나고 있다. 어느 유명 쇼핑몰 사이트의 매출이 전년 대비 130퍼센트 증가했는데, 그 요인은 60대의 구입이 늘어났기 때문이라고 한다. 객단가가 높다는 것이다. 60대 단카이 남성은 회사에 다니던 마지막 시기에 컴퓨터를 사용해 본 덕분에 정년 후 자신의 도구로 삼게 되었다. 동창회 공지를 이메일로 받고, 아마존에서 책을 사다 보니 인터넷 쇼핑몰이 의외로 편리함을 깨닫고 다른 쇼핑몰 사이트에도 관심을 갖게 되었다. 60대는 객단가가 높고 인구 볼륨이 크기 때문에 인터넷 쇼핑몰에서도 중요한 위치를 차지할 것이다.

그들이 70·80대가 되면 필연적으로 재택 소비가 늘어난다. 그대로 텔레비전 홈쇼핑이나 인터넷 쇼핑의 이용이 증가할 것이다. 또한 주문형 비디오의 시청도 증가할 것이다. 제1차 텔레비전 키드이며 영화 세대이기도 한 단카이 세대는 집에 있는 시간이 길어질수록 영화나 과거의 텔레비전 드라마를 검색해 시청할 것이다. 이들이 스마트 텔레비전의 보급을 주도할 가능성도 있다. 스마트 텔레비전은 텔레비전과 컴퓨터의 융합으로, 법률상의 문제는 남아 있을지 모르지만 양자의 경계는 점점 허물어질 것이다. 또한 스마트 텔레비전은 텔레비전 홈쇼핑과 인터넷 쇼핑의 융합이기도 하며, 그들의 재택 소비는 스마트 텔레비전을 통한 소비가 되어 갈 것이다. 이에 관해서는 제5장 제9절의 '미디어'에서 자세히 다루도록 하겠다. 50+세대의 재택 소비는 차세대 미디어의 기술 혁명과 밀접하게 관련될 것이다.

03
새로운 어른 소비에서의 광고와 기업의 접근

광고의
효과가 없다?

시니어는 매스미디어 광고를 보지 않는다. 단카이 세대는 광고를 신용하지 않는다. 실제로 이런 이야기가 자주 들리며, 이것이 시니어 마케팅에서 상품·서비스를 제공하는 쪽의 상식이라고 해도 과언이 아닐 것이다. "매스미디어 광고는 보지도 않고 신용하지도 않는다. 그 대신 다른 사람의 이야기를 신용한다. 따라서 이에 맞춘 접객 등의 개별 접근이 필요하다."라는 것이 어느 정도 상식화되고 있다.

어느 정도는 일리 있는 의견이라고 생각하지만, 정말 그럴까? 미디어와의 접촉점을 살펴보자. "평소에 정보를 수집할 때 이용하는 정보원은 무엇입니까?"라는 질문에 대해 50대는 텔레비전 85.3퍼센트, 신문 58.1퍼센트, 기업의 웹사이트 35.8퍼센트, 점포 31.9퍼센트, 신문 전단지 27.7퍼센트, 친구·지인 26.9퍼센트의 순서로 대답했다. 또한 60대는 텔레비전 89.4퍼센트, 신문 71.6퍼센트, 점포 35.4퍼센트, 신문 전단지 34.3퍼센트, 기업의 웹사이트 33.9퍼센트, 친구·지인 30.8퍼센트의 순서였다. 이것을 보면 '텔레비전'과 '신문'이 압도적임을 알 수 있다. 적어도 고객과 접촉하는 '점포'와는 큰 차이가 있다(도표44, 312페이지). 본 연구소에서 최근 15년 동안 여러 차례 조사를 실시했지만 결과는 항상 거의 같았다.

50·60대에게 텔레비전과 신문은 중요한 정보원이다. 그렇다면 집에서 편하게 앉아 텔레비전을 보다가도 광고가 나오면 다른 채널로 돌리는 것일까? 그런 일은 없을 것이다. "시니어는 매스미디어 광고를 보지 않는다."는 주장은 '고령자는 광고를 보지 않을 것이다. 신용하지 않을 것이다.'라는 하나의 선입견에 불과하다고 생각된다.

다만 단카이 세대, 특히 남성에게 물어봤더니 역시 "광고 따위에는 흔들리지 않아."라고 단언했다는 이야기도 들린다. 필자도 기업의 담당자들에게 그런 질문을 여러 번 받았다. 그러나 실제로 광고가 방송되면 신제품을 사려고 앞다투어 달려가는 사람들도 단카이 세대다. 경쟁 속에서 살아 왔기 때문에 1분이라도 빨리 사서 친구에게 "유행에 뒤떨어졌군."이라고 말하고 싶어 한다. 왜 그런가 하면 폼을 잡고 싶다는 심리가 있기 때문이다. 누군가에게 질문을 받았을 때는 더더욱 그렇다. 난해하다면 난해하고 재미있다면 재미있는 심리다.

단카이 세대에게 인기가 높은 맥주는 아사히의 슈퍼드라이라고 하는데, 슈퍼드라이가 이 지위를 차지한 것은 드라이 맥주라는 상품 특성과 함께 대량의 텔레비전 광고에 힘입은 바가 크다. 되돌아보면 1970년대 초반에 일본국유철도가 제작한 그 유명한 디스커버 재팬 광고는 당시 젊은이였던 단카이 세대가 전국으로 청춘 여행을 떠나게 만들었다. 또한 '자동차=젊은이'라는 자동차 마케팅에서 지금도 종종 사용되는 구도를 처음으로 만들어낸 켄과 메리의 스카이라인 광고는 단카이 세대와 그 다음 세대인 뽀빠이-JJ(포스트 단카이) 세대 사이에서 데이트 자동차의 대히트를 이끌어냈다. 여기에 단카이 세대가 30대의 뉴패밀리였던 시절에는 세이부 백화점의 '맛있는 생활'이 대히트를 쳤고, 같은 시기에 '이유 있어 싸다.'라는 무인양품의 첫 캠페인도 대성공을 거뒀다. 요컨대 단카이 세대는 광고와 함께 움직여 왔고 광고와 함께 소비문화를 만들어 온 주역인 것이다. 그러므로 정년퇴직과 함께 갑자기 광고를 보지 않게 되거나 이유도 없이 갑자기 광고에 대한 신뢰를 잃지 않는다.

여행, 건강 보조 식품, 화장품 등의 직접 반응 광고가 텔레비전과 신문 등에서 급격히 증가하고 있는데, 이들 광고는 단순한 이미지가 아니라 구체적인 반응, 즉 소비 행동이 있기에 출고되고 있다. 매스미디어에 광고를 냈지만 효과가 없었다면 출고량과 메시지를 보내는 방식, 상품의 수용성 중 하나 이상에 검토의 여지가 있지 않을까 싶다.

실제로 현 시점에도 프리미엄 맥주와 초기 박형 TV, 안티 에이징 화장품, 기능성 음료, 기능성 유제품, 대형 상업 시설, 스포츠카, 하이브리드 자동차 등은 40~60대가 중심적인 소비자이거나 주요 소비자층 중 하나이며, 매스미디어 광고와 함께 '새로운 어른 시장'이 형성되려 하고 있다. 오히려 젊은이들이 인터넷 정보에 의존하는 것과 달리 이들은 제1차 정보원이 매스미디어의 광고이고 제2차 정보원이 인터넷과 입소문이다. 뒤에서 자세히 다루겠지만, 정년을 맞이하면 입소문 정보의 비중이 더욱 커진다. 그런 의미에서 보면 시니어가 매스미디어의 광고를 보지 않고 신용하지 않는다는 생각은 분명히 일리가 있으며 무작정 틀렸다고는 말할 수 없다. 다만 그렇다고 해서 둘의 비중이 역전될 정도로 전환이 일어나지는 않는다.

그들은 오랫동안 매스미디어의 광고와 함께 거대 시장을 만들어 온 사람들이며, 이것은 지금도 변함이 없다. 굳이 따지자면 매스미디어의 광고와 입소문을 혼합할 때 비로소 '매스 미디어의 광고가 효과를 발휘한다.'고 할 수 있다. 또한 단순히 매스미디어 광고의 효과가 없어졌다기보다 '광고와 함께 문화를 만들어 온 주역'이었던 그들이 요즘은 자신들의 마음을 움직이는 광고가 없다고 느끼는 상황에 가깝지 않은가 싶다.

어떤 의미에서 기업은 기회 손실을 보고 있을 가능성도 있다. 그들이 '새로운 어른 소비'를 시작했으므로 이를 지원하고 '새로운 어른의 라이프 스타일'을 제안하는 광고를 만든다면 그들은 적극적으로 움직일 가능성이 높으며 입소문을 통해 효과가 증폭될 가능성도 있다. 실제로 필자 역시 최근 15년 사이에 주택·잡지·여행·유통 등에서 그런 성공 사례를 수없이 경험했다. '새로운 어른 소비'를 통해 성공 사례를 만들어낼 절호의 기회가 찾아왔다고 생각한다.

텔레비전과 신문, 나아가서는 인터넷에서도 광고뿐만 아니라 방송

·기사 또한 중요한 정보원이며 당연히 영향력이 있다. 그러므로 방송·기사와 광고의 상승효과는 커다란 영향력을 발휘한다. 이런 점도 생각할 필요가 있다.

최근의 50·60대에게 "텔레비전을 보지 않게 되었다."는 이야기를 들을 때가 있다. 이것은 텔레비전으로부터 멀어지고 있어서가 아니라 재미있는 방송이 없거나 젊은이들을 타깃으로 삼아서 진행이 너무 빠르기 때문이다. 그래서 지상파가 아니라 내용도 충실하고 느긋하게 볼 수 있어서 좋은 BS나 CS(통신위성)를 본다는 이야기도 종종 듣는다. 이런 점도 아울러 생각하면서 미디어로서의 힘을 유지하고 높여 나가야 할 것이다.

생활자를 파악하는 방법
- 새로운 어른 클러스터

제1장 제3절의 '염가 상품을 좋아하는 돈과 시간 부자들'에서 필자는 시니어나 은퇴 세대라고 하면 부유층과 허리띠를 졸라매고 살아가는 가난한 고령자 세대라는 양극단의 이미지로 파악하기 쉽지만, 그래서는 다수파의 니즈를 파악할 수 없으며 비즈니스의 해답도 얻을 수 없다고 말했다. 그렇다면 어떤 사람들이 다수파일까?

중요한 점은 '50+세대를 일반화시킬 수는 없다.'는 것이다. 그렇다면 어떻게 파악해야 할까?

'새로운 어른'과 그 클러스터

새로운 어른 문화 연구소에서는 2008년부터 클러스터 분석을 실시하고 있다. 2015년 3월에 네 번째 분석을 실시했으며, 매회 전국 2,700명에서 그 이상의 남녀를 대상으로 실시한 조사 결과를 바탕으로 분석한다. 그런데 도중에 동일본 대지진 같은 사건과 경제 변동 등의 변화가 있었음에도 매 분석마다 동일한 클러스터가 거의 동일한 수준으로 출현했다. 그리고 여기에서 현재의 40~60대의 기본적인 클러스터가 발견되었다.

이 연령대에 대한 클러스터 분석은 이미 각 방면에서 진행되고 있다. 다만 일반적으로 현재의 상황을 청취해서 분석하는데, 그러면 '절반쯤 포기'인 집단이 크게 출현해서 '시니어=절반쯤 포기한 사람'이 되는 경향이 있다. 이 또한 시니어 마케팅이 종종 벽에 부딪히는 요인 중 하나다. 한편 본 연구소에서는 조사할 때 전부 '의향', 즉 '어떠하고 싶은가?'를 묻기 때문에 '사실은 어떠하고 싶은가?'로 클러스터를 분석할 수 있다. '현재 상황 클러스터'가 아니라 '의향 클러스터'인 것이다. 소비는 일반적으로 '절반쯤 포기'인 부분이 아니라 '이렇게 하고 싶다.'는 부분에서 일어나므로 상품 개발도 커뮤니케이션 개발도 '의향 클러스터'를 볼 때 비로소 해답이 보이게 된다.

새로운 어른 클러스터는 남성 8클러스터, 여성 8클러스터로 구성된다(도표30). 먼저, 남녀 모두 두 가지로 나뉜다. '이노베이터 그룹'과 '느릿느릿 그룹'이다. '새로운 어른'이라고 하면 반드시 나오는 이야기가 "시니어 · 중노년이라 불리는 사람들은 없는 건가요?", "제 주변에는 꽤 있는데요."다. 그런데 사실 이 '느릿느릿 그룹' 속에는 분명히 그렇게 보이는 사람들도 있다.

　남성에서는 '이노베이터 그룹'이 42.1퍼센트, '느릿느릿 그룹'이 57.9퍼센트이고, 여성에서는 '이노베이터 그룹'이 51.5퍼센트, '느릿느릿 그룹'이 48.5퍼센트다. 그런데 같은 조사에서 "몇 살이 되더라도 젊고 긍정적인 의식을 유지하고 싶다."라고 대답한 40~60대, 즉 본 연구소에서는 '새로운 어른'이라고 부르는 사람들의 비율은 73.7퍼센트였다. 따라서 '느릿느릿 그룹' 중에서도 일정 비율은 '새로운 어른'인 셈이다. 다만 '이노베이터 그룹'은 그런 성향이 좀 더 강하다.

도표30 새로운 어른 세대의 클러스터

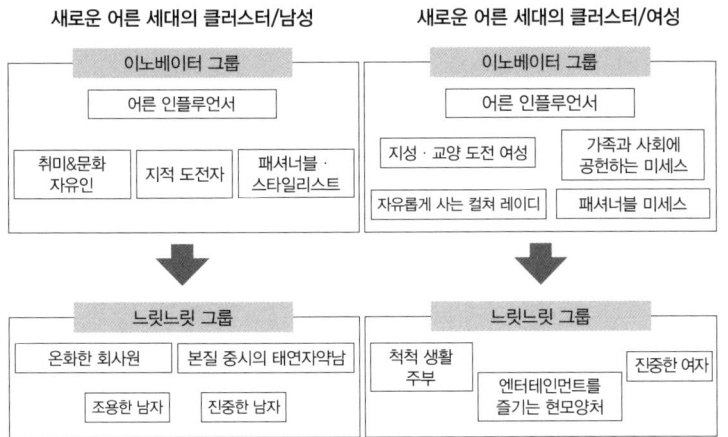

이노베이터 그룹은 견인차

남녀별로 살펴보면 남성은 40퍼센트, 여성은 50퍼센트가 '이노베이터 그룹'으로 여성의 비율이 더 높다. 특히 여성의 클러스터 중에는 '엔터테인먼트를 즐기는 현모양처'라는 사람들이 있다. 이 여성들은 평소에는 현모양처이지만 엔터테인먼트를 지향하는 성향이 강하기 때문에 이노베이터 그룹의 여성들이 신가부키자에 가자거나 미술관에서 인상파 전시회를 하니 보러 가자고 권유하면 즐겁게 따라간다. 한국에 가자고 해도 기뻐하며 따라가는 여성들이다. 이 클러스터가 약 10퍼센트인 만큼, 여성은 잠재적으로 약 60퍼센트가 움직일 가능성을 지니고 있다. 따라서 이 연령대는 여성이 사회 현상을 일으키기 쉽다.

요컨대 '이노베이터 그룹'과 '느릿느릿 그룹'은 별도로 존재하는 것이 아니라 이노베이터 그룹이 느릿느릿 그룹을 견인한다. 이것은 그들이 젊었을 때부터 그랬다. 비틀즈도 미니스커트도 처음에는 일부 젊은이가 지지하거나 입다가 어느 시점에 갑자기 확산되었다. 이는 남성도 마찬가지다. 또 그 '이노베이터 그룹' 속에서도 '어른 인플루언서'는 커뮤니케이션을 추구하는 정도가 가장 높아서, 모임을 운영하거나 여행을 주도하는 확산력 있는 클러스터다.

횡적인 세대에서 종적인 클러스터로

이 책이 40~60대를 대상으로 조사한 결과를 바탕으로 이야기를 진행하는 데 위화감을 느끼는 사람도 많을 것이나. 40대와 60대를 왜 한꺼번에 묶느냐는 의견이리라. 이것은 지당한 의견이다. 그렇다면 왜 그랬을까? 한 가지 이유는 지금까지 살펴봤듯이 40~60대가 각 생활 분야에서 비교적 비슷한 경향을 보이고 있으며 그 사람들의 연령대가 높아짐에 따라 일본의 고령 사회가 변화할 가능성이 있기 때문이다.

그리고 또 한 가지 이유는 사실 이 클러스터 분석을 연령별로 살펴보면 40대가 강한 클러스터라든가 60대가 강한 클러스터 같은 것이 거의 없이 균등하게 각 클러스터가 존재하기 때문이다. 이것은 40대에도 아저씨인 사람이 있고 60대에도 새로운 어른이 있음을 의미한다. 그리고 '이노베이터 그룹'은 40~60대에 걸쳐 모두 존재한다. 그들이 앞장서서 구입하면 느릿느릿 그룹으로 전파된다.

지금까지는 마케팅을 할 때 연령대에 따라 횡적으로 구분해서 타깃을 설정해 왔다. 그러나 이미 생활자 측에서는 다른 경향이 나타나고 있다. 앞으로는 40대 회사원, 60대 은퇴 계층 같은 식으로 구분하지 말고 종적인 클러스터로 구분할 때 비즈니스 기회를 발견할 수 있다. 알기 쉬운 예를 들면, 시니어 잡지가 속속 창간되었다가 하나둘 휴간·폐간되는 가운데 조금 나쁜 남자를 타깃으로 삼은 〈LEON〉은 성공을 거뒀다. 이 잡지는 남성 클러스터의 '패셔너블·스타일리스트'를 타깃으로 삼았다. 실제로 〈LEON〉을 모두가 사서 읽지는 않는다. 이 잡지를 구입하는 계층은 40대, 50대, 60대의 '조금 나쁜 남자'라고 볼 수 있다.

물론 현실에서는 40대·50대·60대에서 라이프 스테이지가 점점 변화하므로 상품이나 서비스에 따라서는 다른 방식으로 접근해야 할 때도 종종 있다. 따라서 역시 40대 회사원, 60대 은퇴 계층으로 설정하는 편이 합리적인 경우도 많다. 다만 그럴 때도 일단은 종적인 필터를 사용해 보는 것이 중요하다. 가령 '60대 은퇴 계층=시니어'로 일반화하지 말고 그 안의 클러스터를 살펴봐야 비로소 고정 관념이 아닌 60대 생활자의 실제 모습을 파악할 수 있다. 그런 다음 그중에서 누구부터 타깃으로 삼을지, 어디부터 어떻게 전파시켜 나갈지 궁리할 때 성공으로 향하는 길이 보이게 된다.

생활자에게 어떻게 전할 것인가? - 지뢰를 밟지 않는다

이 연령대를 대상으로 광고를 할 때 가장 중요한 포인트는 지뢰를 밟지 않는 것이다. 아무리 창의적인 노력을 해도 지뢰를 밟아 버리면 광고는 그것으로 끝이다. 필자는 지뢰를 밟는 바람에 실패한 사례를 최근 십 수 년 동안 수없이 목격했다.

그렇다면 그 지뢰란 무엇일까? 첫째는 '기존의 고령자 용어로 말하는 것'이다. 기존의 고령자 용어란 '시니어', '정년', '은퇴', '제2의 인생' 등이다. 제2장 제2절의 '세 가지 미스매치'에서 소개했듯이, 자신을 시니어라고 생각하지 않거나 생각하고 싶지 않은 사람들에게 "시니어인 당신에게"라고 말하면 그들은 살 마음이 있었다가도 "필요 없어."라며 거부할 수 있다.

실제로 '시니어의 ○○'이라고 홍보했을 때는 팔리지 않다가 '시니어의'를 지웠더니 갑자기 팔리기 시작한 상품도 있다. '정년', '은퇴', '제2의 인생'도 마찬가지다. '그게 무슨 말도 안 되는 소리야?'라고 생각할지도 모르지만 정말이다. 사실 생활자 자신은 분명히 '정년', '은퇴', '제2의 인생'이라고 생각하지만, 그렇게 생각하기 때문에 더더욱 창피하게 생각하는 측면이 있다. 자신이 그렇게 생각하기에 더더욱 다른 사람에게 그런 말을 듣고 싶어 하지 않는 것이다. 하물며 광고에서 그런 말을 들으면 '지금 놀리는 거야?'라고 불쾌하게 여긴다. 물론 금융 상품 등은 '정년'을 언급하지 않고서는 퇴직금을 말할 수 없지만, 캐치프레이즈에 '정년'을 사용해서는 안 된다. 다시 말해 캐치프레이즈가 아니라면 사용하기 나름이라고도 할 수 있다.

둘째는 '인생의 내리막길'이라는 식으로 말하는 것이다. 시니어나 제2의 인생이라는 말을 싫어하는 이유는 '인생의 내리막길'이라는 분위기를 풍기기 때문이다. 그것이 사실이기는 하지만 그렇기 때문에 더더욱 인정하고는 싶지 않다는 심리가 있다. 지금까지 이야기했듯이 그렇지 않은 쪽으로 향하고 싶다는 마음이 시대의 추세로서 강해지고 있다. '내리막길'이라는 분위기를 풍긴다고 받아들여진 순간 지뢰가 되어 실패할 위험성이 있다.

셋째는 무엇을 해야 한다, 무엇을 해서는 안 된다 등 행동을 강제하는 것이다. 위에서 내려다보는 시선으로 이야기해서는 베테랑 생활자인 그들의 거부 반응을 부를 뿐이다. 다만 신뢰할 수 있는 유명인이나 학식이 있는 사람에게 그런 말을 들으면 '아, 그런가?'라고 생각하는 측면도 있다. 오히려 그런 사람들의 말에는 귀를 기울이는 경향이 있다. 그러므로 어떤 식으로 메시지를 전할지 방법을 궁리하는 것이 중요하다.

성공 커뮤니케이션의 핵심

어떻게 해야 지뢰를 밟지 않고 성공 커뮤니케이션이 될 수 있을까? 예전에 잡지사의 편집부 사람들이 나를 찾아와 왜 시니어 잡지가 실패했는지 물어본 적이 있었다. 대부분의 시니어 잡지들은 독자에게 "당신은 지금 인생의 내리막길을 걷고 있습니다. 그러니 좀 더 즐겁게 내리막길을 걸읍시다. 좀 더 열심히 삽시다."라고 말하는 것 같았다. 그러나 그런 메시지를 반기는 독자는 없다. 그렇다면 어떻게 해야 할까? 지금까지 여러 번 말했듯이 50대는 드디어 자신의 시간을 갖게 되었다. '자, 지금부터 뭘 할까?'라고 생각한다. 그러므로 첫 번째로 중요한 점은 '인생은 지금부터'라는 메시지를 보내는 것이다. 이런 방향으로 창간된 잡지가 이미 소개한 〈eclat〉, 〈HERS〉, 〈어른의 멋내기 수첩〉이다. 〈이키이키〉(halmek)도 무엇을 할지 고민하는 이 연령대의 여성을 위한 잡지다.

또한 50·60대를 '머물 곳이 없어진 시니어'로 파악하는 것도 실패의 원인이다. 물론 그것이 사실이 아니냐고 묻는다면 특히 남성의 경우는 대부분 부정하지 못한다. 다만 그것이 사실이라고 해서 다른 사람에게 그런 말을 듣고 싶어 하지는 않으며, 그런 광고를 보기는 더더욱 싫어한다.

은퇴를 하면 시간이 생긴다. 사생활을 즐길 수 있게 된다. 그래서 '자연체'라는 말을 들으면 기분이 좋아진다. 즉, 두 번째로 중요한 점은 '가식 없이 사생활을 즐기는 느낌'이다. 실제로 '평일 내낮에 나무 그늘 아래서 느긋하게 누워 쉬는 남성'을 그려 성공한 광고가 있다. 이것은 현역 세대에게 보내는 '부러우면 너희도 평일 대낮에 이렇게 해 봐.'라는 메시지로서 커다란 공감을 얻었다. '정년이 되어서 외로워진 사람'이 아니라 '현역 때는 하고 싶어도 할 수 없었던 일을 할 수 있게 된 사람'으로 파악한 것이 성공의 비결이다.

세 번째로 중요한 점은 '새로운 어른의 라이프 스타일'을 그리는 것이다. 시니어 라이프가 아니라 '새로운 어른의 라이프 스타일'이다. 지뢰 중 하나로 '부부'라는 단어도 있다. 왜 '부부'가 지뢰냐고 의외로 생각할지 모르는데, 이것은 받아들이는 쪽이 '황혼의 중년 부부'라고 제멋대로 해석해 버리기 때문이다. '부부'가 아니라 '새로운 어른 두 사람'이라고 표현하면 여성은 '어머, 멋져라.'라고 생각하게 된다. 한편 남성은 갑자기 망상을 부풀리지만, 결국은 '아내와….'가 된다. 어쨌든 공감은 얻을 수 있는 것이다. '새로운 어른 두 사람'이라는 말을 들으면 왠지 '새로운 어른의 라이프 스타일'이 시작되는 기분이 든다. 제5장에서 다룰 오키나와 현의 '어른 두 사람의 여행 캠페인'은 이러한 심리에 부응한 것이 성과로 이어졌다.

그런 공감을 얻는 메시지를 보내는 미디어에 관해서는 제5장 제9절의 '미디어'를 참조하기 바란다.

새로운 어른 시장의 히트 패턴
젊은이를 타깃으로 한 비즈니스가 지금 새로운 어른 시장의 선두 주자로

인구 구조가 극적으로 변화함에 따라 소비의 상식과 소비 행동이 변화하고 히트의 구조도 크게 바뀌고 있다. 얼마 전까지만 해도 '히트는 젊은이들에게서'가 상식 중의 상식이었다. 시부야의 센터 거리나 시부야109이 일세를 풍미했다. 시부야는 말 그대로 유행의 발상지였다. 그러나 젊은이들이 거리를 발상지로 삼아서 일으키는 유행은 줄어들었고, 그 대신 텔레비전 드라마 '아마짱', '한자와 나오키', '내일이 왔다'가 사회 현상이 되었다.

이러한 드라마들은 전부 50대 이상이 시청률을 끌어올려 화제가 되었다. 특히 최근 2~3년 사이에 그런 경향이 두드러지게 되었다. 이런 시대의 변화·인구 구조의 변화에 대응하는 '히트 구조'의 변화는 무엇인지 그 네 가지 패턴을 소개토록 하겠다. 또한 이것은 지금까지 젊은이를 타깃으로 삼은 비즈니스에서 선두를 달렸던 기업이 새로운 어른을 타깃으로 한 시장에서 선두 주자로 나서기 시작했음도 의미하기 때문에 함께 소개하겠다.

패턴 ① : 50·60대 남성에서 40·30대로

2011년 12월, 그동안 젊은이들에게 압도적인 지지를 받아 온 CD·DVD 대여점 TSUTAYA는 인구 구조의 변화와 함께 도쿄 다이칸야마에 50·60대 선진층을 타깃으로 한 라이프 스타일 제안형 신업태 T-SITE/쓰타야 서점을 개업했다. 쓰타야 서점은 신서·문고·하드 커버와 같은 식으로 분류하던 기존의 매장 구성에서 탈피해 음악 서적·영화 서적·여행 서적 등 라이프 스타일별로 배치하고 서적과 함께 물품도 취급했다.

동사同社의 홈페이지에 따르면 TSUTAYA의 원점인 쓰타야 서점은 1983년에 오사카 히라카타 시에서 탄생했는데, '책, 영화, 음악을 통해 젊은이들에게 라이프 스타일을 제안하는 것'이 설립 취지였다. 그러나 당시의 젊은이들이 더는 젊은이가 아니게 되자 그들에게 '다시 한 번 라이프 스타일을 제안'하고 '어른을 위한 문화의 아성牙城'을 만드는 것을 목표로 삼았다. 그리고 같은 세대뿐만 아니라 젊은 크리에이터도 모여서 문화적인 화학 반응을 일으킴으로써 그들이 손자·손녀와 즐거운 시간을 보낼 수 있도록 새로운 장소인 다이칸야마에 쓰타야 서점을 개업했다고 한다.

쓰타야 서점에는 '라이프 스타일별 매장'과 함께 요리·여행 등 전문 생활 분야에 해박한 '컨시어지'가 고객의 어떤 상담에도 응할 수 있도록 대기하고 있다. 또 점내에는 스타벅스와 '앉아서 쉴 수 있는 공간'이 곳곳에 있으며, 커피를 마시면서 서점에 있는 책을 자유롭게 읽을 수 있게 했다. 이 쓰타야 서점은 홋카이도의 하코다테와 가나가와 현의 쇼난, 사이타마 현의 우라와, 오사카의 우메다 등으로 확산되고 있다. 그리고 동사에 따르면 TSUTAYA 전체의 서적 매출은 2012년에 1,097억 엔으로 실물 서점 가운데 최대급이 되었으며, 2013년 4월부터 2014년 3월에는 1,157억 엔으로 동사의 DVD 매출액을 뛰어넘었다고 한다.

원래 타깃은 50·60대 선진층이었지만 지금은 40·30대로 확산되어 고객층으로는 그쪽이 더 많다. 즉 50·60대 선진층을 노린 서점을 열었더니 여기에 공감하는 40·30대로 고객층이 확대된 것이다. 50·60대의 '새로운 어른'이 히트의 원점이 되었다고 할 수 있다.

또 avex도 뒤에서 소개하듯이 2015년 10월에 새어른 연구소 'avex life design lab'을 설립했다. TSUTAYA와 avex라는 젊은이들의 압도적인 지지를 받았던 기업이 지금 새로운 어른 시장의 선두 주자가 된 것이다.

패턴 ② : 50·60대 여성에서
30대·젊은이에게로

'50·60대에서 젊은 세대로'라는 흐름을 처음 만든 주역은 여성이며, 그 시작은 앞에서 몇 차례 소개한 한류 열풍이다. 한류의 발단은 2003년에 NHK BS에서 방송되었고 2004년에 NHK 종합TV에서 재방송된 '겨울 연가'다. 50·60대를 중심으로 그 전후의 수많은 여성이 '겨울 연가'를 보기 위해 텔레비전 앞으로 몰려들었고, 남편들도 어쩔 수 없이 곁에서 함께 드라마를 봤다. 당시는 '일본에서는 볼 수 없었던 순애 드라마여서 좋았다.'는 평가였다. 드라마의 인기와 함께 주인공인 배용준 열풍이 불어서, 배용준이 일본을 찾아왔을 때는 50·60대 여성이 공항을 가득 메울 만큼 몰려들었다.

그때 필자는 어디선가 본 광경 같다는 느낌을 받고 한참 동안 기억을 더듬다가 문득 어떤 사실을 떠올렸다. 그 여성들은 1960년대 후반에 비틀즈와 그룹사운드에 열광했던 여고생들이었던 것이다. 그룹사운드 열풍이 불었을 때는 콘서트장에서 여성 팬들이 울음을 터트리거나 실신하는 모습을 심심치 않게 볼 수 있었다. 전 세계의 공항에서 10대 여성들이 소동을 벌였다. '욘사마 현상'은 뜬금없이 일어난 것이 아니라 원래 그런 지향성이 있었지만 오랫동안 육아와 집안일에만 전념했던 세대의 여성들이 자녀의 독립과 함께 해방된 시점에 '욘사마'를 만나며 일어난 현상인 것이다. 그 후 욘사마 열풍은 장동건, 이병헌으로 확대되었다. 또 한국 텔레비전 드라마 열풍도 역사 드라마와 현대극으로 확대되었으며 지금도 계속되고 있다.

그리고 아내와 함께 '겨울 연가'를 본 사람은 남편만이 아니었다. 딸도 함께 봤다. 그 딸은 연적(戀敵)으로 나온 박용하의 팬이 되어서, 박용하의 방일 이벤트는 20·30대 여성들로 성황을 이루었다. 그리고 그 20·30대 여성들이 그 후 '소녀시대'나 'KARA', '동방신기' 등 K-POP의 팬이 되었다. 딸은 어머니에게 그들의 존재를 알렸고, 이번에는 어머니들 사이에서 '동반신기'의 팬이 늘어나는 상호작용이 일어났다. 여담이지만, 아내 곁에 함께 '겨울 연가'를 본 남편은 최지우의 팬이 되어 미력하지만 한류 열풍을 뒷받침했다.

욘사마 현상을 일으킨 힘은 그 후 골프 선수인 이시카와 료(石川遼) 열풍과 피겨스케이팅 선수 아사다 마오(浅田真央)의 인기를 견인했고, 최근에는 테니스 선수 니시코리 케이(錦織圭)나 피겨스케이팅 선수 하뉴 유즈루(羽生結弦)를 화제의 인물로 만들었다. 또한 '아마짱'의 인기와 '한자와 나오키' 열풍을 일으켰고, 2015년에는 NHK 아침 드라마 '맛상'을 보고 위스키 브랜드인 NIKKA의 요이치 증류소를 견학하러 몰려들었다. 역시 NHK의 드라마인 '내일이 왔다'의 높은 시청률도 이런 50대 이상 여성이 이끌었다.

한류도 마지막 단계인 K-POP 열풍만을 보면 젊은이들의 전유물처럼 생각되지만, 결코 그렇지 않다. 요컨대 50·60대 여성이 기점이 되어 30대·젊은이에게로 확산된 것이다.

패턴 ③ : 아랫세대로
확산되며 거대한 열풍이 분다

    2015년 4월에 폴 매카트니가 일본에 와서 49년 만에 무도관 라이브 공연을 해 큰 화제를 불러 모았다. 또 2014년에는 롤링스톤스와 밥 딜런 등 거물 뮤지션이 일본을 찾아왔으며, 이들의 공연은 전부 초만원을 기록했다.

    이들의 라이브 공연을 보기 위해 50·60대만 왔는가 하면 그렇지는 않다. 롤링스톤스의 공연과 밥 딜런의 공연 모두 40·30대가 몰려들었고 20대도 발견할 수 있었다. 폴 매카트니의 무도관 공연 같은 경우는 25세 이하 한정으로 2,100엔의 C석이 준비되었다. 도쿄돔 공연에서는 "폴, 와 줘서 고마워요!"라고 외치는 젊은이의 모습을 볼 수 있었다고 한다. 부녀도 함께 공연을 보러 찾아왔다.

    이것은 일본의 음악가에 대해서도 마찬가지다. 사다 마사시さだまさし는 라이브 공연을 할 때 모녀를 의식하면서 연령별로 60대부터 20대까지 차례차례 일어서게 해 분위기를 고조시킨다. 야자와 에이키치矢沢永吉의 무도관 공연에는 가죽점퍼를 입은 어머니와 아들이 함께 와서 타월을 두르고 "에이짱!"이라고 외치는 모습을 볼 수 있었다. 그 어머니가 젊었을 때는 태도가 불량하다며 부모와 싸웠을지도 모른다고 생각하면 왠지 웃음이 나온다.

    또한 텔레비전 드라마 '아마짱'은 50대 이상이 시청률을 견인하면서 점차 아랫세대에서도 화제가 되었다. 이것은 전부 50대 이상이 인기를 끌어올린 다음 아랫세대로 확산된 사례다. 이런 움직임이 일어난 다면 소비도 활발해진다. 앞으로 대히트를 노린다면 어떻게 해야 화제를 아랫세대로 확산시키며 열풍을 일으킬 수 있을지 궁리하는 것도 하나의 방법일 것이다.

패턴 ④ : 40대에서
모든 세대로 파급된다

2013년에 다카라지마사에서 40대 여성을 타깃으로 한 여성지 〈Glow〉를 창간했는데, 표지 모델로 고이즈미 교코小泉今日子와 YOU를 기용했다. 캐치프레이즈는 '40대 여자'였다. 창간호 30만 부는 매진이 되었고, 이듬해에 동 잡지에서 '평생 여자 선언'이 발표되었다. 이때부터 '40대 여자'라는 말이 널리 확산되었다.

이것을 계기로 '여자', '여자 모임'이라는 말이 세상에 증폭되었고, 지금은 모두가 사용하는 말이 되었다. 40대 여자에 이어 50대 여자가 50대 여성의 일상 대화에 사용되게 되었고, 앞에서도 언급했듯이 2015년 7월 12일에는 닛케이MJ신문 1면에 '70대 여자의 반짝반짝 소비'라는 제목의 기사가 실렸다. 마침내 여성은 '평생 여자!'가 되었다. 남성이 최후에 '할아버지'가 되는 것과는 대조적이다. 여성은 '여자', 남성은 '고령자'다. 당연하지만 30대, 20대에서는 여자와 여자 모임이 일상어가 되었다.

'미마녀'도 40대에서 나온 말인데, 〈미STORY〉가 실시하는 미마녀 콘테스트에는 60대 여성도 참가하고 있다.

40대에서 '40대 여자', '미마녀' 등의 유행어가 탄생한 것은 처음 있는 일이다. 그전까지는 젊은이들 사이에서 사회 현상이나 유행이 시작되었는데, 처음으로 40대에서 트렌드가 만들어졌다. 이것은 버블 세대가 40대가 된 것이 커다란 이유다. 단카이 주니어 세대는 40대 전반이 되었다. 단카이 주니어 세대인 SMAP은 아이돌인 채로 40대가 되었다. 앞으로 버블 세대와 단카이 주니어 세대에서 새로운 트렌드가 더 탄생할 가능성도 있다. 또한 40대에서 탄생한 유행어가 모든 세대로 파급된 이유는 그 윗세대인 신인류 · 뽀빠이-JJ(포스트 단카이) 세대 · 단카이 세대가 모두 젊었을 때 트렌드 세터 세대였기 때문이다.

고령 사회라고 하면 흔히 힘들고 암울한 사회를 생각하기 쉽다. 그러나 지금 일본은 40·50대에서 새로운 유행어가 만들어지는 사회, '새로운 어른'을 기점으로 한 새로운 물결이 젊은이들에게 확산되는 기존의 상식으로는 파악할 수 없는 사회가 되고 있다.

5

분야별로 살펴보는
시니어 트렌드

이 장에서는 새로운 어른 시장이란 무엇이며 어떤 가능성이 숨어 있는지 구체적인 카테고리별로 살펴보려 한다. 본 연구소에서 2008년부터 2015년 3월까지 7년 동안 4회에 걸쳐 40~60대를 대상으로 조사를 실시한 조사 결과, 현재 40~60대의 기본적인 의식과 동향이 부각되었다. 현재의 40대는 20년이 지나면 60대가 된다. 그 사이에 경제적 변동이나 정치적 변동도 있을 터이므로 단언할 수는 없지만, 생활자가 최근 7년 동안 가져 온 의식은 사회의 기반이 되어 갈 것이다. 앞으로 10~20년 후에 일본의 고령 사회가 어떻게 되어 갈지 대략적으로는 전망할 수 있다고 생각한다. 이것은 앞으로 시장의 잠재력이 어느 정도인지 대략적인 측정이 가능하다는 의미이기도 하다.

60대의 단카이 세대부터 기존형 고령자와는 크게 다른 움직임을 보이기 시작했다. 그 결과 고령 사회에서의 비즈니스에 대한 기존의 이미지가 크게 변화할 듯하다. 과거의 경우, 각 카테고리 모두 노인을 대상으로 제공할 수 있는 것이 있다면 좋겠지만 기본적으로 고령자는 비즈니스와 인연이 없었다. 개호조차도 2000년의 개호 보험 제도 이전에는 공적 서비스였으며 NPO가 중심적인 역할을 담당했다. 그런데 최근 수년 사이에 시니어 비즈니스라는 말이 이곳 저곳에서 들리게 된 이유는 단카이 세대가 60대가 되면서 그 인구의 힘과 맞물려 기존형 고령자와는 크게 다른 '생활 이노베이션'을 일으키기 시작했기 때문이다.

각 카테고리에서 중요한 점은 단순히 60대 단카이 세대 특유의 일시적인 것이 아니라 50대·40대로 이어질 가능성을 지니고 있다는 사실이다. 각 카테고리에서 일어나려 하고 있는 '생활 이노베이션'을 기존형 고령자와 비교하면서 순서대로 살펴보도록 하겠다. 기존형 고령자의 의식이나 행동은 각 카테고리에서 '상식'이 되었고, 그 상식이 시니어 마케팅을 실패로 이끄는 벽이 되고 있기도 하다. 신구의 비교를 통해 지금 어떤 일이 일어내려 하고 있는지 밝히도록 하겠다.

현재 60대인 단카이 세대에서 일어나고 있는 변화, 기존의 70대 이상의 고령자와는 명백히 다른 움직임은 다소의 변동은 있겠지만 50대, 40대로 이어질 것이다. 이것이 의미하는 바는 사회 자체 또한 '고령 사회에서 새로운 어른 사회로' 크게 진화할 가능성을 숨기고 있다는 것이다. 현재 단카이 세대는 60대, 단카이 주니어(좁은 의미의 단카이 주니어 세대 : 1977~1974년생)는 40대가 되었다. 이 인구의 2대 볼륨존은 10년이 지나면 전원이 50대 이상이 되며, 20년이 지나면 모두 60대 이상이 된다. 바꿔 말하면 앞으로 10~20년 동안은 이들 세대가 최대의 인구 볼륨존으로서 고령 사회를 크게 바꾸고 소비를 변화시켜 나가는 중심적인 역할을 맡을 것이다.

01
돈
'저금을 묵혀 놓는 고령자'에서
'돈을 불려서 소비하는 새로운 어른'으로

돈을 묵혀 놓는 고령자

먼저 어른 시장을 지탱하는 생활자의 돈에 관해 살펴보자. 지갑이 비어 있으면 애초에 시장으로 기대하기 어렵지만, 제1장에서 살펴봤듯이 '수입'에서 '자산'으로 이행이 진행되는 가운데 기본적인 돈은 있는 듯하다. 그렇다면 문제는 그 돈을 움직이느냐 묵혀 놓느냐다.

먼저 퇴직금은 어떨까? 기존의 고령자는 '퇴직금=저금해서 묵혀 놓는다.'였다. 저금을 하고는 전혀 쓰지 않는다. 이 기존형 고령자가 '돈을 착실히 저금할 뿐 전혀 사용하지 않는 고령자'라는 일반적인 이미지를 만들어 왔다. 일본인의 저축 지향이 1,700조 엔이나 되는 일본의 개인 자산을 만들어낸 것도 사실이므로 반드시 마이너스였다고는 할 수 없다. 일부 고령 부유층만이 주식 투자를 했지만, 그들도 소비는 하지 않고 오로지 돈을 불려서 저금하기만 했다. 그리고 묵혀 놓은 저금을 자손에게 남겼다. 즉, '자녀 가족에게 유산을 전부 남긴다.'라는 일본적이면서 전통적인 미풍양속을 만들어 왔다. 지금도 시니어 마케팅에 뜻이 있는 사람들이 '시니어=절약'이라는 말을 자주 하는 것은 기존의 '저금을 묵혀 놓는다.'는 이미지가 얼마나 굳건했는지를 말해 준다.

예전에는 일부 고령 부유층이 거액의 유산을 시설에 기부한다는 소식이 종종 들렸는데, 자산을 묵혀 놓았기에 그런 거액이 될 수 있었다. 이것은 부유층뿐만 아니라 많은 고령자의 공통된 특징이었다.

돈에게 일을 시키려 하는 새로운 어른으로

그렇다면 현재 60대로 대부분이 일단 은퇴를 한 상태인 단카이 세대는 퇴직금을 어떻게 하려고 할까? 앞에서 살펴봤듯이 남성의 경우는 자손에게 남긴다는 의식이 희박하며 자신들이 쓰겠다고 생각하고 있다. 지금까지의 고령자와는 양상이 다른 새로운 움직임이 시작되었다.

'퇴직금을 받은 직후'와 '정년 생활 전체'에 대해 퇴직금을 어떻게 쓸지 물어봤다. 제4장 제2절의 "'급여형 소비'에서 '저축 투자형 소비'로"에서 다뤘던 것을 조금 더 자세히 살펴보도록 하자(도표31). 정년퇴직한 60대를 보면, 일단 퇴직 직후에는 53.4퍼센트를 저금한다. 나머지는 3등분해서 투자 운용에 17.8퍼센트, 소비에 17.2퍼센트, 대출금 상환에 11.7퍼센트 사용한다.

일본경제단체연합회가 발표한 2014년도의 60세 정년퇴직금 평균은 대졸 2,357.7만 엔, 고졸 2,154.9만 엔이었다. 중소기업의 평균이 약 1,200만 엔이라고 하므로 가령 1,200만 엔으로 계산하더라도 그 17.8퍼센트는 213.6만 엔이 된다. 넓은 의미의 단카이 세대는 1947~1951년생으로 약 1,000만 명인데, 세대 수를 그 절반인 약 500만 세대라고 생각해도 단순 계산을 해 보면 엄청난 액수가 된다.

아베노믹스 후의 주가 상승은 단카이 세대가 개인 투자가로 참여한

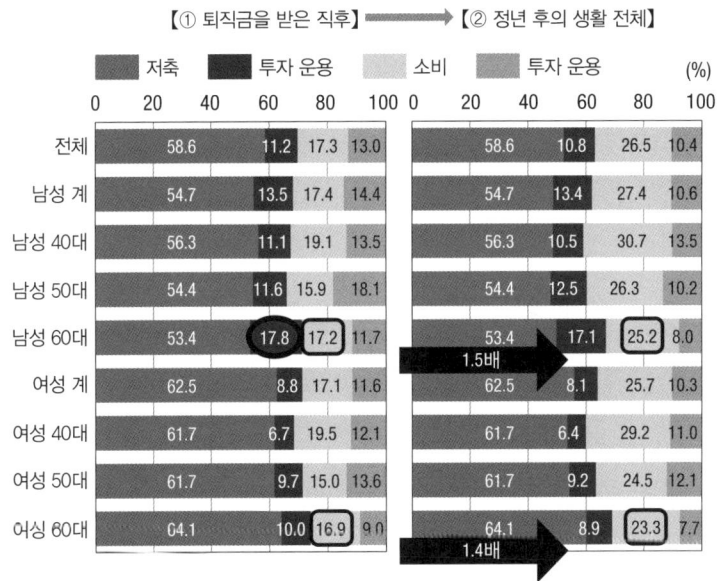

도표31 퇴직금의 사용처는?

출처 : 하쿠호도 새로운 어른 문화 연구소 조사, 2013년, 40~69세 남녀, 전국 900명 대상

것도 한 요인으로 생각된다. 실제로 아베노믹스 개시 직후인 2013년에는 분산 개최된 주주 총회에 단카이 세대가 몰려들어서 뉴스가 되었으며, 2014년 1월에 시작된 NISA는 약 65퍼센트가 60대라는 발표가 있었다(Sankei Biz, 2014년 2월 19일).

또 앞에서도 이야기했듯이 이러한 '투자'에 대한 경향은 60대뿐만 아니라 50대, 40대도 거의 마찬가지다(도표31). 즉, 최근 수년 사이 단카이 세대에게서만 볼 수 있는 일시적이고 한정적인 경향이 아니다. 요컨대 50대, 40대처럼 금융 상품이 친숙한 세대에서는 투자 마인드가 더욱 높아질 것이다. 연금 수급 개시 연령이 높아지는 것도 있어서 다소나마 자신의 힘으로 어떻게든 해 보자는 생각이 생겨난다. 지금까지 고령자라고 하면 극히 일부의 부유층만이 주식 투자를 했다. 그러나 60대 단카이 세대 이후로는 현재의 50·40대로 갈수록 투자 마인드가 확산되면서 다수파가 보험 상품을 포함해 어떤 형태로든 투자할 것으로 생각된다.

단카이 소비는 불발이었는가?

"단카이 소비는 불발이었다."라는 이야기를 종종 듣는다. 이것은 그들이 정년퇴직한 2007년 직전에 단카이 세대가 은퇴하면 소비가 크게 늘어날 것으로 예측되었지만 결국 예측이 빗나갔기 때문이다. 그러나 애초에 퇴직 직후부터 돈을 물 쓰듯 쓰기 시작하는 사람은 없다. 기본적으로는 예전만큼 수입이 들어오지 않게 되기 때문에 한동안 돈을 쓰지 않고 상황을 살피기 마련이다. 애초에 기대가 너무 컸던 측면을 부정할 수 없다. 따라서 지나친 기대가 실현되지 않았다고 해서 단카이 소비 불발론을 제기하는 것은 섀도복싱이나 다름없다. 게다가 이듬해인 2008년에는 리먼 쇼크가 일본을 덮쳤다.

그런데 정년 생활에 익숙해진 2010년 무렵부터 먼저 국내여행이 꿈틀대기 시작했다. 2011년에 동일본 대지진이 발생하면서 단기적으로 위축되기도 했지만 금방 회복되었다. 그 일례로, 2011년 여름에 50+세대를 대상으로 지진 피해 지원 도호쿠 3대 축제 투어 상품을 발매했더니 순식간에 매진되었다고 한다. 이것은 그 후 전국 관광 열차의 성황으로 이어진다.

2012년 무렵부터는 해외여행도 꿈틀대기 시작했다. 석간신문이나 주말신문의 지면은 여행 상품 광고로 넘쳐났고, 여행 업계는 '비즈니스클래스를 이용하는 유럽·하와이 여행'으로 연일 호황을 누렸다.

한편 '정년 후의 생활 전체'에 걸친 퇴직금의 사용처를 살펴보면, 저축은 49.8퍼센트로 약간 줄어들고 투자 운용은 퇴직 직후와 거의 같은 수준인 17.1퍼센트를 유지하며 대출금 상환은 8퍼센트로 줄어드는 데 비해 소비는 약 1.5배인 25.2퍼센트로 증가한다(도표31). 투자 운용은 거의 같은 수준을 유지하면서 소비는 약 1.5배로 늘리겠다는 대답이다. 여성, 즉 아내의 대답을 봐노 소비는 퇴직 직후의 16.9퍼센트에서 23.3퍼센트로 1.4배 증가한다. 남성과 거의 같은 수준이다. 본 연구소는 단카이 세대가 정년을 맞이하기 직전인 2006년에도 같은 조사를 실시했는데, 결과는 거의 같았다. 즉, 정년퇴직을 한 뒤에 퇴직금을 묵혀 놓는 것이 아니라 투자를 해서 돈에게 일을 시킨다.

소비의 경우 정년퇴직 직후에는 상황을 살피지만 익숙해짐에 따라 서서히 소비 규모를 확대한다. 실제로 단카이 세대의 소비는 2007년 이후 조사 결과대로 변화했다. 또한 퇴직금을 무엇에 사용하고 싶은지(정년 전), 무엇에 사용했는지(정년 후) 물어본 조사에서도 둘 다 1위는 국내여행, 2위는 해외여행이었다. 시장의 추이가 이 조사 결과와 거의 일치한 것이다(도표32).

60대 여성, 즉 아내도 남성보다 소극적이기는 하지만 돈을 '투자 운용'에 돌리겠다고 대답했다(도표31). 아베노믹스 초기에는 남편인 남성이 기회는 지금이라는 듯이 움직였는데, 이후 NISA를 계기로 아내도 투자에 뛰어들게 되었다. 60대 단카이 세대부터는 다수파인 여성에게 투자 마인드가 있는 것도 그 윗세대와 크게 다른 점이다.

그렇다면 '국내여행'과 '해외여행' 이외에는 어떤 소비를 할까? 어디에 어떤 시장의 가능성이 있을까? 퇴직금으로 한정하지 않고 '어떤 물건·행위에 돈을 쓰고 싶은가?'를 물어봤는데(도표33), '여행·휴양지·레저'가 역시 1위를 차지했다.

2위는 '취미'였다. '제3차 모터사이클 열풍'을 일으킨 중노년 '리턴 라이더'가 그 대표적인 예다. 돈도 있고 시간도 있는 '시간과 돈 부자'가 되자 젊었을 때 동경했던 할리데이비슨에도 손이 닿게 된 것이다. 여행의 필수품인 '고급 디지털 일안 반사식 카메라'도 마찬가지다. 포

도표32 퇴직금의 사용처는 받기 전에나 받은 뒤에나 '국내여행·해외여행'

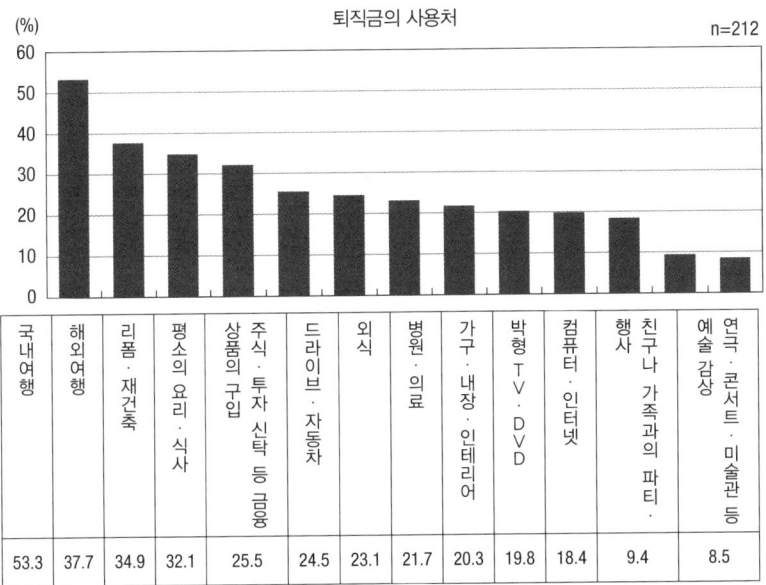

Q. 퇴직금을 무엇에 썼습니까?(해당되는 것 전부. 퇴직금을 소비에 사용했다고 대답한 단카이 세대를 대상)

퇴직금의 사용처 n=212

국내여행	해외여행	리폼·재건축	평소의 요리·식사	주식·투자 신탁 등 금융 상품의 구입	드라이브·자동차	외식	병원·의료	가구·내장·인테리어	박형 TV·DVD	컴퓨터·인터넷	행사 친구나 가족과의 파티·	예술 감상	연극·콘서트·미술관 등
53.3	37.7	34.9	32.1	25.5	24.5	23.1	21.7	20.3	19.8	18.4	9.4	8.5	

출처 : 하쿠호도 새로운 어른 문화 연구소 조사, 2011년, 40~69세 남녀, 전국 3,078명 가운데 위에 해당되는 단카이 세대

【참고】정년 후에 돈을 쓰고 싶은 대상[2007년]
(해당되는 것 전부. 퇴직금을 소비에 쓰겠다고 대답한 단카이 세대를 대상)

국내여행	해외여행	컴퓨터·인터넷 관련 기기	외식	예술 감상(음악·미술 등)	영화·	행사 친구나 가족과의 파티·	주택의 리폼	금융 상품의 구입(주식 투자를 포함)	시어터 등 음향 기기·영상 기기(홈	평소의 요리·식사	드라이브·자동차	병원·의료(건강 진단을 포함)	내장·인테리어
56.9	47.7	38.4	31.1	27.2		26.7	25.1	23.4	22.9	21.5	20.7	18.0	16.6

토 콘테스트는 엘더 사이트인 취미인 클럽의 정례 행사다. 시간도 있고 DTP(데스크탑 퍼블리싱)도 사용할 줄 알기 때문에 포토북에도 도전한다. 앞으로는 4K 비디오카메라에도 관심이 집중될 것이다.

또한 단카이 세대는 음악, 특히 기타를 좋아한다. 유명 악기점의 기타 매장에 가서 "그러고 보니 학창시절에 친구가 마틴이 어쩌니 깁슨이 어쩌니 그랬는데…"라며 둘러보다 30만 엔이 적혀 있는 가격표를 보고 '이 정도 가격이면 사 볼까?'라고 생각한다. 그리고 집으로 가지고 돌아와서는 "F코드가 참 어렵네…."라고 중얼거린다. 최근에는 텔레비전에 광고를 보내기 시작한 유명 악기점도 등장했다. 그만큼 매출이 된다는 의미이리라. 그 밖에 '철도'나 '테니스' 등 최근에 화제가 되고 있는 취미의 세계에는 반드시 이 세대가 모습을 드러낸다.

또 '취미'의 세계를 살펴보면, 최근의 조사에서는 '컴퓨터'가 1위에 올랐다. 디지털 분야는 모두가 사용하는 도구로서 점점 규모가 확대될 것이다. 태블릿 단말기나 스마트폰도 지금부터가 시작이다.

3위는 '평소의 식생활'이었다. 이것은 뒤에서 자세히 설명하겠지만, 여행이나 취미 같은 조금 특별한 소비가 아니라 '식생활'이라는 기본적인 부분에 돈을 쓴다는 데 의미가 있다. 여기에는 외식, 가정에서의 식사, 슈퍼마켓이나 편의점에서 구입하는 반찬 또는 도시락 등의 중식도 포함된다. 연령이 높아지면 식사 배달 서비스도 추가된다.

4위는 '질병·노화 예방', 즉 '건강'이다. 건강에 돈을 쓰는 것은 지극히 당연한 일이지만, 그중에서도 '예방'을 첫손에 꼽았다는 점이 중요하다. 여기에 7위가 '건강·젊음의 유지·향상'이므로 앞으로 건강과 안티 에이징에 더 많은 돈을 쓰게 될 것이다. 또한 8위는 '질병 · 노화에 대한 대책'이다. 지금까지 계속 말했듯이, 누구나 두세 가지 병은 안고 살기 때문이다.

5위의 '저축 · 자산 운용'은 앞에서 이야기한 대로인데, 다양한 금융 상품에 대한 도전을 시작하고 있다. 6위는 '영화 · 연극 · 콘서트 · 미술 감상'으로, 요컨대 엔터테인먼트다. 과거의 조사에서도 높은 수치를

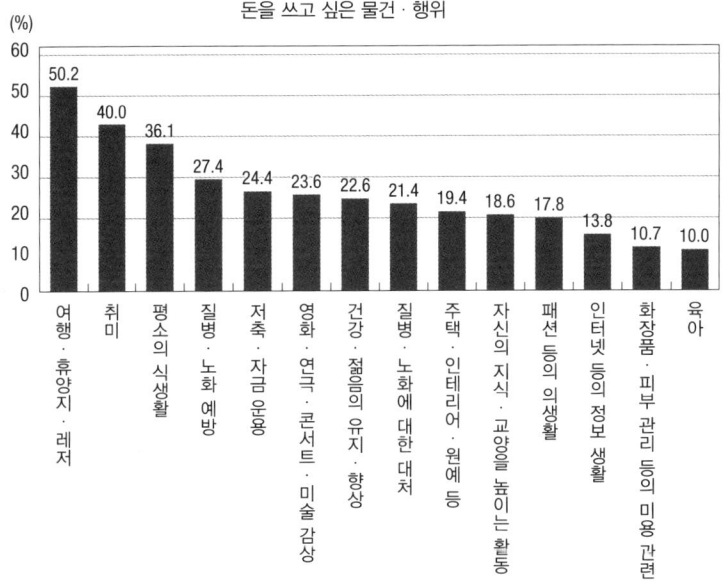

도표33 돈을 쓰고 싶은 대상은 '여행', '취미', '식생활'과 '질병 · 노화 예방'

출처 : 하쿠호도 새로운 어른 문화 연구소 조사, 2012년, 40~69세 남녀, 전국 2,700명 대상

보였다.

9위는 '주택 · 인테리어 · 원예'다. 리폼의 계기는 주로 두 가지인데, 50대에 자녀가 독립하면서 '자녀의 방'이 비게 되는 것과 60대의 정년퇴직이다. 특히 원예는 여성을 중심으로 뿌리 깊은 인기를 유지하고 있다.

10위는 '자신의 지식 · 교양을 높이는 활동'으로, 예를 들면 서적이나 문화 교실이다. 지적 호기심은 여행 등 다른 소비로도 파급된다. 이와 같은 높은 지적 호기심이 앞에서 언급한 L70, 70대 여성의 높은 소비 의욕으로도 이어진다.

11위는 '패션'이 차지했다. 원래 젊었을 때 '여행과 패션'을 유행시킨 첫 세대인 만큼 판에 박힌 아저씨 옷 · 아줌마 옷으로는 만족하지 못한다. 자기 나름대로 센스를 발휘하고 멋을 내며 새로운 패션, 멋진 패션을 입고 싶어 한다. 또한 중요한 점은 '소비'에 관한 이 경향이 50대, 40대에서도 거의 차이가 없다는 것이다(도표31, 207페이지).

애초에 단카이 세대는 젊은 시절에 '록과 팝의 감성이 중심에 있는 남성의 장발 · 청바지 · 미니스커트'라는 지금은 아주 당연하지만 당시는 전무했던 패션을 단숨에 세상의 주류로 만들었다. 그리고 지금의 50 · 40대인 포스트 단카이 세대와 신인류, 버블 세대가 그 패션을 응용해 다양하게 변형시켜 나갔다. 요컨대 앞으로 10년, 20년에 걸쳐 그때와 같은 현상이 나타날 것이다. 완전히 동일하지는 않다 해도 지금 등장하려 하고 있는 시장은 앞으로 지속적인 시장이 되어 갈 가능성이 높다.

앞으로 10~20년 동안 '저축을 묵혀 두는 고령자'라는 기존의 상식은 서서히 모습을 감추고 '돈을 불려서 소비하는 새로운 어른'이 중심이 되는 소비 사회가 되어 갈 것이다. 그런 의미에서는 앞으로 '소액 투자 우대 제도'가 더욱 중요해질 것이다. '돈을 불려서 소비하는 새로운 어른'이 단카이·포스트 단카이 세대, 나아가 그 다음 세대로 확대되며 인구의 볼륨존을 형성하는 것은 국가 경제에도 매우 중요하다.

또한 '미디어' 항목에서 자세히 이야기하겠지만, 최근까지 이메일과 웹사이트 열람 정도에 불과했던 50·60대의 인터넷 이용 패턴에서 인터넷 쇼핑이 급속히 증가하고 있다. 사용에 익숙해지면 단번에 확대될 것이다. 그런 의미에서는 핀테크(금융과 정보 기술의 융합), 그중에서도 크라우드펀딩에 가능성이 있다. '기부형'은 인생의 마지막 라운드에서 이름을 남길 수 있다는 매력이 있으며, '투자형'은 소규모이고 사업 투자의 효과가 눈에 보인다는 재미가 있다. 그리고 '구입형'의 경우는 저렴하게 상품을 구입할 수 있거나 남들보다 먼저 서비스를 받을 수 있다는 실리가 있다(〈닛케이 비즈니스〉, 2015년 12월 24일). 집에 있는 시간이 길어지기 때문에 이 연령대가 크라우드펀딩의 중핵이 될 가능성도 생각할 수 있다.

이것은 개인 소비를 만들어내는 원동력도 된다. 투자에 대한 마인드는 뽀빠이-JJ(포스트 단카이) 세대, 신인류, 버블 세대로 내려갈수록 높아질 것이다. 새로운 어른 세대는 주가 변동의 영향을 받으면서도 장기적으로는 그 거대한 인구 규모로 크라우드펀딩 등을 포함해 '저축에서 투자로'의 흐름을 10년, 20년 동안 견인할 가능성이 있다.

02

식생활
'소박한 식사를 하는 고령자'에서
'육식을 좋아하는 새로운 어른'으로

소박한 식사를 하는 고령자에게는
부드럽고 먹기 쉬운 음식을

고령자의 식생활이라고 하면 흔히 '조식'粗食, '저염'을 떠올린다. '국 하나 반찬 하나'도 고령자의 식사에 대한 마음가짐으로 이야기되어 왔다. 실제로 고령자라고 하면 '전통식'을 지향하며, 그 전통식도 된장국의 염분이 몸에 좋지 않다고 해서 염분 섭취를 줄이려고 노력하게 되었다. 그래서 먹을 수 있는 것이 제한되고, '국 하나 반찬 하나'가 좋다는 인식 탓에 정말 소박한 식사가 되어 갔다.

여기에 건강을 위해 운동이 필요하다는 이야기가 나오면서 많은 고령자가 무작정 걷게 되었다. 그러나 그 결과 오히려 몸을 망치거나 요개호 상태가 된 고령자도 적지 않다. 육류를 먹지 않는 것이 장수의 비결이라는 책이 간행된 것도 최근의 일이다. 고령기에는 소박하게 먹어야 한다는 것은 현재의 70대 이상 고령자들 사이에서 아직 상식으로 여겨지고 있다.

또 고령자에게는 개호가 중대한 문제이며, 이를 위해서는 개호식이 필요하다. 한때 크게 문제가 된 믹서식, 즉 음식을 전부 믹서에 갈아서 유동식으로 만드는 일은 이제 없어졌지만, 여전히 '부드럽고 먹기 쉬운 음식'이 상식으로 여겨지고 있다. 가공 식품이나 외식, 개호 시설 등의 식사에 대해서도 '부드럽고 먹기 쉬운 음식'이 개발, 제안되어 왔다.

다만 문제는 소박한 식사, 국 하나 반찬 하나, 부드럽고 먹기 쉬운 음식만으로는 가공 식품이나 외식 산업의 중심적인 비즈니스가 되기 어렵다는 것인데, 60대 단카이 세대 이후에서 180도 다른 경향이 나타나고 있다.

60대 단카이 세대부터는 육식을 선호하는 경향으로

본 연구소의 조사에서는 60대의 82.3퍼센트가 "고기 요리를 좋아한다."라고 대답했다(도표34). 특히 남성의 경우는 86.0퍼센트로 채소 요리의 81.7퍼센트를 웃돌았으며 생선 요리의 86.7퍼센트와 거의 같은 수준이었다.

요즘 화제가 되고 있는 음식점으로 '서서 먹는 스테이크집'이 있다. 긴자에서든 시즈오카에서든 '서서 먹는 스테이크집'에 가면 50·60대

도표34 60대는 기존의 소박한 식사를 하는 고령자에서 '고기를 좋아하는' 엘더로

Q. 당신은 다음 요리나 식재료를 얼마나 좋아하십니까?〈고기 요리〉

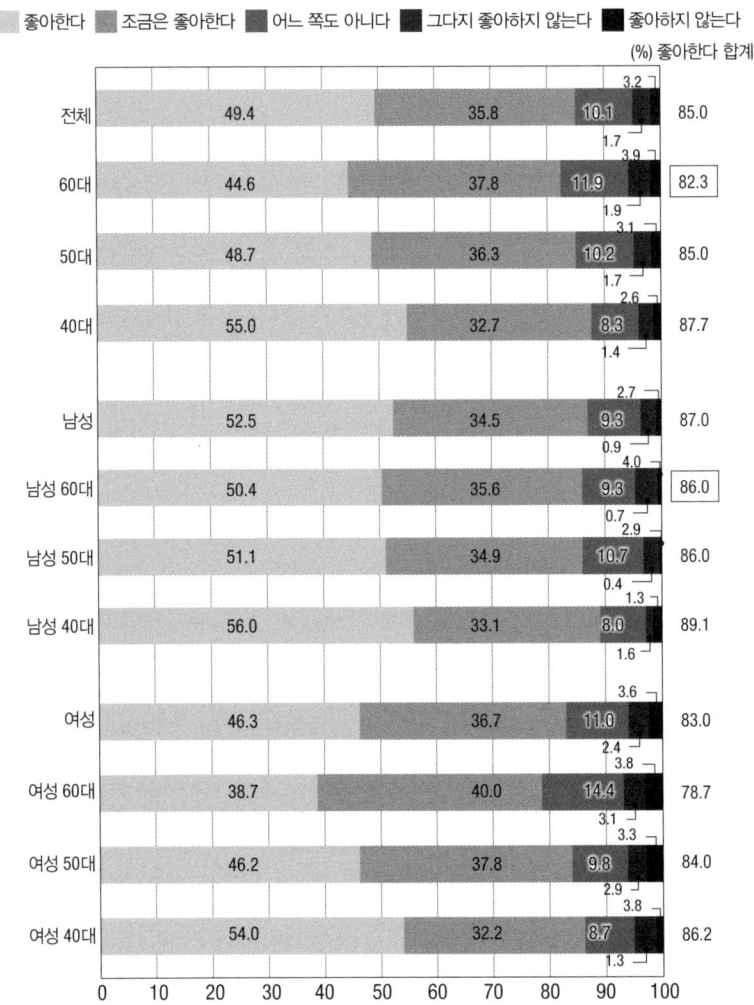

	좋아한다	조금은 좋아한다	어느 쪽도 아니다	그다지 좋아하지 않는다	좋아하지 않는다	좋아한다 합계(%)
전체	49.4	35.8	10.1	1.7	3.2	85.0
60대	44.6	37.8	11.9	1.9	3.9	82.3
50대	48.7	36.3	10.2	1.7	3.1	85.0
40대	55.0	32.7	8.3	1.4	2.6	87.7
남성	52.5	34.5	9.3	0.9	2.7	87.0
남성 60대	50.4	35.6	9.3	0.7	4.0	86.0
남성 50대	51.1	34.9	10.7	0.4	2.9	86.0
남성 40대	56.0	33.1	8.0	1.6	1.3	89.1
여성	46.3	36.7	11.0	2.4	3.6	83.0
여성 60대	38.7	40.0	14.4	3.1	3.8	78.7
여성 50대	46.2	37.8	9.8	2.9	3.3	84.0
여성 40대	54.0	32.2	8.7	1.3	3.8	86.2

출처 : 하쿠호도 새로운 어른 문화 연구소 조사, 2012년, 40~69세 남녀, 전국 2,700명 대상

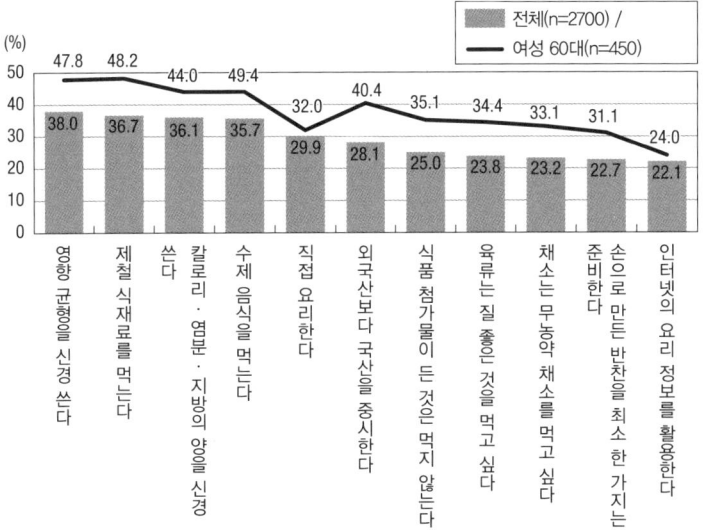

도표35 식사는 '영양 균형'과 '제철 식재료'으로

출처 : 하쿠호도 새로운 어른 문화 연구소 조사, 2012년, 40~69세 남녀, 전국 2,700명 대상

남성을 자주 볼 수 있다. 적당한 가격과 남자 혼자서도 들어갈 수 있는 부담 없는 분위기가 단카이·포스트 단카이 세대 남성과 잘 맞아서 텔레비전에도 나올 만큼 성황을 이루고 있다. 소박한 식사를 하는 고령자와는 전혀 다른 새로운 형태의 60대다.

이 세대가 '육식을 좋아하는' 이유 중 하나는 어렸을 때부터 '영양 균형'을 식사의 기본으로 배워 왔기 때문이다. 식생활에 관해 앞으로 실천하고 싶은 것이 무엇인지 물어본 결과, 40~60대의 전체 1위는 "영향 균형을 신경 쓴다."였다(도표35). 60대 난가이 세대는 학교 급식 세대로서 초·중학교 시절에 반드시 벽에 붙어 있는 영양 균형표를 보면서 급식을 먹었다. 그래서 육류·생선·채소를 골고루 먹는 경향이 있다.

물론 그렇다고 해도 나이를 먹으면 육류 소비량이 줄어들지 않겠느냐는 의문은 생길 것이다. 여성의 경우 특히 그런데, 역시 매일 두꺼운 스테이크를 먹을 수는 없다. 그러나 "육류는 많이는 못 먹지만 질 좋은 것을 먹고 싶다."라고 대답한 60대 여성이 34.4퍼센트에 이르렀다. 양에서 질로 전환이 일어나고 있는 것이다.

요컨대 고기라면 뭐든지 상관없는 것이 아니라 '맛있는 고기 요리를 먹고 싶은' 것이다. 그런 고기에는 검은 털 와규도 있고 마블링이 잘 된 고기도 있다. 마블링이 잘 된 고기는 지방분이 있지만 소량이라면 큰 문제는 되지 않는다. 돼지고기·닭고기도 먹고 싶다. 그리고 맛있는 고기를 다양한 요리법으로 먹고 싶어 한다. 불고기, 샤브샤브, 된장 절임 등으로 요리법을 확대한다. 카레나 스튜에 사용하는 고기도 푹 익힌 맛있는 고기이기를 바란다. 애초에 50·60대는 돈도 있고 시간도 있는 '돈과 시간 부자'들이다. 평균보다 조금 비싼 정도라면 많은 양을 먹지 않는 만큼 맛있는 고기를 먹고 싶어 한다.

최근 들어 의료 전문가들이 '신형 영양실조'를 지적하며 "요개호 상태가 되고 싶지 않으면 고기 요리를 드십시오."라고 권장하고 있다(《개호받기 싫으면 소박한 식사를 그만둬라 介護されたくないなら粗食はやめなさい》(구마가이 슈 熊谷修, 고단샤+α신서, 2011년 5월). '개호 예방을 위한 고기 요리'라는 개념은 지금까지 생각된 적도 이야기된 적도 없었다. 임상 사례가 축적된 결과 얻은 새로운 견지다. 고기 요리를 좋아하는 생활자의 기호

성과 의료 전문가의 추천은 결합하면 거대한 상승효과를 발휘한다. 어렸을 때부터 영양 균형 감각을 키워 온 60대 단카이 세대는 신형 영양 실조에 대한 경고에서 깨달음을 얻고 앞으로도 고기 요리를 계속 즐길 것이다.

'고기 요리를 좋아하는' 비율은 50대·40대도 거의 같은 수준이다. 즉, 60대가 고기 요리를 좋아하는 성향 또한 앞으로 10년, 20년 동안 계속되리라고 예상할 수 있다.

미식가 엘더

고기 요리뿐만 아니라 음식 전반에 대해 "당신은 먹는 행위에서 즐거움을 느끼십니까?"라고 물어본 조사에서는 60대의 91.3퍼센트가 "느낀다."라고 대답했다(도표36). 40대와 50대도 90.2퍼센트와 89.9퍼센트로 60대보다는 조금 낮지만 거의 같은 수준이다. 또 음식에 관해 앞으로 실천하고 싶은 일 2위는 '제철 식재료를 먹는 것'이었다(도표35). 특히 60대 여성의 경우는 '영양 균형'을 제치고 1위였다.

이것이 의미하는 바는 40~60대 전체의 미식 지향이다. 애초에 오늘날의 미식 지향의 직접적인 근원은 1980년대 초반의 제1차 미식 열풍이다. 당시 야마모토 마사히로山本益博 씨의 맛집 순위 책이 나와 하루키야, 마루후쿠 등 도쿄 오기쿠보의 라면집이 화제가 되면서 처음으로 남자의 요리가 유행했다. 그리고 그 유행을 이끈 주역이 당시 젊은 회사

도표36 60대 단카이 세대는 미식 세대

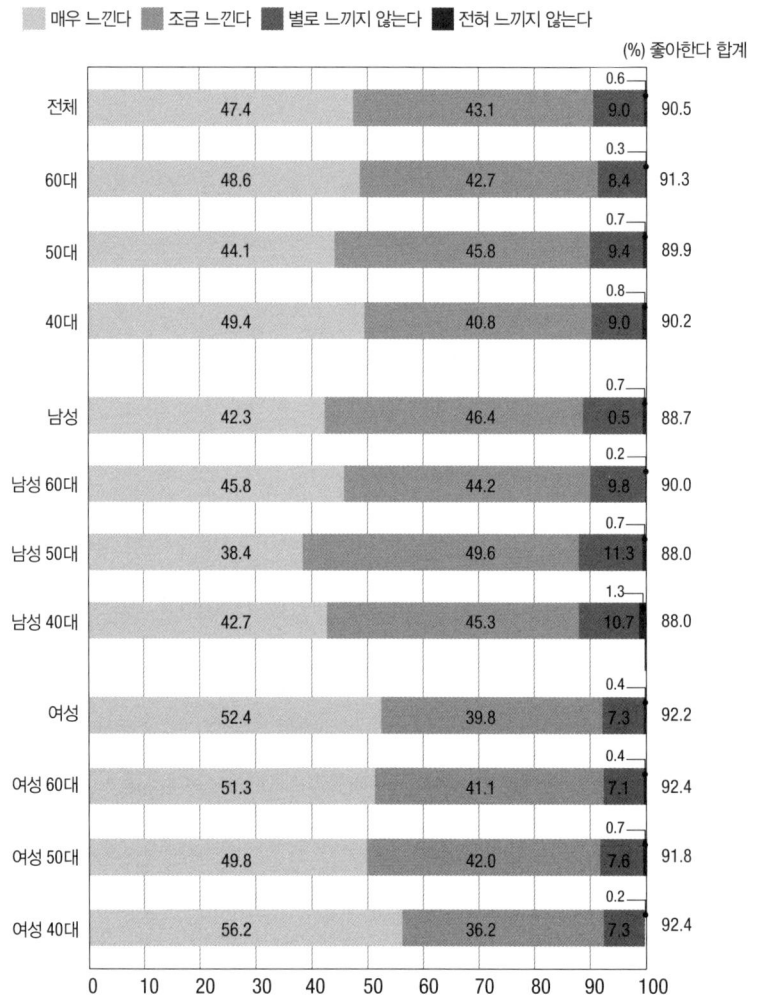

출처 : 하쿠호도 새로운 어른 문화 연구소 조사, 2012년, 40~69세 남녀, 전국 2,700명 대상

원에서 중견 사원이 되어 가던 단카이 세대였다.

그 후 잡지 〈Hanako〉가 창간되었다. 당시 여성 회사원들은 거리 전체를 엔터테인먼트의 대상으로 삼았고, 그 중심에 맛집 열풍이 있었다. 현재 50대로 뽀빠이-JJ(포스트 단카이) 세대와 신인류의 중간에 위치한 하나코 세대라고 불리는 여성들이다. 이 단카이 세대와 뽀빠이-JJ 세대, 그 뒤를 잇는 신인류와 버블 세대, 즉 현재의 60대·50대·40대는 미식 열풍을 중심적으로 이끈 세대인 것이다.

그래서 60대가 되어도 소박한 식사를 하게 되기는커녕 시간적으로나 금전적으로나 여유가 생긴 만큼 더더욱 미식가의 혼을 불태우려 한다. 실제로 롯폰기와 마루노우치, 니혼바시, 시부야 등 도쿄에만도 새로운 상업 시설이 속속 문을 열고 있으며, 이러한 추세는 전국으로 확대되고 있다. 그리고 그곳에는 맛있는 요리를 제공하는 레스토랑이 속속 생기고 있다. 이런 레스토랑의 고객층을 관찰해 보면 50·60대 여성 일행과 부부가 많다. 젊은 여성 회사원들이 줄을 서 있을까 싶었더니 50·60대 부부들이 길게 줄을 서 있었다.

아라카르트
미식이 시작되었다

그렇다면 가정에서의 식사는 어떨까? 40대부터 50대, 60대로 연령이 높아짐에 따라 아침과 점심, 저녁 모두 요리의 가짓수가 늘어난다. 이렇게 말하면 뭔가 착각한 것이 아니냐고 말하는 사람도 있겠지만, 실제 조사 결과다. 아침 식사의 경우, 40대에서는 2~3가지가 43.6퍼센트였지만 60대에서는 60.6퍼센트로 상승했다. 저녁 식사의 경우도 40대에서는 4~5가지가 27.9퍼센트였지만 60대에서는 46.4퍼센트로 크게 상승했다. 고령이 되면 '먹는 것이 줄어든다.'는 인식과는 전혀 다른 결과다. 이 숫자만을 보면 연령대가 높아질수록 '먹는 것이 많아진다.'고 할 수 있다.

왜 이런 결과가 나왔을까? 이것은 라이프 스테이지의 변화와 큰 관계가 있다. 40대에서 50대가 되면서 '회사원의 식사 패턴'과 '가족의 식탁'을 졸업한다. 즉 아침에는 짧은 시간 동안 아무거나 대충 입에 쑤셔넣고 급하게 집을 나섰다. 그리고 저녁은 밖에서 대충 해결하거나 집에서 먹더라도 아이들의 입맛에 맞춰서 햄버거나 카레로 때우기 일쑤였다. 그런데 이런 식생활이 변화한다. 자녀가 성인이 되거나 독립해서 아이의 입맛에 맞출 필요가 없어진다. 그리고 남편도 50대 중반부터 서서히 시간에 여유가 생긴다. 정년퇴직을 하면 아침에나 점심에나 저녁에나 집에 있게 된다. 아내도 육아를 마쳐서 부부가 함께 느긋하게 식사를 할 수 있다. 그래서 앞의 미식 지향과 결합해 '가정 미식'이라고 할 수 있는 현상이 일어나고 있다. 요컨대 음식의 가짓수가 늘어난다는 것은 작은 종지나 그릇에 여러 가지 요리를 담아서 즐긴다는 것이다.

앞에서 "먹는 것이 많아진다."라고 말했는데, 사실 요리 한 가지 한 가지의 양은 줄어들고 그만큼 '많은 종류'를 즐긴다. 아침 식사의 경우는 건강에 신경을 쓰면서 시간을 들여서 먹고, 특히 여성은 요구르트나 스무디 등을 먹는다. 저녁 식사는 크게 변화했다. 말 그대로 저녁 식사의 선술집화·레스토랑화이며 '아라카르트(프랑스어 '알 라 카르트 à la carte'에서 유래한 것으로 '식단에 따라서'라는 뜻이며, 손님이 식성에 따라 한 가지씩 마음대로 주문하는 요리를 말한다. - 옮긴이) 미식'이다. 맥주, 청주, 와인 등과 함께 식사를 즐긴다. 부부 단 둘의 식탁이므로 '어른 두 사람의 식사'다.

지금까지 미식은 밖에서 먹는 것이고 집에서는 가족식, 즉 자녀를 위한 식사가 중심이었다. 그런 의미에서 생각하면 드디어 일본에서도 '집에서 미식을 즐기는 어른의 식생활'이 본격적으로 시작되었다고 할 수 있다. 그리고 '미식'과 '간편한 음식'이 결합한다. 그들은 미식 세대인 동시에 컵라면이나 레토르트 식품·냉동식품을 본격적으로 이용하기 시작한 간편식 세대이기도 하다. 중국 요리를 위한 만능 조미료가 발매되어 본격 중국 요리를 집에서도 먹을 수 있게 된 세대다. 50·60대에서 고급 레토르트 식품이나 고급 냉동 만두가 날개 돋친 듯이 팔리는 한 가지 원인이기도 하다. 가공 식품과 수제 요리, 슈퍼마켓이나 편의점의 반찬을 효과적으로 조합해 아라카르트 미식을 즐긴다.

이러한 경향은 가공 식품·알코올음료·가전제품·편의점·슈퍼마켓·외식 산업 등 수많은 비즈니스와 관련이 있다. 그야말로 '새로운 어른의 식생활'인 것이다.

남자의 슈퍼마켓
· 남자의 요리

1980년대 초반의 미식 열풍 때 등장한 것이 '남자의 요리'였다. "남자여 주방에 들어가라."라며 면을 반죽해서 라면을 만드는 등 요리 솜씨를 겨뤘다. 이것이 정년 후에 소바 만들기를 즐기는 남성으로 이어졌는지도 모른다. 요리를 만드는 것이 즐거운지 묻는 조사에서는 40~60대 남성의 51.3퍼센트가 "즐겁다."라고 대답했다. 60대 남성의 경우도 48.4퍼센트로 그 윗세대와는 큰 차이가 있다. 그 윗세대는 현모양처가 사회 통념이었고 '남자가 주방에 들어가면 안 되는' 세대였다.

60대 남성이 모이면 의외로 '슈퍼마켓이 재미있다.'는 화제로 이야기꽃을 피운다. "제철 가다랑어가 있더라고."라든가, "카레는 뭐니 뭐니 해도 …." 같은 이야기다. 정년이 되어서 자동차로 아내를 슈퍼마켓까지 데리고 가고 점내에서 카트를 끌며 매장을 둘러보다 재미를 느낀 것이다. '카레도 꽤 여러 가지가 있구나.'라든가 '아하, 오늘 행사 품목은 참다랑어였군.' 같은 식이다. 그러는 사이에 자신도 아라카르트 미식 한두 품목을 카트나 장바구니에 집어넣게 된다. 그저 아내를 따라 슈퍼마켓에 가는 단계를 넘어서 점차 저녁 식사를 함께 준비하고 식탁에서 아내와 미식에 관한 이야기를 나누게 된다.

다만 점심식사 때는 남편이 홀로 남겨진다. 앞에서 이야기했듯이 아내가 친구들과 미술관이나 연극 관람 약속이 있기 때문에 점심은 알아서 챙겨 먹으라며 나가 버리는 것이다. 곤란해진 남편은 편의점에 가는데, 그곳에서 다양한 발견을 한다. 그래서 근처의 편의점에 가는 것도 하나의 즐거움이 된다. 아내가 없으니 아무 반찬이나 사 와서 쓸쓸하게 식사를 하는 것이 아니다. 물론 조금은 쓸쓸함도 있지만, 그렇다고 아무거나 사지는 않는다. 중요한 것은 '마음은 넉넉한 시간'을 보낼 수 있느냐, '작은 사치'를 부릴 수 있느냐다. 그럴 수 있다면 수십 엔이나 백 수십 엔 비싼 정도는 아무 것도 아니다. 편의점의 진열대에 진열되어 있는 반찬이라면 아무거나 상관없는 것이 아니다. 그야말로 '선택적 소비'다. 기업의 시점에서 보면 가령 수십 엔이나 백 수십 엔만 올려도 고수익으로 이어진다.

고급 슈퍼마켓
· 미식 특화 슈퍼마켓이 호조

이런 경향에 대응하고 있는 것이 고급 슈퍼마켓, 미식 식재료를 갖춘 슈퍼마켓이다. 일본의 고급 슈퍼마켓이라고 하면 '기노쿠니야'를 들 수 있는데, 그 뒤를 이은 슈퍼마켓이 호조를 보이고 있다. 그 대표적인 예가 '세이조이시이'로, GMS라고 부르는 대규모 종합 슈퍼마켓이 시행착오를 계속하는 가운데 호조를 유지하고 있다. 또 일본에서 슈퍼마켓이라는 업태를 개척해 온 다이에는 현재 이온의 산하가 되었지만, 2015년 6월에 다이에 아카바네점을 대대적으로 리뉴얼했다. 이 점포는 두근거림을 자아내는 '푸드 스타일 플로어'와 '도시형 슈퍼마켓 플로어'라는 두 플로어로 구성되어 있다.

이러한 슈퍼마켓들은 전부 '미식 지향'에 부응하는 식재료를 갖추고 있으며, 가족 등 다인수 세대보다 개인이나 부부 등 소인수 세대를 타깃으로 삼고 있다. 고급 슈퍼마켓은 당연하지만 가격대도 조금 높다. 이온 그룹은 GG(그랜드 제너레이션)라는 캠페인을 통해 새로운 유형, 즉 미식 지향이며 개인형 소비를 하는 50·60대에 대응하면서 그 밑의 40·30대에도 대응하고 있다. 이들이 기존의 패밀리 소비뿐만 아니라 독신 세대의 증가와 영원히 한 사람의 남성·여성이고자 하는 의식에서 오는 '새로운 어른 소비' 지향을 지니고 있기 때문이다.

맛있고 몸에 좋은 메뉴가 선택받는다

한편 '건강'은 어디로 갔을까? 분명히 '건강'은 중요한 요소다. 50·60대의 관심사와 미래의 불안 요소 모두 1위는 '건강'이다. 다만 문제는 그렇다고 해서 '건강 대응 식품'이 반드시 잘 팔리는 것도 아니라는 사실이다. 요컨대 식품에 관해서는 '맛이 첫째, 건강이 둘째'다. '건강'

은 매우 중요하지만 첫 번째 기준은 아니다. 광고 등에서 건강을 주된 포인트로 내세우면 의외로 효과가 좋지 않다. 식품의 경우는 '맛'을 전면에 내세워야 한다. 패키지를 예로 들면 앞면에서는 맛을 강조하고 뒷면에서 건강을 강조하는 것이 좋다. 그중에서 특히 건강을 배려해야 하는 것은 아침 식사다. 요구르트나 스무디 등 요즘 화제가 되고 있는 것을 도입하자. '맛있고 몸에 좋은' 메뉴가 선택받는다.

새로운 어른을 위한 음식 시장이 활성화된다

이런 경향은 60대부터 일어나고 있는 것으로, 기존의 '소박한 식사를 하는 고령자'와는 크게 다른 움직임이다. 또한 조사 결과에 나오듯이 50·40대도 60대와 같은 경향을 지니고 있다. 요컨대 이 경향은 앞으로 10년, 20년 뒤에도 지속될 것이다. 이것은 '새로운 어른의 식생활'을 향한 움직임이다. '육식 엘더' 그리고 '미식 엘더'는 밖에서의 '외식'과 집에서의 '아라카르트 미식'에 돈을 쓰고, 나아가 연령이 80대·90대가 되면 재택 소비도 늘릴 것이다. 물론 그때는 기존형 고령자를 대상으로 한 단순한 식사 배달 서비스에는 만족하지 못하고 '미식 배달 서비스'를 찾을 것이다. 싸고 더 많은 양의 음식에서 소량이지만 가짓수가 풍부하고 수익이 높은 음식으로. '새로운 어른을 위한 음식 시장'은 앞으로 10년, 20년에 걸쳐 지속적으로 형성되어 갈 것이다.

03

엔터테인먼트
'시대극을 좋아하는 고령자'에서 '엔터테인먼트를 즐기는 새로운 어른'으로

고령자의 오락은 텔레비전 시대극

지금까지 고령자의 오락이라고 하면 '텔레비전 시대극'과 '라쿠고'가 대표적이었다. 특히 텔레비전 시대극 '미토 고몬'은 고령자 오락의 금자탑이었다. 미토 고몬이 탐관오리를 벌주는 장면은 고령 시청자들에게 통쾌함을 선사했다. 미토 고몬은 텔레비전의 초창기에 최초의 텔레비전 드라마로서 에노모토 겐이치榎本健一, 1904~1970 주연으로 방송되었고, 이후 대인기를 끈 내셔널 극장 미토 고몬은 도노 에이지로東野英治郎, 1907~1994 주연으로 시작해 사토 고타로里見浩太朗에 이르기까지 42년이나 계속된 문자 그대로 장수 시리즈였다.

고령자라고 하면 고타쓰에 들어가 귤을 먹으면서 텔레비전을 보는 이미지가 있으며, 이것은 일본의 좋은 할아버지, 좋은 할머니상이기도 했다. 그리고 그 이미지 속에서 고령자들이 보는 텔레비전 방송이 바로 '미토 고몬'이었다. 그런데 그 고령자들에게 사랑받던 '미토 고몬'이 고령자 인구가 증가하고 있음에도 2011년을 마지막으로 지상파에서 모습을 감췄다. 이것은 '고타쓰에 들어가 미토 고몬을 보는 것이 인생의 즐거움'이라는 고령자의 이미지 자체가 크게 바뀌었음을 의미한다.

얼마 전까지만 해도 고령자는 시대극을 좋아한다는 것이 상식 중의 상식이었으며, 고령자와 시대극은 떼려야 뗄 수 없는 관계였다. 그런데 그 관계가 끝나 버렸다. 물론 시대극 자체가 없어진 것은 아니다. 콘텐츠로서는 계속 존재한다. 좀 더 참신한 시대극이 요구되고는 있지만 시토 고몬의 판에 박힌 전개가 보고 싶을 때도 가끔은 있다. 다만 이제 시대극은 다양한 콘텐츠 중 하나에 불과하며, '고령자=시대극'이라는 공식은 더 이상 통하지 않게 되었다.

현재의 60대부터는 '영화', '라이브', '미술관'도 즐긴다

현재의 50·60대는 제1차 텔레비전 키드로서 텔레비전과 친밀한 세대다. 이에 관해서는 제9절 '미디어'에서 자세히 다루겠다. 다만 엔터테인먼트라는 측면에서는 콘서트나 라이브, 미술관·박물관의 기획전 등을 즐기기 시작했다. 또한 '교습'도 이와 연농해서 변화하고 있다. 고타쓰 안에서 시대극을 즐기는 고령자와는 양상이 크게 달라지고 있다는 것이다.

60대 단카이 세대는 젊은이였던 1969년에 자신들의 손으로 나카쓰가와 포크 잼버리를 개최했다. 미국의 우드스톡 페스티벌보다 며칠 빠른 개최였다. 단카이 세대 젊은이들이 우드스톡 페스티벌에 앞서서 아마도 일본 최초였을 야외 페스티벌을 자신들의 손으로 성공시킨 것은 당시 젊은이들의 얼마나 선진적이었는지 말해 준다. 또 지금 50대 중반인 하나코 세대 여성들은 회사원 시절에 잡지 〈Hanako〉를 들고 도쿄를 거대한 엔터테인먼트의 무대로 바꿔 놓았다. 이들은 맛집, 라이브, 댄스를 즐기며 버블 경제기를 즐겼다.

50·60대가 되자 자녀가 독립하며 자신의 시간이 생겼다. 그리고 다소 금전적인 여유도 생겨 '돈과 시간 부자'가 되었다. 40대도 가족을 졸업하기 직전인 상태에 자녀에게도 신경 쓸 필요가 줄어들면서 한 사람의 남성·여성으로서 자신의 시간을 즐기려 하고 있다. 그들은 또한 거리에서 엔터테인먼트를 즐기려 하고 있다.

2014년 9월부터 2015년 1월까지 도쿄돔을 시작으로 오사카, 삿포로, 나고야, 후쿠오카에서 SMAP의 5대 돔 투어가 열렸는데, 공연장은 40대 이상의 여성들로 가득했다. 전체의 약 60~70퍼센트가 40대 이상 여성이었으며, 모녀가 매우 많았다. 주변을 둘러봐도 온통 모녀들이었다. 수명이 짧다는 것이 상식인 아이돌 시장에서 SMAP이 첫 음반을 내놓은 지 사반세기나 지난 현 시점에도 아이돌로서 제일선에서 활약할 수 있는 데는 이들 40대 이상 여성의 힘이 크다.

또 2015년 4월에 개봉되어 7월까지 상영된 기타노 다케시 감독의

'류조와 일곱 부하'는 관객 동원 120만 명에 흥행 수입도 14.5억 엔을 돌파하는 대성공을 거뒀다. 관객층은 중노년의 세계를 그렸다는 감독의 말도 있고 해서 50대+세대가 중심이었으며, 젊은 관객도 많았다.

50+세대가 즐기고 있는 엔터테인먼트는 1위가 '영화', 2위가 '책·만화', 3위가 '음악', 4위가 '스포츠', 5위가 '미술', 6위가 '연극·공연', 7위가 '테마파크', 8위가 '드라마·애니메이션 등'이었다. 여기에서도 스포츠 이외에는 전부 여성의 비율이 더 높다. 음악의 경우는 1위가 '팝', 2위가 '클래식', 3위가 '록', 4위가 '재즈', 5위가 '뉴뮤직'이었다. 여성의 비율이 높은 장르는 '클래식'이며, 팝은 거의 남녀의 비율이 같았다. 공연의 경우는 1위가 '연극', 2위가 '뮤지컬', 3위가 '가부키', 4위가 '라쿠고'로, 라쿠고 이외에는 여성의 비율이 높았다.

'여성 일행'뿐만 아니라 '남성'도, 그리고 '부부 단 둘'도

일본의 여성은 50대에 자녀가 독립하면서 육아를 졸업하고 남성보다 한 발 먼저 실질적인 정년을 맞이한다. 그리고 이때부터 친구 만들기에 들어가 그 친구들과 함께 엔터테인먼트를 즐기게 된다. 클래식이나 뮤지컬, 가부키는 그런 여성 친구와 보러 갈 때가 많다. 그런데 지금의 50·60대 단카이·포스트 단카이 세대부터는 남성도 엔터테인먼트를 즐기고 싶어 한다. 일례로 뉴뮤직의 경우는 남성 50대의 비율이 높다. 그리고 '영화 감상'이나 '팝'은 육아를 졸업한 '부부'가 함께 즐기기 때문에 남녀의 비율이 모두 높다. 이것은 앞에서도 말했듯이 단카이 세대부터는 '중매결혼'과 '연애결혼'의 비율이 역전되어 '연애결혼'이 주류가 된 것이 커다란 요인으로 보인다. 자녀가 독립하고 남편도 정년퇴직함으로써 다시 두 사람이 함께 외출할 수 있게 된 것이다.

물론 남편이 집에서 빈둥대기만 해서 아내가 불만이 많다거나 부부 사이가 삐걱대는 등 이 연령대 특유의 과제는 있다. 그러나 단카이·뽀빠이-JJ(포스트 단카이) 세대부터는 어떤 계기로 변화한다. 그 대부분은 남편이 그동안 아내에게 신경 쓰지 못했던 것에 대한 약간의 반성과 깨달음이다. 그런 반성과 깨달음을 기회로 젊었을 때처럼 다시 함께 외출을 하게 된다. 이제 '어른 두 사람'이 되어서 예전처럼 함께 즐기기 시작하는 것이다.

'라이브' 시장을 견인하는 새로운 어른 세대

그렇다면 엔터테인먼트를 어떤 방법으로 즐기고 있을까? 조사 결과를 보면 음악의 경우 1위가 'CD나 DVD를 구입한다.'이고 2위가 '콘서트나 라이브를 보러 간다.', 3위가 'CD나 DVD를 빌린다.'였다. 공연의 경우는 '극장에 간다.'가 압도적인 1위였다.

현재 CD의 매출 축소가 계속되는 가운데 '라이브'가 활발해지고 있는

데, 이러한 경향에 이 세대가 큰 역할을 담당하고 있는 것으로 보인다. 또 공연의 인기는 가부키자나 데이코쿠 극장, 닛세이 극장, 교토의 미나미자, 후쿠오카의 하카타자를 비롯한 전국의 극장을 지탱하고 있다.

음악은 스트리밍이 아니라 CD를 선호하는 것이 이 세대다. 2012년에는 CD 매출이 오랜만에 전년 대비 증가를 기록했는데, 이 해에는 마쓰토야 유미松任谷由実와 야마시타 다쓰로山下達郎의 베스트 앨범이 발매되었다. 볼륨존의 돈과 시간 부자들은 이렇게 소비 전체에 영향력을 발휘할 정도의 힘을 지니고 있다.

정년 직후부터 뜨겁게 움직인 단카이 세대

일본의 국토교통성은 수년에 한 번씩 교통 실태 조사를 실시한다. 수도권에서는 2010년에 마지막으로 실시되었는데, 그 조사 결과를 보면 이용 목적에서는 '업무'에 비해 '사적 이용'이, 이용 교통수단에서는 '철도'가 증가했고 연령별로는 '60대'가 증가했다. 은퇴한 60대 단카이 세대가 JR이나 도쿄메트로, 사철을 이용해 이동하게 된 것이다.

이것은 1947~1949년생인 좁은 의미의 단카이 세대가 2007년부터 2009년에 걸쳐 거의 은퇴한 상황이 반영된 것으로 보인다. 당시 단카이 세대는 정년퇴직을 하면 주식으로 한몫 잡은 다음 아내와 유럽 여행을 가겠다는 꿈을 꾸고 있었는데, 2008년의 리먼 쇼크로 그 꿈이 무너져 버렸다. 그러나 단카이 세대는 얌전히 집에만 틀어박혀 있지를 못한다. 그래서 JR이나 도쿄메트로, 사철을 이용해 도쿄 도내를 이동하기 시작했다. 그 목적지가 미술관이나 박물관, 영화관, 극장이다. 그곳에서는 많은 돈을 쓰지 않아도 충분히 즐길 수 있다. 분명히 거액의 단카이 소비는 일어나지 않았을지도 모르지만, 전체에 영향력을 발휘할 만큼의 '돈을 들이지 않는 행위'는 일어났다.

사실 단카이 세대에서는 앞에서 이야기했듯이 남성의 정년퇴직이 시작되기 전부터 자녀의 독립과 함께 실질적인 정년을 맞이한 50대 여성이 친구와 함께 미술관에 가거나 연극, 콘서트 등을 보러 다녔다. 그리고 이후 정년을 맞이한 남성도 여기에 가세했다.

엔터테인먼트를 중핵으로
소비가 확대된다

미술관, 영화관, 극장에 갈 때는 조금 멋을 내고, 즐긴 뒤에는 맛있는 레스토랑에서 친구나 배우자와 식사를 한다. 실제로 본 연구소의 조사에서는 외출할 때 "패션에도 신경을 쓴다."는 대답이 연극·공연 40.0퍼센트, 음악 34.3퍼센트, 미술 32.0퍼센트였고, "평소보다 조금 비싼 식사를 한다."라는 대답은 연극·공연 31.1퍼센트, 미술 33.7퍼센트, 음악 28.8퍼센트였다. 또 관련 상품이나 CD 등은 그 자리에서 구입했다(도표37).

SMAP의 5대 돔 투어의 관련 상품 판매장에는 머리를 노랗게 물들인 40+어른 여성들이 장사진을 이루었다. 엔터테인먼트는 패션이나 미식, 관련 상품의 구입에도 커다란 영향을 끼친다. '소비의 중핵'인 것이다. 연극을 볼 때가 가장 두드러지지만 음악이나 미술 감상을 할 때도 같은 경향이 있다. 미술 감상을 할 때도 관련 상품의 구입이 많아진다. 대낮에 도쿄의 데이코쿠 호텔을 가 보면 테이블에 앉아서 비싸 보이는 와인으로 건배하는 여성 일행을 종종 볼 수 있다. 데이코쿠 호텔은 데이코쿠 극장과 닛세이 극장 근처에 있다. 또 미술관 내부의 레스토랑도 최근 수년 사이 새로운 맛집으로 주목받고 있다. 일반적으로 이런 곳에는 30대 여성 회사원이 와서 식사를 한다는 이미지가 있지만, 실제로 가 보니 50

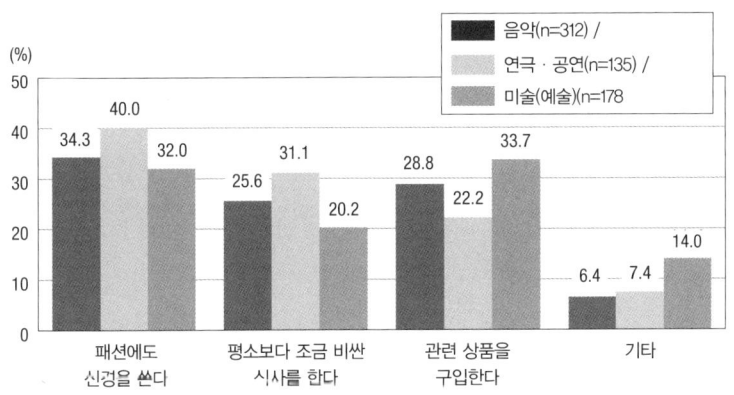

도표37 엔터테인먼트를 즐길 때는 멋을 내고 맛있는 음식을 먹고 상품을 구입한다

출처 : 하쿠호도 새로운 어른 문화 연구소 조사, 2013년, 40~69세 남녀, 전국 900명 대상

· 60대 여성으로 생각되는 일행이 많이 보였다. 중요한 점은 앞에서 이야기한 '평일 소비'를 그들이 만들어내고 있다는 것이다.

잔뜩 멋을 내고 영화 · 음악 · 연극 · 미술 등의 엔터테인먼트를 보러 간다. 그리고 관람 후에는 맛있는 레스토랑에서 식사를 한다. 이것은 사실 현재의 50 · 60대가 젊은이였을 때 보였던 행동 패턴이다. 60대 단카이 세대가 1960년대 후반에 일본의 젊은이 문화를 본격적으로 만들어냈을 때 수많은 젊은이가 데이트를 시작했으며, 대표적인 데이트 코스가 영화를 보러 갔다가 커피숍에 가는 것이었다. 그 후 젊은 회사원이 된 1980년 무렵에 최초의 미식 열풍이 불었고, 현재 50대 중반인 하나코 세대가 그 뒤를 이었다. 또한 현재 50대 초반에 접어드는 신인류, 현재 40대 후반이 된 버블 세대가 젊었을 때 그 힘이 정점에 이르렀다. 수많은 젊은이가 엔터테인먼트와 패션과 미식을 본격적으로 즐기기 시작한 세대가 현재의 50 · 60대인 것이다. '엔터테인먼트'는 소비의 중핵이었다.

50 · 60대가 되어서 자녀도 독립하고 시간과 돈에 여유가 생기자 다시 거리를 엔터테인먼트 공간으로 즐기고 있다. 젊었을 때는 커피숍에서 커피와 크림소다를 마셨지만 지금은 친한 친구와 또는 멋진 어른 두 명이 약간은 멋을 내고 맛있는 레스토랑에서 조금 비싼 음식을 즐길 수 있게 되었다. 인구 구조의 급격한 변화는 새로운 비즈니스를 만들 기회로도 작용한다. 어른이 즐길 수 있는 엔터테인먼트나 패션, 미식이 활성화될 가능성이 있기 때문이다. '엔터테인먼트'을 중핵으로 삼은 '새로운 어른의 라이프 스타일'이 다음 비즈니스를 개척한다.

단카이 소비가 불발이었다는 말을 들었던 시기에도 엔터테인먼트 소비는 꿈틀대고 있었다. 새로운 어른 세대의 엔터테인먼트 소비는 앞으로 더욱 활발해질 것이다.

세대 전체가
공유하는 것은 음악

지금까지 여러 차례 다뤘듯이 2014년부터 2015년에 걸쳐 롤링스톤스와 밥 딜런, 폴 매카트니 등 거물 아티스트가 일본에서 공연을 했고 전부 초만원을 기록했다. 현재의 50·60대에게 '음악'은 빼놓을 수 없는 요소다. 10년 정도 전에 단카이 세대와 50대를 대상으로 자신의 세대가 공유하는 말을 조사했을 때, 단카이와 베이비붐에 이어 '그룹사운드', '포크송', '비틀즈'가 순위에 올랐다.

그리고 2015년 3월에 같은 조사를 40~60대로 확대해서 실시했는데, 이번에도 같은 결과가 나왔다. 60대에서는 1위가 '포크송', 2위가 '단카이', 3위가 '비틀즈', 4위가 '그룹사운드'였고, 50대에서는 1위가 '서전 올스타즈', 2위가 '버블', 3위가 '유밍(가수 마쓰토야 유미의 애칭-옮긴이)', 4위가 '디스코'였다. 또 40대에서는 1위가 '버블', 2위가 '건담', 3위가 '서전 올스타즈', 4위가 '디스코'였다. 즉, 40~60대가 공유하고 있는 것은 '음악'이었다.

단카이 세대는 전부 제각각이기 때문에 작은 그룹으로 나눠서 파악해야 한다는 말을 종종 듣는다. 틀린 말은 아니지만 의외로 공톰점도 있는 것이 단카이 세대이며, 이것이 매스 마켓을 만들어 왔다. 그중에서도 가장 규모가 큰 시장은 '음악'이다. 당시의 부모 세대는 이해하지 못하는 문화였지만, 1960년대 후반에 라디오의 전화 신청 등을 중심으로 비틀즈를 비롯한 서양의 팝과 록, 일본의 그룹사운드, 포크송, 뉴뮤직이 젊은이들 사이에서 폭발적으로 확산되었다. 그리고 이것이 그 후의 J-POP으로 이어졌다. 연가·가요가 중심이었던 음악계가 크게 변화했다. 그리고 세대에 따라 인기 가수에 다소 차이는 있지만, 비틀즈나 롤링스톤스 등은 60~40대가 공통으로 들을 수 있는 음악이 되었다.

참고로 5위는 모든 세대에서 "전쟁을 모른다."였고, 40대의 2위가 건담, 50대의 6위가 울트라맨, 60대의 14위가 고지라인 것에서 알 수 있듯이 음악의 뒤를 잇는 공통적인 요소는 특촬·애니메이션 캐릭터였다. 또 40대와 50대의 4위, 50대의 12위에는 디스코가 올랐다. '음악을 즐기는 방법'에 관한 조사에서는 50대의 경우 1위가 'CD나 비디오·DVD 구입'으로 58.3퍼센트, 2위가 '콘서트나 라이브를 보러 간다.'로 56.7퍼센트였다. 한편 60대에서는 1위와 2위의 순위가 역전되어, 'CD나 비디오·DVD 구입'이 50.0퍼센트인 데 비해 '콘서트나 라이브를 보러 간다.'는 63.9퍼센트였다. 역시 정년퇴직을 해서 시간이 생기면 '콘서트나 라이브'를 보러 갈 수 있게 된다.

비틀즈가 그랬고 이후의 유밍도 그랬지만, 이 세대에게는 음악과 패션이 강하게 연결되어 있다(자세한 이야기는 필자의 저서 《50세를 넘긴 뒤에 더는 나이를 먹지 않는 46개 법칙(50歳を超えたらもう年をとらない46の法則)》(고

단샤+α 신서, 2014년 9월)을 참조하기 바란다). 즉 생활과 음악이 밀접하게 연결되어 있다. 따라서 직접적인 음악 관련 비즈니스뿐만 아니라 다른 업종에서도 음악을 활용하면 효과적이다. 그 좋은 예가 텔레비전 광고의 음악이다. 무알코올 맥주 광고에 흘러나온 '루즈의 전언'이나 '해변의 발코니' 등은 음악만으로 시청자의 마음을 사로잡았다. 또 선곡 방법에 따라서는 세대·연령대를 초월해 주목률이나 선호도를 높일 수 있다. BGM에서 광고 음악에 이르기까지, 그들의 '새로운 어른의 라이프 스타일'을 뒷받침하는 것은 음악이다.

듣는 쪽에서 주체적으로 연주하는 쪽으로

60대 단카이 세대부터는 듣는 쪽, 보는 쪽으로서의 엔터테인먼트뿐만 아니라 자신이 연주하거나 노래하는 엔터테인먼트가 된다. 이것은 젊었을 때 그런 것을 시작했던 세대였기 때문으로, 캠퍼스에서 둘러앉아 기타를 치고 노래를 불렀으며 그중에서 싱어송 라이터가 나타나기도 했다. 그리고 이것이 현재의 '아저씨 밴드'로 이어졌다.

단카이 세대를 이야기할 때 비틀즈가 많이 언급되지만, 그전에 벤처스도 있었다. 당시 중고생이었던 단카이 세대가 그들을 흉내 내면서 일렉트릭 열풍이 불었으며, 그때 익혔던 솜씨가 '아저씨 밴드'를 탄생시켰다. 그 후 비틀즈와 롤링스톤스를 거쳐 크림, 레드 제플린, 지미 헨드

릭스Jimi Hendrix, 1942~1970 등의 하드록으로 이어졌고, 한편에서는 밥 딜런과 피터, 폴 앤 마리 등의 포크에서 뉴뮤직으로 이어졌다. 형태도 밴드와 기타 치며 노래 읊기, 듀오 등으로 다양해졌다. 그리고 당시의 젊은이들은 50·60대가 되어 옛날에 쳐 봤거나 그때는 치지 못했던 기타를 다시 쳐 보려고 악기점으로 가서 깁슨이나 마틴을 사게 되었다.

50대 남성 음악 유닛인 '후지오카 후지마키'의 후지오카 씨는 인터뷰에서 "우리는 젊은이와 밴드를 결성할 수 있는 최초의 세대입니다."라고 말했다. '아저씨 밴드'의 다음은 '어른과 젊은이 밴드'다. 앞으로 엔터테인먼트를 통해 젊은이와 교류의 장을 만들어 나갈 50+세대가 기대된다.

그리고 '음악'은 40~60대에 걸쳐 세대가 공유하는 요소이며, 지금 이야기한 내용은 60대, 50대, 40대로 갈수록 점점 진화한다. 그 40대, 50대가 더 나이를 먹음에 따라 엔터테인먼트에 관한 이런 경향은 더욱 강해질 것이다.

'어른의 교습'이 소비를 자극한다

엔터테인먼트에서 시야를 넓히면 '어른의 교습'이 있다. 원래 문화교실은 어른, 특히 고연령 여성층을 중심 타깃으로 삼으며 교양 강좌가 일반적이었다. 이에 비해 최근의 경향은 실습형과 심화형이다. 실습형이란 단순히 배우는 것이 아니라 스스로 할 수 있게 되도록 만드는 강좌다. 야마하나 야마노 악기의 '어른의 음악 교실'이 그 전형적인 예다. '칠 수 있게 되도록. 불 수 있게 되도록'이 공감을 얻었다. 앞에서 이야기한 '자신이 하는 엔터테인먼트'라는 움직임에 부합했다.

쇼가쿠간 아카데미의 '그림 클럽'도 마찬가지다. 이것은 '나도 그림을 잘 그리고 싶다.'라는 욕망에 부응했다. 또 심화형으로는 지적이고 고상한 취미를 깊게 즐기는 미쓰코시이세탄 홀딩스의 'OTOMANA'가 있다. 그리고 양쪽을 겸하는 것으로는 개인 지도를 해 주는 트라이의 '어른의 가정교사'가 있다.

진화형으로는 2015년 10월 avex가 설립한 '즐길 줄 아는 어른을 창조하는' 새어른 연구소 'avex Life Design lab'이 있다. 이곳에서는 히트곡을 만들어내고 있는 작곡가가 작곡을 가르쳐 주는 교실, 연극인이 연기를 가르쳐 주는 교실 등 창작 활동을 지도하고 있다. 단순한 강좌가 아니라 '카페'에서 배우는 스타일이어서 부담 없이 발표도 할 수 있다. '카페'에서는 저녁 시간대에 강사와 학생이 음료수를 한손에 들고 하나가 되어서 정보를 발신하는 것도 지향하고 있다. 위치는 도쿄 하라주쿠의 다케시타 거리로, 젊은이 문화의 중심지에서 '새로운 어른 문화'를 만들어내려 하고 있다.

이런 '어른의 교습'은 비즈니스를 만들어낸다. 클럽 투어리즘은 여행 회사이면서도 '배움'을 중시해서 '여행 문화 대학'이라는 문화 교실을 운영하고 있다. 이곳에는 그림, 댄스, 음악 등 다양한 강좌가 있다. 스케치, 회화, 디지털카메라, 어학 등은 여행과의 상승효과를 기대할 수 있다. 현재 클럽 투어리즘은 증수 증익을 지속하고 있으며, 야마하와 avex, 미쓰코시이세탄 홀딩스도 본업과의 상승효과를 기대할 수 있을 듯하다.

새로운 어른은 배우고 끝이 아니라 배운 것을 자기 나름대로 활용하고 싶어 한다. 바로 여기에 비즈니스의 커다란 기회가 숨어 있다.

04
건강
'병원에 다니는 고령자'에서
'예방·안티 에이징·건강 관리를 하는
새로운 어른'으로

고령자는
건강 불안·질병 치료

　건강은 누가 뭐래도 고령자 시장의 중심이었다. 상품을 예로 들어도 '성인용 종이 기저귀', '틀니 세정제', '빈뇨 개선제', '노안용 안경', '매달리기 건강 기구' 등 대표적인 고령자용 상품은 대부분 건강 관련 상품이었다고 해도 과언이 아니다. 그리고 이 가운데 예방을 위한 상품은 '매달리기 건강 기구'뿐이며, 그 밖에는 하루 종일 침대 신세를 지게 되었거나 이가 빠져서 틀니를 했거나 빈뇨·잔뇨 현상이 나타났거나 노안이 되었을 때 등의 증상에 대한 대응 상품이거나 개선제다. 고령기가 되어 나타나는 이런 증상은 어쩔 수가 없으며 받아들이는 수밖에 없었다.
　본 연구소에서 50대 이상을 대상으로 불안한 증상이 무엇인지 조사한 결과 상위 3위는 요통과 높은 콜레스테롤 수치(지질 이상증), 높은 혈압(고혈압증)이었고, 암과 뇌혈관 장애(뇌경색, 뇌혈전, 뇌출혈 등), 심장 기능 질환(협심증, 심부전 등), 눈앞이 흐려짐(백내장), 비뇨 장애, 위와 장의 궤양, 골밀도 저하(골다공증), 관절염과 류머티즘, 당뇨병, 간 기능 저하(간염)가 그 뒤를 이었다.

지금까지는 이런 불안이 있어도 별다른 행동을 하지 않다가 증상이 나타나면 그때서야 병원을 찾아가는 것이 보통이었다. 기존에는 50대에 그런 증상이 나타나면 조용히 살자, 나이가 나이니 어쩔 수 없지, 병원에 가자고 생각했다. 고령기가 될수록 그런 경향이 강해졌다.

지금까지 고령자 비즈니스라고 하면 의료가 반드시 언급되었던 이유는 개호와 함께 고령기의 생활비에서 가장 큰 비중을 차지했기 때문이다. 고령 생활자의 커뮤니티로 자주 화제에 올랐던 곳도 병원 대합실이다. 병에 걸린 고령자가 병원으로 몰려들면서 대합실이 커뮤니티가 되었다.

고령기의 증상을 어떻게든
해소하고 싶어 하는 새로운 어른

이에 비해 현재의 50·60대는 증상을 어떻게든 해소하고 싶어 한다. 요통이나 관절염 증상이 생기면 마사지를 받거나 침을 맞으러 가고, 건강보조식품을 먹는다. 고령기이니 어쩔 수 없다며 포기하는 것이 아니라 어떻게든 치료하려 한다. 고혈압이나 당뇨병의 경우도 기능성 음료를 마시기도 하고, 건강 진단에서 주의가 필요하다는 결과가 나오면 그 시점에 의사와 상담하거나 필요한 대처를 한다. 어쩔 수 없다고 포기하는 것이 아니라 뭐라도 해 보려고 한다.

물론 완벽하게 예방하기는 불가능하다. 다시 한 번 말하지만, 누구나 나이를 먹으면 한두 가지 증상은 경험하기 마련이다. 그러나 가능하면 예방하고 싶어 하고, 설령 병에 걸렸더라도 어떻게든 치료하고 싶어 한다. 똑같이 병원에 가더라도 어쩔 수 없다고 생각하며 다니는 것과 하루라도 빨리 낫고 싶다고 생각하며 다니는 것은 결과에 차이가 있다. 다소의 병은 어떻게든 치료해서 계속 친구나 동료, 혹은 배우자와 외출하고 싶어 한다.

암 수술을 받은 뒤에 산소통을 끌고 지방에서 상경해 동창회에 참석하던 필자의 친구가 있었다. 모두가 기쁘게 반겼음은 말할 필요도 없다. 다들 왠지 그 친구가 기운이 넘친다고 생각했다. 굳이 산소통을 끌고 도쿄까지 와서 동창회에 참석할 필요는 없지 않느냐고 생각할지 모르지만, 산소통을 끌고 다니는 자신의 처지를 웃어넘길 수 있는 편이 회복도 빨라진다.

여러 가지 증상이 있더라도 어떻게든 해결하고 싶어 하는 사람이 많아지면 건강 분야의 시장은 확대된다. 가급적 병에 걸리기 전에 '예방' 하고 싶다. 만에 하나 병에 걸리면 하루라도 빨리 치료하고 싶다. 또한 '안티 에이징'을 통해 가급적 지금의 몸 상태를 유지하거나 가능하면 조금이라도 젊어지고 싶다. 이런 마음이 비즈니스를 활성화시킨다.

성인용 종이 기저귀 시장은
이미 유아용을 넘어섰다

'건강'은 50+세대에서 최대의 불안 요소이며 관심사이기도 하다. 앞에서 이야기했듯이 정년 후의 불안 요소 1위는 몇 번을 조사해도 '건강'이었다(도표11, 69페이지). 그 불안의 끝에는 암·심근경색·뇌졸중의 '3대 질병'과 고혈압·당뇨병 등의 '생활 습관병', '개호'가 있다.

그리고 개호의 덕을 보고 있는 시장으로 '성인용 종이 기저귀'가 있다. 이 시장은 개호와 함께 크게 성장해 왔다. 사실은 이미 유아용 종이 기저귀 시장 규모를 웃돌게 되었는데, 그 한 가지 요인은 '경실금 라이너 패드'다. 개호뿐만 아니라 50대 이상 여성의 경실금 니즈에 부응한 결과 시장이 확대된 것이다. 외출할 기회가 늘어난 것도 관계가 있다. 현재의 50·60대는 종종 외출을 하므로 경실금 라이너 패드가 필요하다. 앞으로는 타깃을 남성까지 확대하면서 '성인용 기저귀'를 지향할 것이다.

외출할 때나 여행할 때 등 좀 더 일상적인 용도에 가까워지면서 시장은 더욱 확대될 것이다. 인구 구조의 변화와 함께 엘더 시장이 확대되는 것은 개호 분야에만 해당되는 이야기가 아니다. 요개호자의 비율은 요지원까지 포함해도 16.7퍼센트다. 나머지 82.4퍼센트의 건강 시장 또한 크게 확대될 것이다.

건강은 최종 목표가 아니라 수단이었다

시니어를 타깃으로 한 '건강' 시장은 절대 실패하지 않을 것처럼 생각되었다. 지금까지 고령자 비즈니스, 시니어 비즈니스라고 하면 판에 박은 듯이 '건강', '개호'가 언급되었다. 그런데 앞에서도 이야기했듯이 최근 10년 사이에 출판과 식품을 비롯해 수많은 비즈니스가 건강을 앞세워 시니어에게 접근했지만 반드시 성공한 것은 아니었다. 그 이유는 무엇일까? 그 요인을 조사하면 앞으로의 길이 보일 것이다.

건강에 관해 조사한 결과, "건강을 유지해 지금의 생활을 유지하고 싶다."는 대답이 84.8퍼센트를 차지했다. 당연하다면 당연한 결과다. 그런데 "지금의 건강을 향상시켜 더욱 충실하게 살고 싶다/즐겁게 살고 싶다."는 대답도 78.9퍼센트에 이르렀다. 이것은 무엇을 의미할까? 건강은 최종 목표가 아니라 수단이라는 것이다. 요컨대 최종 목표는 어디까지나 '더 충실하게 살고 싶다/즐겁게 살고 싶다.'이며, 건강은 이 목표를 이루기 위한 수단이다.

여기에서 기업과 소비자의 의식 차이가 발생한다. '건강'을 주제로 한 '시니어 잡지'가 성공하지 못하는 이유는 독자가 원하는 것이 '건강'을 주제로 한 잡지가 아니기 때문이다. 그들이 원하는 것은 '더 충실하게 살기/즐겁게 살기'가 주제이며 그 수단으로서 건강을 다루는 잡지다. 실제로 엘더 잡지로서 성공한 삽시는 패션이나 취미, 혹은 요리·원예 등을 주로 다루면서 건강도 다루는 잡지다. 여성 패션지인 〈HERS〉, 〈eclat〉, 〈어른의 멋내기 수첩〉, 생활 정보지인 〈이키이키〉(halmek)가 그 대표적인 예다.

이것은 수많은 비즈니스에 기회를 제공한다. 식품 항목에서도 말했지만, 식품 분야에서는 먼저 맛있는 ○○산 식재료이면서 아울러 염분 사용을 줄였을 때 소비자의 선택을 받는다. 스포츠웨어의 경우, '더 충실하기 산다/즐겁게 산다.'는 관점에서 패션성과 기능성이 결합된 상품을 원한다. 그 예가 패션성과 기능성을 모두 갖춘 워킹웨어나 워킹슈즈, 골프웨어나 기어, 테니스웨어나 라켓·슈즈다. 또한 비거리가 늘어나는 골프 플럽도 좋은 예다.

60대 단카이 세대가 30세 전후의 뉴패밀리였을 때 테니스 열풍이 불었는데, 그때 종종 나온 이야기가 "겉모습부터 시작한다."였다. 요컨대 도구부터 갖추고 시작하는 패션으로서의 테니스였던 것이다. 그들은 유명 브랜드의 옷과 신발, 라켓을 갖춘 다음 연습을 시작했다. 특히 앞으로는 모녀 고객을 타깃으로 삼은 기능성과 패션성이 우수한 워킹슈즈, 워킹웨어가 시장성이 있을 것이다.

'대나무 밟기'에서 '피트니스 클럽·요가'로

최근까지 고령자를 타깃으로 삼은 통신 판매 상품이라고 하면 앞에서도 언급한 '매달리기 건강 기구'가 대표적이었다. 또 고령자라고 하면 '대나무 밟기'였고, 얼마 전에는 '홍차 버섯'이 크게 유행했다. 그런데 현재 이런 상품들은 어느 새 자취를 감춰 버렸다.

현재의 50·60대 여성이 관심을 보이는 것은 커브스로 대표되는 피트니스와 요가 교실이다. 커브스의 핵심은 3M, 즉 '노 메이크업·노 맨·노 미러'다. 요컨대 맨얼굴로 부담 없이 올 수 있고, 남성의 시선이나 거울에 비친 자신의 모습을 의식할 필요도 없다는 것이다. 이곳은 현재 40~60대 여성의 마음을 사로잡아 대히트를 기록하고 있다. 지인 중에 "들으면 웃으실지 모르겠지만, 저 요즘 요가를 하고 있어요."라고 말하는 약간 통통한 50대 여성이 있다. 몸매에 자신이 없어 거울 앞에 서고 싶지는 않지만 그렇기 때문에 더더욱 피트니스나 요가를 하고 싶다는 것이 40~60대 여성의 심리다.

50·60대 남성이 가는 곳은 뭐니 뭐니 해도 피트니스 센터다. 60대 후반의 나이로 파워 트레이닝을 하고 있는 단카이 남성이 있다. 그 50·60대 남성이 지향하는 것은 배에 왕자가 새겨진 모습이다. 얼마 전까지만 해도 60대라고 하면 할아버지라는 인식이 있었다. 배에 왕자를 새기려 하는 할아버지는 없었다. 이것은 커다란 변화다. 60대에 배에 왕자가 새겨진 모습은 대단하지만, 잘 살펴보면 주름진 부분도 보인다. 하지만 본인은 완벽하다고 생각하니 다른 사람이 굳이 이러쿵저러쿵 말할 필요는 없다.

스포츠는
워킹과 골프

스포츠에 관해 물어보면 40~60대의 절반이 넘는 52.4퍼센트가, 60대의 경우는 62.1퍼센트가 무엇인가 스포츠를 하고 있다고 한다. 건강에 대한 의식이 높아지고 정년퇴직 후 시간이 생긴 것이 수치가 상승한 요인으로 생각된다. 취미와 마찬가지로 스포츠도 개인의 취향에 따라 다양하지만, 그중에서도 독보적인 1위는 '워킹'이다. 남성 60대의 경우 40.7퍼센트나 된다. 또 50·60대 남성의 경우는 '골프'의 순위가 조금 높은데, 이는 회사에서 했던 접대 골프의 연장선상으로 생각된다.

히트한 것은
'안티 에이징'

지금까지 나이스 에이징·액티브 에이징 등 다양한 명칭이 등장했는데, 결국 가장 대중화된 명칭은 '안티 에이징'이었다. 이 명칭의 적절성에 관해서는 지금도 논란이 있지만, 결국은 '안티'라는 강한 표현의 파급력이 가장 강력했다. 그 다음으로 많이 쓰이는 명칭은 '에이징 케어'이며, 여기에는 노화를 어떻게든 관리하고 싶다는 심리가 담겨 있다.

앞에서 이야기했듯이, 40~60대를 대상으로 "50대에도 청바지가 잘 어울리는 멋진 어른이고 싶습니까(어른이 되고 싶습니까)?"라고 물어본 결과 60퍼센트가 "그렇다."고 대답했다. "몇 살이 되더라도 젊은 모습으로 살고 싶습니까?"라는 질문에도 64.5퍼센트가 "그렇다."고 대답했으며, 60대로 한정할 경우도 63.4퍼센트였다(도표15, 119페이지). 통상적인 조사에서는 "지금 실제로 그러합니까?"라고 묻기 때문에 '절반쯤 포기'인 사람이 다수파로 나타나지만, 그들은 '어디까지나 절반만 포기했을 뿐, 사실은 이러이러하고 싶다.'고 생각한다.

중요한 것은 이러한 생활자의 본심이다. 이런 본심이 있기에 안티 에이징 화장품이 이렇게 인기를 모으고 있으며 새로 참여하는 사업자도 늘고 있는 것이다. 최근에는 단순한 안티 에이징이 아니라 나이 든 모습을 적절히 커버해 주는 화장품도 등장했다.

화장품과 함께 인기를 끌고 있는 또 하나의 상품으로 건강보조식품이 있다. 코엔자임Q10을 비롯해 참깨 계열이나 식초 계열, 태반 등 다양한 건강보조식품이 등장하고 있으며, 특히 텔레비전 통신 판매 시장이 호황을 보이고 있다.

드럭스토어에서
디지털 헬스 케어로

앞에서 소개한 조사에서 '손을 쓰고 싶은 대상'의 4위는 '질병·노화 예방'이었고 7위는 '건강·젊음의 유시·항싱', 8위는 '질병·노화에 대한 대처'였다(도표33, 213페이지). 즉, 현재의 40~60대는 질병과 노화를 '예방'하고 싶어 한다.

예방과 관련된 시장으로는 피트니스 센터나 요가 교실 등의 스포츠 클럽, 워킹이나 골프 등의 스포츠가 있다. 또한 '예방'의 시작은 '음식'이다. 여기에는 기능성 음료나 요구르트가 있다. 그리고 건강과 안티 에이징은 서로 연결되어 있으므로 건강보조식품과 의약품, 화장품도 포함된다. 그런 의미에서 건강과 안티 에이징을 모두 취급하는 드럭스토어는 생활자의 양쪽 니즈에 부응한다. 드럭스토어는 앞으로 '거리의 자가 치료, 안티 에이징의 거점'이 될 수 있다. 다만 한편에서는 통신판매 상품이 상당히 증가하고 있기 때문에 셀프 판매만으로는 한계도 있을 듯하다.

의사에게 찾아가기 전에 상담도 구할 수 있게 된다면 향후 잠재력이 있을 것이다. 얼마 전까지만 해도 약국은 병원에 가기 전에 뭐든지 상담할 수 있는 장소였다. 드럭스토어에는 그 기능이 더욱 요구된다. 부담 없이 '상담'할 수 있는 것이 앞으로의 성장을 좌우할 핵심 요소다. 또 패밀리마트가 시작했듯이 편의점과 드럭스토어가 합체한 업태도 한 가지 선택지다(〈닛케이 비즈니스〉, 2015년 7월 13일).

제1장 제5절의 '엘더의 불안 요소와 3대 자본'에서 이야기했듯이, '건강관리'와 '예방'에 미래의 기회가 있다. 대나무 밟기를 하던 시절의 고령자는 '건강을 불안해하는' 고령자였지만, 이제 '건강관리를 하는 새로운 어른'으로 전환되려 하고 있다. 디지털 도구도 몸에 부착해서 건강관리를 할 수 있는 방향으로 진화하고 있다. 이런 것도 포함한 평생 건강관리에 커다란 기회가 있다. 대상 고객은 현재의 40~60대

거의 전부이므로 건강관리 분야는 커다란 가능성을 지니고 있다.

항抗가령 의료와
성장 전략

일본의 선진 의료는 예방 분야에서 다양한 노력을 진행하고 있다. 전 세계에서 고령화가 진행되고 있다는 것은 일본의 의학과 의료 기술이 세계에 영향력을 지닐 수 있음을 의미한다. 거대한 비즈니스 기회이기도 하다. 유도만능줄기세포(iPS 세포) 기술은 그중에서도 커다란 가능성을 숨기고 있다.

또한 앞으로는 안티 에이징 의료에 더 큰 기회가 숨어 있을 것이다. 일본 항가령 의학회는 다양한 분야의 전문 의학자와 의사를 모아서 오랜 기간 연구를 진행하고 있다. 학회 홈페이지에 따르면 "항가령 의학(안티 에이징 의학)이란 가령加齡이라는 생물학적 과정에 개입해 가령에 동반되는 동맥경화나 암 같은 가령 관련 질환의 발생 확률을 낮춤으로써 건강 장수를 지향하는 의학이다."라고 한다.

안티 에이징이라고 하면 흔히 화장품을 떠올리기 쉬운데, 의학을 이용하면 인간의 몸을 좀 더 본질적인 부분에서 크게 개선할 가능성이 있다. 이미 안티 에이징을 위한 건강 진단도 진행되고 있다. 병에 걸리면 어떻게 할 것인가, 요개호 상태가 되면 어떻게 할 것인가뿐만 아니라 앞으로는 예방 의료도 요구된다. 지금까지 소개했듯이 생활자, 특히 60대 단카이 세대 이후는 그것을 요구하고 있다. 단카이 세대는 인구 규모에서 최대이며 40~60대의 각 연령대도 같은 지향성을 지니고 있으므로 앞으로 10~20년 동안 커다란 규모의 니즈가 지속될 가능성이 높다.

생활자가 인생의 마지막까지 활기차고 건강하게 생활한다. 그리고 이를 위해 의료가 온힘을 다한다. 마지막까지 건강하게 살기를 바라는 생활자가 균등하게 의료의 혜택을 받게 된다면 일본의 성장 전략이 될 것으로 생각한다. 그 니즈는 단카이 세대에서 뽀빠이-JJ(포스트 단카이) 세대, 신인류, 버블 세대로 갈수록 높아지므로 10~20년 동안 계속되는 거대한 성장 전략이 된다. 이 항가령 의료에 관해서는 이번 5장 제6절에서도 의료 투어리즘과 함께 자세히 소개토록 하겠다.

05

개호
'개호 불안 고령자'에서
'개호 예방과 개호 공조의 기수'로

<u>이불에 걸려 넘어져
요개호 상대가 되기 일쑤였던 기존의 고령자</u>

지금까지 수없이 언급했듯이, 현재 요개호 인구의 비율은 요개호가 12.8퍼센트, 요지원까지 포함하면 17.6퍼센트다. 75세 이상 후기 고령자의 경우는 요지원까지 포함했을 때 31.3퍼센트가 된다(후생노동성 '개호 보험 사업 상황 보고' 연보에서 산출).

요개호의 2대 요인은 '뇌혈관 장애'와 '골절·넘어짐과 관절 질환'이다. 이 가운데 뇌혈관 장애는 여전히 비중은 높지만 감소 추세라고 한다. 한편 골절·넘어짐과 관절 질환은 로코모티브Locomotive신드롬(운동기 증후군)에서 유발되며, 운동 기능의 저하가 그 요인이다.

일본 정형외과 학회는 로코모 챌린지 캠페인을 통해 예방에 힘을 쏟고 있다. 넘어지는 사고 중 의외로 많은 것이 이불 모서리에 걸려서 넘어지는 사례다. 그만큼 운동 기능이 저하되었기 때문이다. 현재 75세 이상은 개호가 사회적으로 커다란 문제가 되기 이전에 고령기를 맞이한 사람들이다. 소금 섭취량을 줄이자는 이야기는 전부터 있었지만 개호 예방이라는 개념이 없었던 탓에 충분한 관리에는 이르지 못했다. 특히 운동 기능에 관해서는 어느 정도의 연령이 되면 하체가 마음대로 움직이지 않게 되는 것을 자연의 섭리로 생각해 오지 않았을까? 고령기가 되어서 주위에 요개호자가 늘어나는 것을 보고 막연한 불안감을 품은 채 살다가 자신도 넘어져서 요개호 상태가 된다. 또 노노 개호로 배우자를 개호하기 위해 다소 무리하다가 자신도 요개호 상태가 되는 사례 또한 많다.

60대 단카이 세대부터는 개호 예방

현재 60대인 단카이 세대가 75세가 될 시점에는 요개호 인구의 비율이 어떻게 될까? '요개호 상태가 되지 않기 위해 평소에 신경 쓰고 있는 것/실행하고 있는 것'을 조사한 결과, 40~60대의 72.0퍼센트가 무엇인가 구체적인 노력을 하고 있었다. 특히 개호가 눈앞으로 다가온 60대의 경우는 80퍼센트 이상인 83.2퍼센트가 구체적인 노력을 하고 있음을 알 수 있었다(도표38).

2000년에 개호 보험 제도가 시작된 이래 15년이 흘렀다. 60대 단카이 세대는 부모를 개호하고 개호가 사회의 과제가 되는 것을 지켜보는 가운데 개호를 예방해야 한다는 의식을 키워 왔다.

'개호 예방'은 요지원 또는 요개호도가 아직 낮은 단계인 사람의 요개호도가 진행되지 않도록 예방한다는 의미로, 개호 보험 제도 속에도 도입되어 있다. 인구의 볼륨존인 단카이 세대가 개호 예방을 위해 노력하기 시작했다는 것은 의료 개호비의 증가 경향에 제동을 걸 가능성이 있다. 앞으로 '개호 예방 비즈니스'가 꽃을 피운다면 소비세 증세도 억제할 수 있을지 모른다. 젊은 세대에게 과도한 부담을 짊어지우지 않게 될 가능성이 있다. 그 결과 소비 증세를 억제할 수 있다면 비즈니스의 측면에서도 그만큼 고마운 일은 없다.

이 '개호 예방'이 예전과는 크게 다른 변화다. 40~60대의 경향이 거의 같다는 것은 50대, 40대에서도 '개호 예방'이 계속될 가능성이 높다는 의미이기 때문에 앞으로는 개호 비즈니스에서 '개호 예방'이 최대의 비즈니스가 될 가능성이 있다.

조사 결과를 보면 40~60대 전체에서나 60대에서나 1위는 '건강 진단'이다. 2위는 '적당한 운동으로 몸을 움직이려 하고 있다.'이고, 3위는 '산책 등 걸으려 하고 있다.'이다. 자발적으로 로코모 챌린지를 실천하고 있다.

이렇게 생각하면 건강 진단과 피트니스 클럽의 조합, 즉 '메디컬 피트니스'의 가능성이 넓게 펼쳐진다. 실제로 병원이나 노인 보건 시설이 피트니스 클럽을 사들여 병설하거나 피트니스 클럽이 의사 또는 전문가를 상주시키는 시도가 시작되었다.

도표38 지금의 60대는 개호 예방을 실행하고 있다

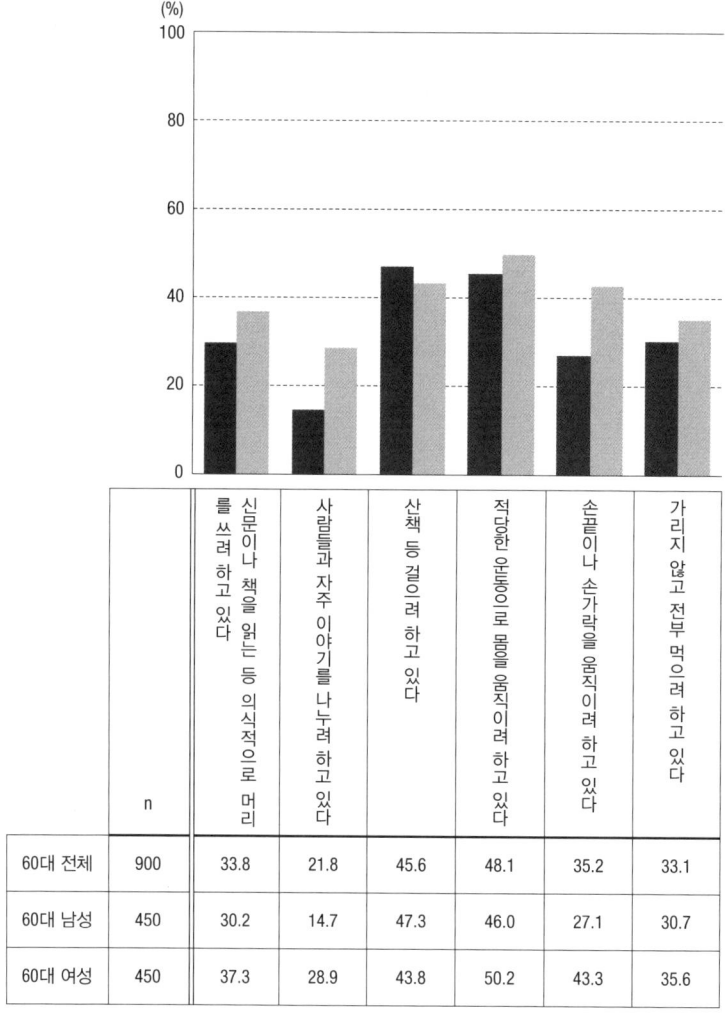

	n	신문이나 책을 읽는 등 의식적으로 머리를 쓰려 하고 있다	사람들과 자주 이야기를 나누려 하고 있다	산책 등 걸으려 하고 있다	적당한 운동으로 몸을 움직이려 하고 있다	손톱이나 손가락을 움직이려 하고 있다	가리지 않고 전부 먹으려 하고 있다
60대 전체	900	33.8	21.8	45.6	48.1	35.2	33.1
60대 남성	450	30.2	14.7	47.3	46.0	27.1	30.7
60대 여성	450	37.3	28.9	43.8	50.2	43.3	35.6

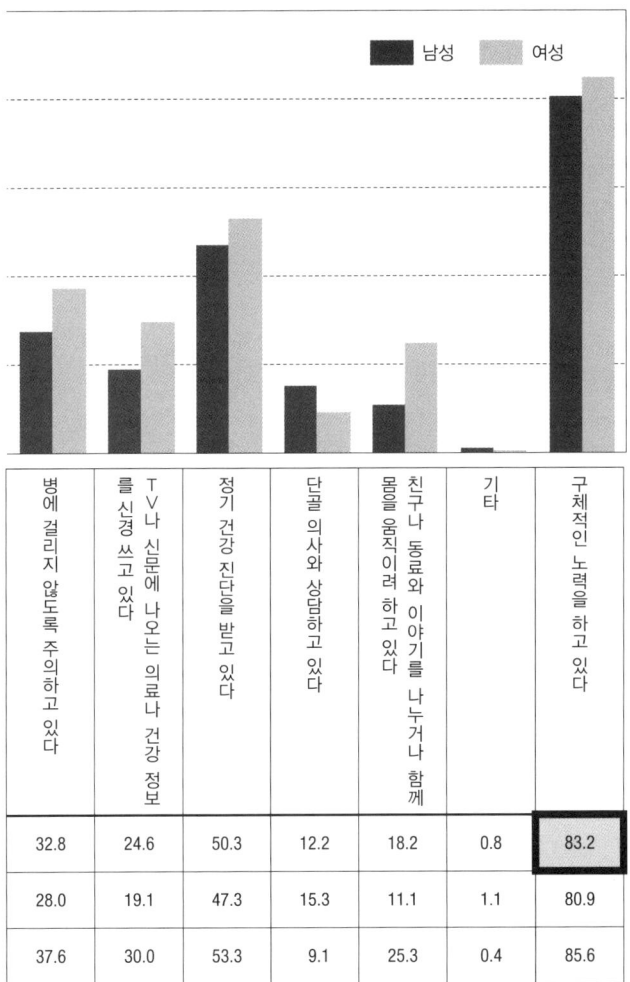

출처 : 하쿠호도 새로운 어른 문화 연구소 조사, 2013년, 40~69세 남녀, 전국 900명 대상

제5장 · 분야별로 살펴보는 시니어 트렌드 | 261

또한 60대의 4위는 '손끝이나 손가락을 움직이려 하고 있다.', 5위는 '신문이나 책을 읽는 등 의식적으로 머리를 쓰려 하고 있다.'이다. 60대에서는 인지증에 대한 예방 의식도 높아진다. 인지증 예방을 위한 컴퓨터 교실에 다니고, 인지증 예방의 효과적인 수단으로서 스마트폰이나 태블릿도 사용한다. 현재의 60대는 남성의 경우 컴퓨터, 여성의 경우 휴대전화를 당연하다는 듯이 사용하는 시대다. 또한 닌텐도DS 같은 게임기에도 가능성이 있다. 단카이 세대는 30세 전후일 때 인베이더를 즐겼던 최초의 게임 세대다. 건강이나 인지증 예방을 위해서라면 게임을 좀 더 적극적으로 할 것이다.

6위는 '가리지 않고 전부 먹으려 하고 있다.'이다. 요컨대 '영양 균형'을 생각하게 되었다. 앞에서도 이야기했듯이 지나치게 '먹는 것이 줄어들'거나 '식사가 소박'해지지는 않는다. 의료계에서도 '개호 예방을 위한 육식'을 권장하고 있다. 그러므로 육식을 좋아하는 엘더는 식사의 측면에서도 개호 예방이 될 가능성이 높다(《개호받기 싫으면 소박한 식사를 그만둬라介護されたくないなら粗食はやめなさい》(구마가이 슈, 고단샤+α 신서, 2011년 5월).

그리고 7위는 '병에 걸리지 않도록 주의하고 있다.'로, '자가 치료' 분야에 커다란 비즈니스 기회가 있다. 건강보조식품이나 건강 유지·조기 치료를 위한 의료품은 지금 이상으로 확대될 것이다.

개호의 5대 부담과
개호 비즈니스

집에 요개호자가 있는 가족은 다섯 가지 부담을 안게 된다. '육체적 부담', '정신적 부담', '시간적 구속', '금전적 부담', '정보의 부족'이다. 이 가운데 가장 부담이 큰 것은 '정신적 부담'으로, 본 연구소의 조사에서 73.6퍼센트가 느끼고 있었다(도표39). 또한 개호 종사자 중에서는 77퍼센트가 부담을 느끼고 있었다. 특히 개호를 중심적으로 담당하고 있는 것으로 보이는 50대 여성은 80.7퍼센트가 '정신적 부담'을 느끼고 있었다. 이 경향은 조사를 시작한 15년 전부터 지금까지 변함이 없다.

오랫동안 문제시되어 온 '시아버지·시어머니의 개호'는 이 '정신적 부담'이 가장 높다고 할 수 있다. 과거에 본 연구소가 실시한 조사에서도 오랜 개호 끝에 시아버지·시어머니에게 "잘 돌봐줘서 정말 고맙구나."라는 말을 듣고서야 보람을 느꼈다는 대답이 있었다.

그런데 이 '시아버지·시어머니의 개호'와 관련해 변화가 나타나고 있다. 최근에는 예전만큼 '시아버지·시어머니의 개호'에 관한 이야기가 들리지 않게 되었다. 그 요인으로 생각할 수 있는 것은 역시 단카이 세대부터 부부 관계가 변화하고 있다는 점이다. 단카이 세대부터 '중매결혼'과 '연애결혼'의 비율이 역전되었고, 여성의 주체적인 의식이 높아졌다. 남편이 아내에게 "어머니를 개호해 드려야 할 것 같은데, 당신이 해 줄 수 있겠어?"라고 물으면 아내는 남편에게 "내가 왜 당신의 어머니를 개호해야 해?"라고 되묻는다. 그러면 남편으로서는 딱히 할

[도표39] 개호 부담 중에서는 정신적 부담이 가장 크다

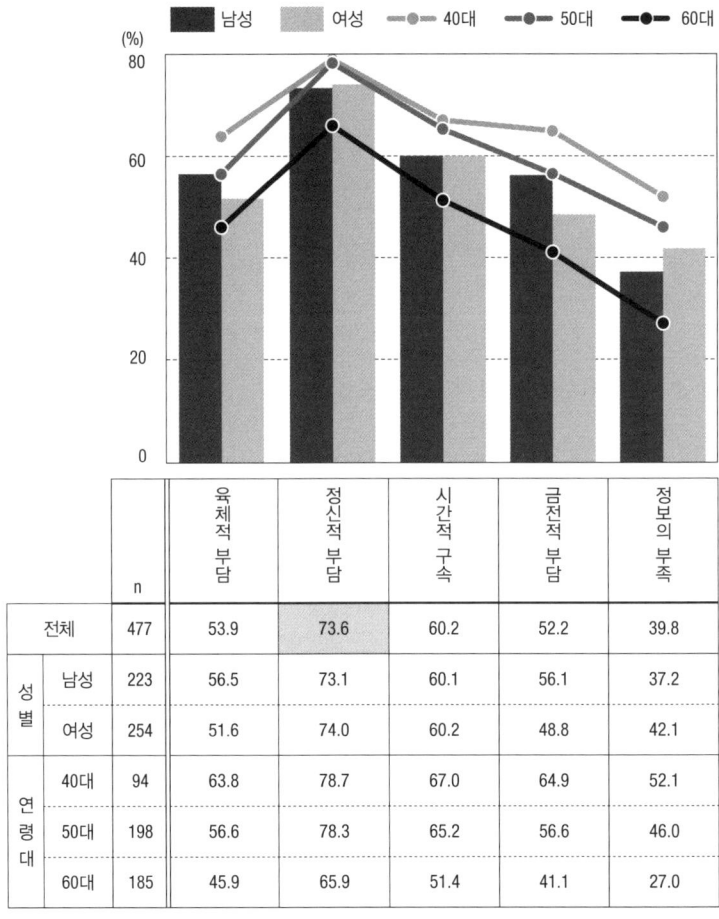

		n	육체적 부담	정신적 부담	시간적 구속	금전적 부담	정보의 부족
전체		477	53.9	73.6	60.2	52.2	39.8
성별	남성	223	56.5	73.1	60.1	56.1	37.2
	여성	254	51.6	74.0	60.2	48.8	42.1
연령대	40대	94	63.8	78.7	67.0	64.9	52.1
	50대	198	56.6	78.3	65.2	56.6	46.0
	60대	185	45.9	65.9	51.4	41.1	27.0

출처 : 하쿠호도 새로운 어른 문화 연구소 조사, 2015년, 40~69세 남녀, 전국 2,700명 대상

말이 없다. 그래서 고민 끝에 부모의 유산을 전부 부모를 위해 쓰자고 결론을 내린다. 그리고 '유료 요양원'을 선택한다. '개호하는 쪽도 받는 쪽도 편하기' 때문이다. 그런 까닭에 최근 10년 사이 '유료 요양원'이 성장해 왔다.

단카이 세대부터는 합리적으로 생각하는 사람이 증가했고, 그 부모도 합리적으로 생각하는 사람이 많아졌다. 부모 자신도 자식이나 손자·손녀에게 매일 개호의 부담을 짊어지우기보다는 요양원에 가는 편이 마음 편한 측면이 있다. 앞으로는 개호·의료 등의 서비스를 하는 고령자 주택(이하 '고령자 주택')이 증가할 것이다. 단카이 세대가 아무리 개호 예방 노력을 한다고 해도 요개호자는 나올 수밖에 없다. 그때는 '고령자 주택'이 하나의 선택지가 될 것이다. 특히 '유료 요양원'이 고액인 점을 생각하면 '고령자 주택'의 수요는 더욱 높아질 것이다. 이런 합리적인 선택의 결과로서의 '유료 요양원', '고령자 주택'은 앞으로 비즈니스로서 가능성을 지니고 있다.

단카이 세대에는 이 합리성과 함께 앞에서 이야기한 '생기발랄함·센스' 같은 지향성이 있다. 입주할 때 기타를 가지고 간다거나 그곳에서 노래를 부를지도 모른다. 최근에는 멋진 고령자 주택이 등장하고 있는데, 앞으로는 디자이너스 맨션이 아닌 '디자이너스 고령자 주택'이 필요하다. 디자인성과 쾌적성이 좀 더 요구될 것이다.

개호 보험 제도에서는 '가사家事 원조'가 제한되어 왔다. 이는 다시 말해 '개호 보험 제노'에서 세외된 가사 원조에 비즈니스 기회가 있다는 의미다. 애초에 개호 보험 제도 속에서 수익을 확대하기에는 한계가 있으며, 개호 보험 서비스의 시간 또는 날수를 늘리거나 개호 보험 외의 서비스를 하는 등 개호 보험 제도의 바깥쪽에 비즈니스 기회가 있다. '가사 원조' 비즈니스는 이미 다양한 형태로 시작되었다. 특히 중고소득·중고자산층에 대해 커다란 비즈니스 기회가 숨어 있다.

지금까지는 개호 보험 제도와 개호 비즈니스를 논의할 때 중고소득·중고자산층과 저소득·저자산층을 같은 선상에 올려놓고 이야기해 왔다. 그러나 특별 양호 노인 복지 센터 등의 사회적·공적 지원이 우선적으로 필요한 저소득·저자산층, 그 다음 순위인 가족이 개호 이직을 해야 하는 사람들의 개호와 비즈니스가 성립하는 고소득·고자산층의 개호를 같은 테이블 위에서 논의해서는 답이 나오지 않는다. 따라서 중고소득·중고자산층에서 수익을 확대시키고 저소득·저자산층이나 개호 이직을 할 수밖에 없는 세대의 개호를 확충할 방법을 궁리할 필요가 있다. 이렇게 할 때 개호 직원의 보수도 개선할 수 있지 않을까 싶다.

신체 개호는
로봇과 디지털

신체 개호와 관련해서는 로봇에 가능성이 펼쳐져 있다. 특히 '침대' 나 '휠체어'의 '로봇화'는 요개호자는 물론이고 개호인의 부담을 줄일 수 있다. 앞에서도 이야기했듯이 재택 개호로 자녀 가족의 아내가 개호를 할 수밖에 없게 되거나 노노 개호로 아내가 남편을 돌봐야 하는 상황이 되었을 때의 부담은 매우 크다. '침대'와 '휠체어'의 로봇화는 이러한 부담을 줄이는 데 커다란 역할을 담당할 것이다. 또 현재 실용화에 가장 가까운 것은 '보행 지원 로봇'이다. 개호가 필요한 사람은 걸어서 화장실이나 목욕탕, 부엌에 가는 것 자체가 고생이기 때문에 이런 기본 동작에 가까운 부분을 지원하는 로봇의 개발이 먼저 요구된다. 또 '착용형 근력 보강 로봇', 즉 '머슬 슈트'라고 부르는 로봇도 개호인의 부담을 크게 줄여 줄 것이다.

동시에 '배설 지원 로봇'이나 '입욕 지원 로봇'도 중요하다. 특히 '배설 지원 로봇'은 개호인에게 가장 힘든 일이 '배설물 처리'인 만큼 매우 중요하며, '입욕 지원'은 육체적으로 힘든 일이므로 요개호자와 개호인 쌍방의 육체적 부담·정신적 부담을 줄여 줄 것이다. 다만 로봇은 가격이 비싼 탓에 개호 시설에서도 도입하기가 쉽지 않는데, 2016년부터 정부가 개호 시설에 대해 비용 보조를 시작한다(아사히신문, 2015년 12월 28일).

또 센서를 장비한 '지켜봄 지원 기기'는 시설이든 재택이든 요개호자의 이변을 알리는 장치로서 중요하며, 통신 접속을 통해 멀리 떨어진 곳에서 이변을 감지할 수 있게 된다면 재택 개호도 노인 보건 시설이나 데이케어 센터에서 대처할 수 있을 가능성이 생긴다.

여기에 앞으로는 '커뮤니케이션 로봇'이 중요한 역할을 담당할 것이다. 이것은 '개호'뿐만 아니라 '독거노인' 문제를 해결할 하나의 커다란 열쇠가 된다. 이미 반다이에서 발매된 말하는 인형 '프리모프엘'이 히트 상품이 되었는데, 단순한 인형의 영역을 넘어서 매우 잘 만든 제품이다. '의사疑似 대화'를 할 수 있다는 점이 대단하다. 외출했다가 돌아와서 만지면 "외로웠어~."라고 말하고, 간지럽히면 아기처럼 웃는다. 커뮤니케이션의 핵심을 정확히 파악한 대화 프로그램이다. '커뮤니케이션 로봇'의 인기는 오로지 여기에 달려 있다. 소프트뱅크의 인공지능 로봇 페퍼도 그래서 인기가 있으며, 소니의 애완 로봇 아이보가 여전히 사랑받고 있는 것도 그 수요가 얼마나 높은지를 말해 준다.

독거노인 중에서도 특히 괴로운 쪽은 남성일 것이다. 이른바 고집불통 영감탱이라고 불리며 아무도 가까이 다가오려 하지 않는다. 그리고 아무도 다가오지 않기 때문에 스트레스가 쌓이는 악순환이 반복된다. 기운이 넘치는 단카이 남성이 70대를 넘겨서 이런 상태가 되면 엉뚱한 곳에 분노를 폭발시킬 위험성도 있다. 그럴 때 '커뮤니케이션 로봇'이 있어서 "넌 참 바보구나."라고 로봇에게 말을 걸고 로봇이 "앗, 서툴러서 죄송해요."라고 대답하는 식의 커뮤니케이션이 이루어진다면 주변에 친구나 가족이 없더라도 기분이 상당히 풀릴 것이다. 게다가 로봇이 통신과 연결되어 있어서 지켜보기 기능도 갖추고 있다면 만일의 사태가 벌어졌을 때 알람을 보냄으로써 고독사를 방지할 수도 있다. 앞에서 정년 후의 2대 자본인 건강과 경제에 이은 세 번째 자본으로 '커뮤니케이션'을 지적하면서 '친구와 맥주로 건배'가 인생 최고의 사치라고 말했는데, 같이 건배할 친구가 없더라도 로봇이 그 역할을 대신할 수 있을 것이다.

현실적인 다크호스는 '말하는 가전제품'이다. 말하는 가전제품이 로봇 기능을 갖춰서 나름대로 커뮤니케이션을 할 가능성이 있다. 구입자가 프로그램을 바꿀 수 있다면 가전제품이 지금 이야기한 기능을 갖출 수 있을 것이다. 귀가했을 때 냉장고가 "어서 오세요."라고 말해 주는 것은 개인에 따라 호불호가 갈리겠지만, 익숙해진다면 독거노인에게 마음의 위안 정도는 되어 줄 것이다.

개호 로봇의 난점은 앞에서도 언급한 비싼 가격이다. 현재 다양한 곳에서 진행되고 있는 실험을 거쳐 조금이라도 비용이 절감된다면 커다란 가능성이 펼쳐진다. 그런 의미에서도 '말하는 가전제품'은 다크호스가 될 수 있다.

개호 로봇에 관해서는 세계적인 주목도도 높다. 일본이 세계적으로도 빠르게 고령화가 진행되고 있다는 점과 첨단기술 국가라는 이미지가 결합된 결과일 것이다. 개호 로봇뿐만이 아니다. 앞으로는 전 세계에서 비틀즈 세대가 고령화되어 간다. '개호' 자체도 그렇지만 '개호 예방'이 전 세계에서 중요한 요소가 될 가능성이 있다. 이를 위한 프로그램이나 건강보조식품 등이 세계에 확산될 것이다.

인지증은 사회적인 관리와 예방이 필요

개호 중에서 특히 대응이 어려운 것은 '인지증'이다. 신체는 건강한 경우도 많기 때문에 그만큼 더 어렵다. 앞에서 난카이 세대는 개호 예방을 하고 있다고 말했는데, 인지증은 대처가 어렵다. 개호 예방 항목에 '신문이나 책을 읽는다.'가 있었다. 이것은 인지증을 의식한 행동으로 생각되지만, 확실한 예방 방법인지는 알 수 없다. 현재 인지증 환자의 수는 200만 명으로 알려져 있는데, 앞으로 더욱 증가할 가능성이 있다.

사회적으로도 현 시점에서 먼저 해결해야 할 문제는 '배회'일 것이다. 배회 증상이 있는 사람은 매일 어딘가로 나가 버린다. 게다가 문제는 길을 헤매도 자신이 어디 사는 누구인지 다른 사람에게 말하지 못한다는 것이다. 이미 여러 곳에서 대응책을 마련하기 시작되었지만, 이런 배회 고령자가 거리에 있음을 사회 전체가 인식해야 할 것이다. 즉, 보통과는 조금 다른 행동을 하는 고령자가 걷고 있을지도 모른다는 점을 모두가 인식하는 것이다. 만약 배회 고령자를 만난다면 즉시 가족이 달아 준 명찰 등을 확인하거나 경찰에게 연락한다. 이러한 '거리의 눈'은 사회적인 인지증 대책의 첫걸음이 될 것이다. 또한 장기적으로는 GPS의 이용도 요구된다.

그룹홈(인지증 증상이 있고 병이나 장애로 생활에 어려움을 겪는 고령자가 전문 스태프의 도움을 받으며 공동 생활하는 개호 복지 시설-옮긴이)은 이미 최근 15년 사이에 상당히 확충되었다. 앞으로는 인지증에 대해서도 '예방'에 커다란 비즈니스 기회가 있을 것이다. 인지증에 걸리고 싶은 사람은 아무도 없으며, 걸린 뒤에는 자신의 힘으로 대처하기가 어려우므로 예방이 가능하다면 꼭 예방하고 싶다고 생각하기 때문이다. 건망증과 인지증의 경계를 파악하기가 어렵다는 것도 골치 아픈 점이다.

사람은 누구나 40대 중반 무렵이 되면 보고 들은 것을 자꾸 잊고, 중요한 일이 떠오르지 않고, 다른 사람의 이름이 기억나지 않게 되기 쉽다. 따라서 '예방'에 신경 쓰는 수밖에 없다. 실제로 건망증이나 인지증 예방을 위한 컴퓨터 교실이나 게임이 개발되고 있다. 미국에서는 예방을 위한 식재료도 개발되고 있다. 이런 다양한 방법을 제공해 최대한 증상이 나타나지 않도록 만든다. 누구도 그렇게 되고 싶어 하지 않는 일은 비즈니스의 폭도 넓다고 할 수 있다.

공조의 장
'개호 커뮤니케이션 카페'가 미래를 연다

최근 들어 데이서비스에 작은 이변이 일어나고 있다고 한다. 요개호도 1~2 정도인 사람이 데이서비스에 와서 "제가 할 수 있는 일은 없나요?"라고 묻는다는 것이다. 보살핌을 받기 위해 왔을 터인데 자신이 할 수 있는 일이 없는지 물어본다고 한다. 개호 현장에서 '공조'가 시작되려 하고 있다.

"자신이 요개호 상태가 되었을 때 이웃 사람들과 서로 돕고 싶습니까?"라는 질문에 60대의 48.3퍼센트가 "그러고 싶다."라고 대답했다. 특히 50대 여성에서는 54.2퍼센트, 60대 여성에서는 51.8퍼센트로 절반을 넘겼다. 자신이 요개호 상태가 되었을 때이므로 당연할지도 모르지만, 약 절반은 '공조'를 생각하고 있는 것이다. 앞으로 개호를 담당할 사람이 점점 줄어들게 되는데, 그런 가운데 '공조'의 가능성이 있다. 단카이 세대는 '수의 힘'이 있는 만큼 요개호 인구가 늘어나면 큰일인데,

'공조'를 담당할 사람도 늘어난다면 그 또한 '수의 힘'이 된다.

앞에서 개호의 5대 부담 가운데 가장 큰 부담은 '정신적 부담'이라고 소개했다(도표39, 264페이지). 그렇다면 그 개호 부담을 줄이기 위한 대책은 무엇이냐고 질문한 결과, 1위는 '개호 매니저 · 도우미와의 커뮤니케이션을 개선한다.', 2위는 '단기 입소 생활 개호나 데이서비스를 이용한다.', 3위는 '형제나 가족 · 친척이 분담한다.', 4위는 '특별 양호 노인 복지 센터 등을 활용한다.', 5위는 '유료 요양원을 활용한다.', 6위는 '개호받는 사람과의 커뮤니케이션을 개선한다.'였다. 즉, '커뮤니케이션'과 '분담'이 개호 부담을 경감하기 위한 대책이었다.

이것을 '공조'와 결합해서 생각하면 앞으로는 '커뮤니케이션 카페'가 개호 부담 경감의 한 가지 열쇠가 될 것이다. 이미 그런 시도가 각지에서 시작되었다. 데이서비스 센터에 '공조'를 원하는 동세대가 모이면 요개호자의 이야기 상태가 될 수 있다. 그렇게 되면 개호 직원들도 본래의 업무에 전념할 수 있을지 모른다. 이런 장소가 커뮤니케이션 카페로서 열린 장소가 된다면 개호 이직을 할 수밖에 없어 고민하는 사람이나 개호 이직을 하고 혼자서 고생하고 있는 사람도 그곳에 와서 이야기를 할 수 있게 될 것이다.

개호 이직에는 사람마다 다양한 문제가 있기 때문에 일률적인 해결책은 없다. 지역 포괄 지원 센터나 지방 자치 단체의 창구 등이 있으니 먼저 그곳에 갈 필요가 있다고 생각하지만, 근처에 커뮤니케이션 카페가 있고 같은 고민을 하던 사람이나 같은 사례를 알고 있는 사람이 그곳에 있다면 해결의 힌트를 얻을 수 있을지 모른다. 설령 해결책을 발견하지 못한다 해도 고민을 털어놓음으로써 괴로움을 조금이나마 완화시킬 수는 있다. '커뮤니케이션 카페'가 각 지역에 만들어진다면 개인의 부담 경감뿐만 아니라 지역 포괄 개호의 열쇠가 될 가능성이 있다.

또 그 장소에 지역의 아이들도 올 수 있게 된다면 '학동學童 보육'의 장도 될 것이다. 요지원 상태이거나 요개호도가 낮은 사람이 아이들에게 그림책을 읽어 준다면 '지역에서 보살핌을 받는 쪽'이면서 '지역에서 보살핌을 주는 쪽'도 된다. 고베 시의 문화 사업인 디자인 크레이에이티브 센터 고베 KIITO에서는 '만남의 열린 찻집'이라는 이름으로 지역의 허브가 될 '커뮤니케이션 카페'를 추진하고 있다(도표40). 또 전국의 데이서비스 센터에서도 다양한 시도를 시작했다. 도쿄 신주쿠 구의 '데이서비스 올빼미의 집 오치아이 제2'에서는 대표인 데라무라寺村瞳 씨의 설립 취지서에 따르면 '인적 교류, 정보 교환 등 지역의 니즈에 부응하는, 우리가 주체가 된 거리 만들기의 추진'을 지향하며 서포터즈 클럽(후원회)을 설립하고 여름 축제, 가을 문화제 등 열린 이벤트를 개최하고 있다.

다음으로 생각할 수 있는 것은 제1장 제4절에서도 언급한 '다세대 셰어하우스'다. 이미 그런 시도도 도쿄 오기쿠보 등지에서 시작되었다. 다세대의 요개호인에 대한 관리도 포함한 셰어하우스로, 자신이 할 수 있는 일을 서로 공조한다. 이 또한 이상적인 형태 중 하나일 것이다.

또한 '커뮤니케이션 카페'나 '다세대 셰어하우스'는 유아 납치 같은 범죄의 방지에도 커다란 역할을 담당할 가능성이 높다. 앞에서 이야기했듯이 가벼운 요개호 상태까지는 보살핌을 받는 쪽에 머물지 않고 자

도표40 지역의 허브가 되는 커뮤니케이션 카페

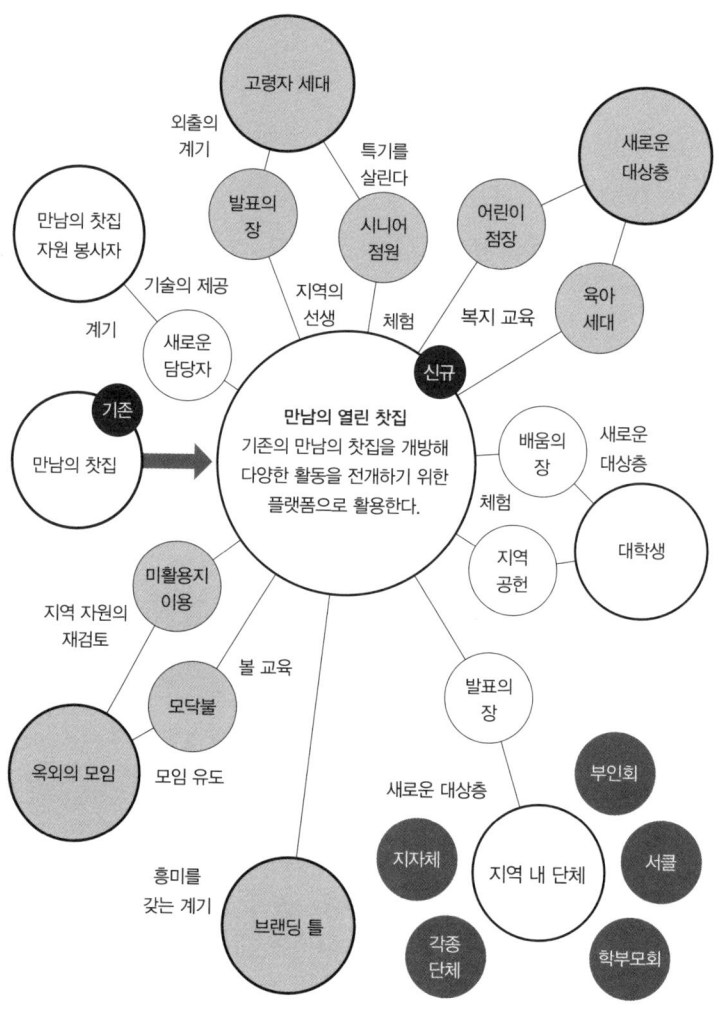

출처 : 디자인 크리에이티브 센터 고베 KIITO '프로젝트 소개'에서

신이 할 수 있는 일을 해서 지역에 적극적으로 공헌할 수 있다. 여기에서 중요한 점은 '사회가 자신을 필요로 한다.'는 자각을 가질 수 있다는 것이며, 이는 고령자의 자긍심과 존엄성으로 이어질 것이다. 그런 의미에서도 데이서비스 센터에서 "내가 할 수 있는 일은 없나요?"라고 묻는 가벼운 요개호 상태의 사람들은 우리에게 중요한 실마리를 제공하고 있다.

사실 '개호'를 지역에서 해결하는 것은 일본의 지역 자체를 풍요롭게 바꿔 나갈 가능성을 지니고 있다. 그리고 이때 '커뮤니케이션 카페'는 다양한 부분에서 힘이 될 것이다.

06

여행
'명소를 관광하는 고령자'에서
'멋진 어른의 여행'으로

명소를 관광하는 고령자에서
상대가 가고 싶어 하는 곳에 가는 새로운 어른으로

얼마 전까지만 해도 조부모를 모시고 도쿄 관광을 하는 것이 대표적인 효도 방법 중 하나였다. 필자가 우에노나 아사쿠사를 구경하고 황궁을 돌아본 적이 있는데 의외로 도쿄의 고층 빌딩군도 인기가 많았다고 한다. 가부키도 대표적인 관광 코스였다. 또 버스 투어인 '하토버스'는 지금도 고령자들에게 상당한 인기를 자랑한다.

고령자의 패키지 투어는 깃발을 든 안내원을 따라서 교토나 가마쿠라의 관광 명소·명찰을 순례하는 상품이 대부분이다. 해외의 경우는 하와이가 전통적인 인기 코스다. 또 그룹을 지어 등산을 가는 고령자도 많다. 이른 아침에 전철을 타면 등산모에 배낭을 멘 고령자 그룹을 종종 볼 수 있다. 높은 산에 도전하는 사람도 많다. 그래서인지 요즘은 고령자의 등반 사고 뉴스가 일상적이 되었다. 등반 사고 뉴스의 주인공이 대부분이 젊은이였던 1960년대와는 대조적이다. 잘 생각해 보면 결국 그때나 지금이나 같은 세대의 사람들이 산을 오르고 있는 셈이지만…. 어쨌든, 현재 고령자들의 관광 패턴은 명소나 명찰, 명산이라고 할 수 있다.

'노후에는 부부 여행'도 하나의 패턴이다. JR의 특실을 마음껏 이용할 수 있는 특별 승차권 '풀문'은 1981년에 당시 일본국유철도가 발매한 이래 지금도 판매되고 있는 롱셀러 여행 상품이다. 1982년에 우에하라 겐上原謙, 1909~1991과 다카미네 미에코高峰三枝子, 1918~1990가 부부로 출연해 하얀 정장을 입고 유명 온천에 가는 광고가 히트하며 고령 부부의 마음을 설레게 했다. 그런데 이 부부 여행이 지금 크게 변화하려 하고 있다. 2015년 3월에 40~60대를 대상으로 실시한 조사에서는 "가이드북 등을 참고로 관광 명소를 돌아다닌다."라는 대답이 48.5퍼센트로 가장 많았지만 "파트너의 취미나 기호를 생각해서 그에 맞는 장소에 간다."라는 대답도 35.7퍼센트로 2위를 차지했다.

게다가 대상을 60대로 한정하면 전자가 45.6퍼센트이고 후자가 35.7퍼센트로 그 차이가 더욱 줄어들었다. 요컨대 은퇴해서 실제로 부부가 함께 여행을 갈 수 있게 된 지금의 60대에서는 예전처럼 관광 명소를 돌아다니면서도 '파트너가 가고 싶어 하는 곳에 가고 싶다.'는 마음이 더욱 강해지고 있다. 지금의 60대가 최초의 데이트 세대였던 것이 이런 결과로 이어진 듯하다. 기존의 '관광 명소만 찾아다니는 고령자'에서 파트너가 가고 싶어 하는 곳에 가는 '멋진 어른의 여행'이 시작되려 하고 있는 것이다.

은퇴했으면
멋진 어른의 여행으로

본 연구소에서는 본사의 해외 지점을 포함한 글로벌 사원을 대상으로 "은퇴하면 무엇을 하고 싶습니까?"라고 물어본 적이 있다. 이에 대해 아시아, 미국, 유럽 등 각지의 지점에서 이구동성으로 돌아온 대답은 "은퇴하면 여행을 하고 싶다."였다. 주로 30대가 중심인 사원들이었다. 또한 단카이 세대에게 은퇴할 때 '퇴직금'을 무엇에 쓰고 싶으냐고 물어본 조사에서는 앞에서도 소개했듯이 1위가 '국내여행'이고 2위가 '해외여행'이었고, 은퇴 후에 퇴직금을 무엇에 썼느냐고 물어봤을 때도 같은 대답이 돌아왔다(도표32, 211페이지).

조금 과장해서 표현하면, '은퇴하면 여행'은 인류의 보편적인 바람이며 행동이다. 장래에 정년을 맞이할 세대를 포함해 40~60대로 대상을 넓혀서 앞으로 퇴직금을 무엇에 사용할 예정인지 물어봤을 때도 1위는 '국내여행'이고 2위는 '평소의 요리·식사'였으며 3위는 '해외여행'이었다. 이것은 앞으로 10년, 20년, 혹은 그 뒤로도 이 경향이 계속될 것임을 의미한다(도표41).

JR 서일본이 발표한 2015년 3월기 연결 결산을 보면 순이익이 전기 대비 2퍼센트 증가한 667억 엔으로 3기 연속 고수익을 갱신했다. 비즈니스 고객의 수가 회복되었을 뿐만 아니라 시니어 고객이 증가함에 따라 주요 수익원인 신칸센의 운수 수입이 증가한 것이 전체의 수익을 견인했다(니혼게이자이신문, 2015년 5월 1일). 앞에서 여러 차례 소개한 JR

규슈의 '세븐스타 in 규슈'는 승객의 평균 연령이 52세라고 한다. 말 그대로 자녀가 독립하고 '돈과 시간 부자'가 된 사람들이 몰려들었다. 현재 JR 서일본과 JR 동일본도 호화 열차를 계획하고 있다.

JR 서일본은 호화 침대 관광 열차 'TWILIGHT EXPRESS 미즈카제'의 운행을 이르면 2017년 봄에 개시할 예정이며, JR 동일본도 크루즈 트레인 'TRAIN SUITE 시키시마'를 2017년 봄부터 운행할 예정이라고 발표했다. 선구자인 JR 규슈에서는 100년도 더 전에 만들어진 '환상의 호화 객차'를 현대에 부활시킨 '어느 열차'를 2015년 8월부터 운행하기 시작했다. 2015년 3월에는 JR 동일본과 JR 서일본이 호쿠리쿠 신칸센의 공동 운행을 시작했는데, 일본 건축의 아름다움과 옻칠의 깊은 색채, 가죽 시트를 내세운 '그랑클래스'라는 특실보다 높은 등급의 객실이 화제가 되었다.

이런 호화 열차뿐만 아니라 관광 열차도 각지에서 속속 탄생하고 있다. 홋카이도에서는 구시로 습원의 관광 열차인 '구시로 습원 노롯코호', 도호쿠에서는 족탕에 발을 담글 수 있는 야마가타 신칸센 '도레이유 쓰바사', 간토에서는 요리와 케이크를 즐길 수 있는 이스미 철도의 '레스토랑 기바'호, 호쿠리쿠에서는 도야마 산지 철도인 ''알프스 익스프레스', 긴키에서는 사가노 관광 철도인 토로코 열차와 긴테쓰 '시마카제'호, 시코쿠에서는 바다를 바라보면서 지역 맥주와 술을 즐길 수 있는 '이요나다 이야기'호, 규슈 구마모토 현에서는 아름다운 스테인드글라스로 상식된 'JR 규슈 A열차로 가자' 등이 운행되고 있다. 이런 관광 열차를 지탱하고 있는 고객이 은퇴층을 중심으로 한 50+세대인

도표41 60대뿐만 아니라 40대와 50대도 퇴직금은 '국내여행'과 '해외여행'에

Q. 당신은 퇴직금을 무엇에 쓸 생각입니까?/쓰셨습니까?

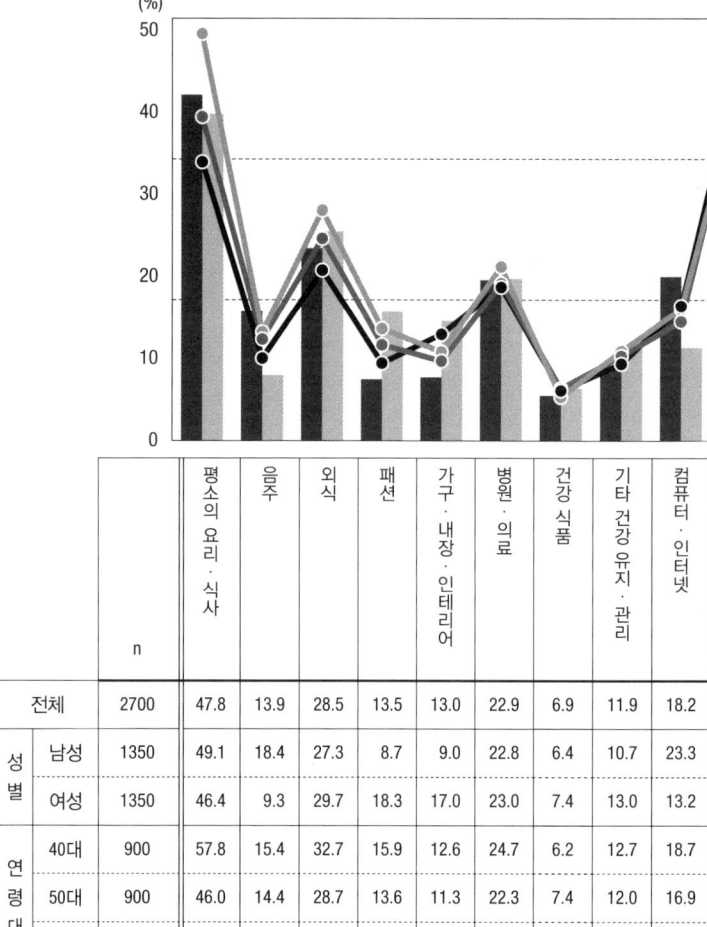

		n	평소의 요리·식사	음주	외식	패션	가구·내장·인테리어	병원·의료	건강식품	기타 건강유지·관리	컴퓨터·인터넷
전체		2700	47.8	13.9	28.5	13.5	13.0	22.9	6.9	11.9	18.2
성별	남성	1350	49.1	18.4	27.3	8.7	9.0	22.8	6.4	10.7	23.3
	여성	1350	46.4	9.3	29.7	18.3	17.0	23.0	7.4	13.0	13.2
연령대	40대	900	57.8	15.4	32.7	15.9	12.6	24.7	6.2	12.7	18.7
	50대	900	46.0	14.4	28.7	13.6	11.3	22.3	7.4	12.0	16.9
	60대	900	39.6	11.7	24.2	11.0	15.1	21.8	7.1	10.9	19.1

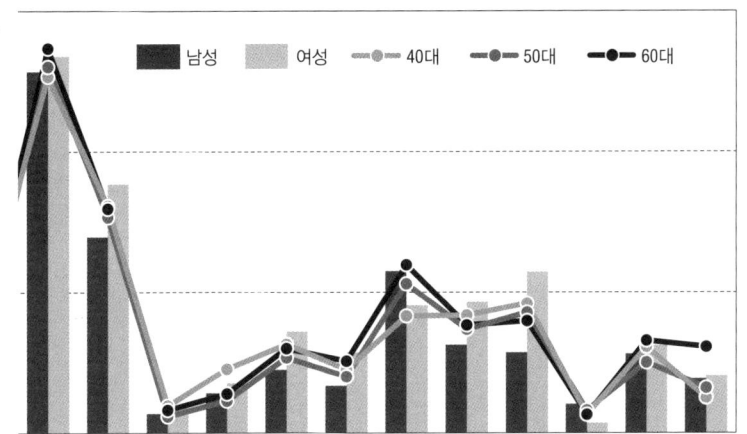

	국내여행	해외여행	자원봉사·지역활동	친구나 가족과의 파티·행사	기타 동료·친구와의 교제	축하·선물(생일·결혼 기념일 등)	자동차나 가전제품 등 내구재 구입	교습·레저나 취미 비용	자신의 간병이나 장례비 등 마지막 활비용	업무나 창업자금	자녀나 손자·손녀에게 줌	기타
	52.5	31.6	3.2	6.4	11.7	9.1	20.6	15.6	17.1	2.8	11.8	7.9
	51.4	27.9	2.8	5.7	9.0	6.7	23.0	12.5	11.4	4.1	11.2	7.7
	53.6	35.4	3.6	7.1	14.4	11.4	18.1	18.6	22.9	1.4	12.4	8.1
	50.7	32.3	3.9	9.1	12.6	9.0	16.6	16.7	18.4	2.6	12.2	5.0
	52.1	30.7	2.4	4.6	10.7	8.0	21.2	14.7	17.1	3.2	10.0	6.4
	54.7	31.9	3.3	5.6	12.0	10.2	23.9	15.3	15.9	2.6	13.1	12.2

출처 : 히쿠호도 새로운 어른 문화 연구소 조사, 2015년, 40~69세 남녀, 전국 2,700명 대상

것이다.

  클럽 투어리즘은 일찍부터 50+세대를 주목하고 독자적인 마케팅을 전개해 왔다. 원래는 긴키 일본 투어리스트의 일개 사업부였지만, 현재는 독립해 KNT-CT 홀딩스 산하에서 긴키 일본 투어리스트와 병존하는 기업이 되었다. 점포 없이 신문 매체를 활용해 여행 상품을 다이렉트 판매하는 동시에 수도권을 중심으로 약 300만 세대의 네트워크를 형성하고 '온천 순례', '역사 거리', '사진 촬영' 등 50+세대가 관심 있는 테마 여행을 추진하고 있다. 또한 50+세대를 고객으로만 여기는 것이 아니라 300만 세대에 여행 정보지 〈여행 친구〉를 매달 배포하는 에코 스태프나 투어 컨덕터인 펠로 프렌들리 스태프 등으로 활약할 공간도 제공하고 있다. 이런 독자성 있는 비즈니스를 통해 긴테쓰 그룹에서도 훌륭한 실적을 자랑한다.

  물론 최근 1~2년은 엔화 약세에 따른 해외 관광객이 일본의 관광 비즈니스를 지탱하고 있지만, 한편으로 탄탄한 기반을 제공하고 있는 것은 50·60대, 특히 은퇴한 단카이 세대다. 50+세대는 지금 일본의 여행 비즈니스와 관광 비즈니스의 모습을 바꾸려 하고 있다. 그들의 여행은 구체적으로 어떤 것인지, 어디에 어떤 기회가 있는지 순서대로 살펴보도록 하자.

멋진 어른 두 사람의 여행
- 아내의 에스코트

40대부터 50대가 될 무렵에는 함께 여행을 가는 상대가 크게 변화한다. 기존에는 가족 여행이었지만, 50대에 자녀가 독립함과 동시에 '부부 단 둘의 여행파'와 '친구와의 여행파'로 나뉜다. 조사를 해 보니 국내여행을 함께 가고 싶은 상대는 남녀 모두 '남편·아내 등의 배우자·파트너'가 1위를 차지했다(도표42). 해외여행도 경향은 같다. 또한 '돈을 써서 사치스러운 여행을 하고 싶은 상대'를 물어본 조사에서 '부부'라고 대답한 비율은 50대가 34.0퍼센트, 60대가 36.4퍼센트로 '친구/지인'에 비해 압도적으로 높았다(도표43). '부부 단 둘의 여행'은 돈을 써도 아깝지 않은 여행인 것이다.

지금까지 수없이 말했지만, 60대 단카이 세대는 중매결혼과 연애결혼의 비율이 역전되어 연애결혼이 주류가 된 첫 세대다. 이것은 큰 의미를 지닌다. 결혼 전의 두 사람, 즉 데이트를 하던 시절의 기분으로 돌아가자는 마음이 부부 모두 작용한 것으로 보인다. '두 사람'이 여행을 떠나고 싶어 하며, 돈을 써도 좋다고 생각한다.

해외여행의 경우는 뭐니뭐니 해도 비즈니스클래스를 이용해서 가는 유럽·하와이 여행이 인기다. 매일 같이 신문 광고란을 가득 채우고 있다. 유럽 출장을 가려고 비즈니스클래스를 이용했는데 주위가 거의 50+세대 부부들이어서 깜짝 놀랐다는 이야기도 들릴 정도다.

여행에서 좀 더 신경 쓸 점이 있다면 '에스코트'다. 필자를 포함해 일본의 일정 연령 이상 남성은 에스코트를 하는 습관이 없는데, 아내의 여행 가방을 들어 주거나 레스토랑에 들어갔을 때 슬쩍 아내의 코트를 벗겨 주거나 웨이터에게 추천 메뉴를 물어보는 것 등이다. 이런 행동을 하면 아내의 기분도 좋아진다. 또 아내를 위해 여행지에서 외제차를 빌려 운전사가 되거나 카페의 자리를 예약하는 것도 에스코트다. 사실 이것은 젊은 시절에 데이트를 할 때 했던 행동의 업그레이드 버전이라고 생각하면 그리 어려운 일이 아니다. 앞에서 소개했듯이 "파트너의 취미·기호에 맞는 곳에 간다."도 37.6퍼센트로 상당히 높다. 남편이 자신을 생각해 주면 아내도 기뻐한다. 에스코트를 하는 남편이 멋지게 보인다. 비즈니스의 측면에서는 남편이 에스코트를 할 수 있도록 궁리하는 것도 중요하다.

이 '어른 두 사람의 여행'이라는 문구를 적극적으로 활용해 성공한 곳이 오키나와 현이다. 2011년부터 '오키나와 어른 두 사람의 여행' 캠페인을 지속적으로 전개해, 2013년에는 해외 관광객을 포함해 과거 최고의 관광 매출액을 달성했다. 많은 여행 대리점·호텔이 '오키나와 어른 두 사람의 여행'과 연계한 캠페인을 전개했다. 사실 오키나와 현은 단카이 세대가 가고 싶은 여행지로는 홋카이도에 이은 2위이지만, 실제로 간 곳을 조사하면 간토 근교가 가장 많은 등 커다란 괴리가 있었다. '오키나와 어른 두 사람의 여행' 캠페인은 그 괴리를 메우려는 시도다. '어른 두 사람의 여행'은 50대, 40대도 같은 생각을 하고 있는 만큼 앞으로 10년, 20년 동안 계속될 가능성이 높다. 또 은퇴 후에는 비수기나 평일에 갈 수 있다는 점이 중요한 포인트다.

도표42 함께 여행하고 싶은 상대는 남녀 모두 배우자·파트너

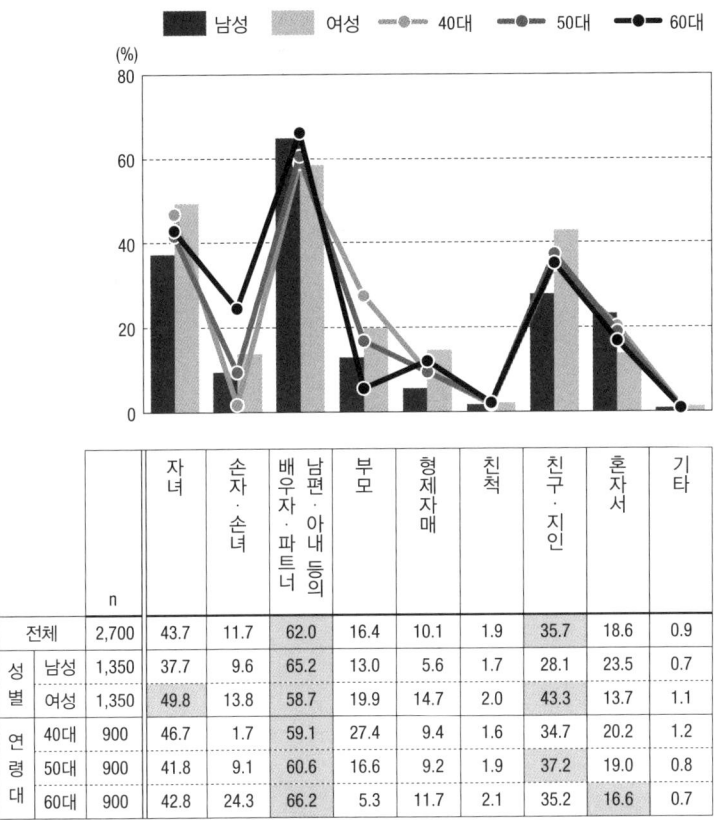

		n	자녀	손자·손녀	남편·아내 등의 배우자·파트너	부모	형제자매	친척	친구·지인	혼자서	기타
전체		2,700	43.7	11.7	62.0	16.4	10.1	1.9	35.7	18.6	0.9
성별	남성	1,350	37.7	9.6	65.2	13.0	5.6	1.7	28.1	23.5	0.7
	여성	1,350	49.8	13.8	58.7	19.9	14.7	2.0	43.3	13.7	1.1
연령대	40대	900	46.7	1.7	59.1	27.4	9.4	1.6	34.7	20.2	1.2
	50대	900	41.8	9.1	60.6	16.6	9.2	1.9	37.2	19.0	0.8
	60대	900	42.8	24.3	66.2	5.3	11.7	2.1	35.2	16.6	0.7

* 선택지 '친구·지인'은 다음 중 하나에 해당한다.
① 이성 친구·연인 ② 같은 세대의 사적인 친구 ③ 나이 차이가 있는 다른 세대의 친구·지인
④ 가치관·생각을 공유할 수 있는 친구·지인 ⑤ 업무 관계상의 친구·지인 ⑥ 지역 활동을 통해 생긴 친구·지인 ⑦ 취미나 스포츠를 통해 생긴 친구·지인

출처 : 하쿠호도 새로운 어른 문화 연구소 조사, 2015년, 40~69세 남녀, 전국 2,700명 대상

[도표43] 돈을 써서 사치스러운 여행을 하고 싶은 상대도 남녀 모두 배우자·파트너

Q. 앞으로 각각의 상대와 당신이 여행할 때, 당신은 '가능하다면 돈을 써서라도 사치스러운 여행을 하고 싶다.'고 생각하십니까, 아니면 '가급적 돈을 쓰지 않고 저렴하게 여행하고 싶다.'고 생각하십니까?

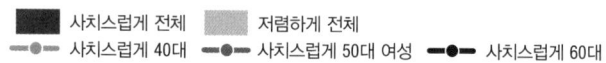

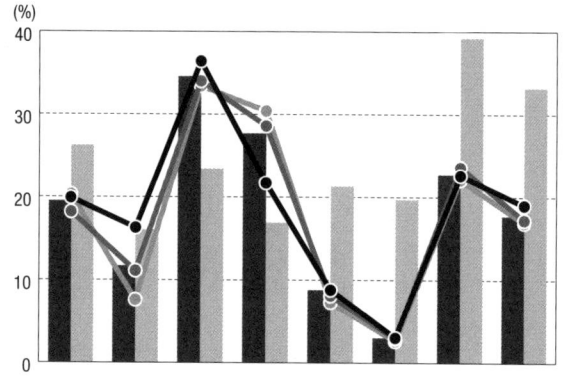

		n	자녀	손자·손녀	배우자·남편·아내 등의 파트너	부모	형제자매	친척	친구·지인	혼자서
사치스럽게 전체		2,700	19.5	11.7	34.6	27.7	8.1	2.9	22.7	17.7
저렴하게 전체		2,700	26.2	16.0	23.4	16.9	21.3	19.7	39.2	33.2
성별	사치스럽게 남성	1,350	17.9	11.7	36.6	22.8	6.3	2.9	21.3	14.7
	사치스럽게 여성	1,350	21.0	11.6	32.7	32.8	9.9	2.9	24.2	20.8
연령대	사치스럽게 40대	900	20.3	7.6	33.4	30.4	7.3	2.6	22.1	16.9
	사치스럽게 50대	900	18.2	11.1	34.0	28.6	8.1	3.1	23.6	17.3
	사치스럽게 60대	900	19.9	16.3	36.4	21.8	8.8	3.0	22.6	19.0

* 선택별 '부모'만 청취 시점에 부모 생존 기준(60대 전체 n=501)으로 산출

출처 : 하쿠호도 새로운 어른 문화 연구소 조사, 2015년, 40~69세 남녀, 전국 2,700명 대상

어른 친구와의 여행

그렇다면 '친구와의 여행파' 쪽은 어떨까? 국내여행을 같이 가고 싶은 사람을 조사한 결과(도표42)를 보면 '남편·아내 등의 배우자', '자녀'에 이어 '친구·지인'이 3위에 올랐다. 연령대별로는 자녀가 독립하는 50대에서 37.2퍼센트로 일단 상승하고, 남녀별로는 남성이 28.1퍼센트인데 비해 여성은 43.3퍼센트로 여성이 더 높다. 이러한 경향은 해외여행도 마찬가지다.

'친구와의 여행파'가 되는 시기는 여성이 앞선다. 여성은 50대에 자녀가 독립하는 동시에 남편보다 한 발 앞서서 실질적인 정년을 맞이하며, 그때부터 친구 만들기에 들어간다. 수다를 떨거나 함께 외출할 친구를 많이 사귀고, 그 친구들과 여행을 간다. 먼저 가까운 지역의 버스 투어 등을 함께 가게 된다. 간토 지역이라면 '가마쿠라'나 '우미호타루' 같은 곳이다. 특히 '가마쿠라'는 이런 여성들로 매일 넘쳐난다. 2015년부터는 '가나자와'와 '교토'가 인기 여행지다. 이들은 젊었을 때 창간된 〈an·an〉과 〈non-no〉를 보면서 기존의 관광지 여행이 아닌 '만남의 여행'을 추구한 '안논족'이었다. 그 만남은 남녀의 만남이 아니라 토산물 가게의 주인아저씨와 대화를 나눈다거나 공사를 하고 있는 청년과 의기투합하는 등의 만남이었으며, 여행지는 '하기·쓰와노·가나자와'였다.

자녀가 독립한 뒤에 그들이 동료와의 여행을 재개하는 것은 지극히 자연스러운 행동이다. 그들에게 호쿠리쿠 신칸센은 '우리를 위해 생긴 것'이다. 그들은 최근 5~10년 사이 한류에 빠져들어 친구와 함께 한국으로 여행을 떠났다. 한국 여행을 가기 하루 전날에 남편이 알고 깜짝 놀랐다는 이야기도 심심치 않게 들을 수 있었다.

'앞으로의 여행에 관해' 물어본 결과, 여성은 1위가 '한 번에 한두 곳 정도만 느긋하게 머물며 여행한다.', 2위가 '그 나라나 지역에서 유명한 요리를 먹는다.', 3위가 '명소·명승지 등 유명한 관광지를 보러 다닌다.'였다. '느긋하게 머물면서', '맛집 투어'를 즐기고, 아울러 '유명 관광지'도 놓치지 않는 여행을 하고 싶은 모양이다. 친구와 그 지역에서만 먹을 수 있는 맛있는 음식을 즐기는 여행이다. 단순히 친구와 가는 것이 아니라 가나자와·교토나 한국으로 조금은 사치스러운 여행을 간다.

한편 남성도 친구와의 여행이 증가할 것이다. 이미 소개했듯이 평일의 골프 투어는 골프장 매출을 전년 동기보다 증가시킬 만큼 늘어났다. 친구와의 골프는 즐겁다. 회사원으로서 골프를 할 때는 업무를 겸할 때도 많아서 마음 편히 즐길 수만은 없었다. 그러나 동창생이나 골프 친구라면 부담 없이 즐길 수 있기 때문에 '골프가 이렇게 즐거운 것이었나?'라고 생각하게 된다.

앞으로는 전국의 라이브 하우스나 포크 주점도 활성화될지 모른다. 오키나와 시 가데나 기지 입구 앞의 대로에는 라이브 하우스가 줄지어 들어서 있다. 이곳에서 오키나와 록이 탄생했고, 그 토양에서 오렌지레인지나 몽골800 같은 인기 그룹이 배출되었다. 예전에는 미군을 위한 곳이었지만 현재는 현지 또는 본토의 여행객을 위한 올드 뮤직이 연주

된다. 지역에 공헌할 겸 친구와 이런 곳에 가 봐도 좋을 것이다. 메이저 데뷔를 목표로 활동하는 젊은 밴드를 응원할 수 있다면 즐거움도 얻고 지역에 공헌할 수도 있어 일석이조다.

동창회의 여행도 앞으로 증가할 것이다. 50대를 넘겨 60대에 은퇴하면 동창회가 활발해진다. 매년 정기적으로 열리기도 한다. 그러면 "매번 여기에서 만나는 건 따분하지 않아?"라는 이야기가 나오게 되고, 누군가가 분위기에 취해서 "우리 고향에서 할까?"라고 제안하자 "그거 좋지!"라고 모두가 찬성한다. 그래서 다음 동창회는 야마가타의 온천에서 하게 되고, 간사의 걱정과 달리 예상 외로 많은 인원이 모인다. 온천에 가니 젊은 시절로 돌아간 듯 평소의 동창회 이상으로 화기애애한 분위기가 형성된다. 그리고 "다음에는 오사카에서 할까?", "내가 이시카와에 지인이 있는데 말이야…." 같이 다음 동창회를 계획한다. 또 동창회까지는 아니더라도 친구에게서 "내가 얼마 전에 은퇴해서 시즈오카의 이토 시로 이사를 왔는데, 불꽃놀이라도 보러 오지 않겠어?"라는 이메일을 받고는 한다.

여기에 단카이 · 포스트 단카이 세대부터는 동창생이거나 취미를 공유하는 남녀의 여행도 시작되었다. 원래 남녀 공학을 다녔기 때문에 동창회를 계속하다 보면 즐거워져서 "우리 옛날에 갔던 삼림 학교 기억하지? 거기 시원하고 좋았는데 다음에 다 같이 가 보자."라는 이야기가 나온다. 다들 유부남 · 유부녀일 터인데 그래도 되냐고 생각할지 모르지만, 이 나이쯤 되면 문제가 되지 않는다. 간사가 "다음 동창회는 메이지 마을에서 합니다."라고 안내하면 남녀 모두 동의하고 다 함께 버스 투어를 간다. 자신들이 다닌 중학교와는 아무런 관계도 없는 곳이지만 누구도 개의치 않는다.

전국의 중학교·고등학교·대학교의 50+세대 동창회·동창생이 모두 여행을 가게 된다면 그것만으로도 상당한 규모의 관광 수요가 될 것이다. 또 단카이·포스트 단카이 세대는 부부끼리 친구 사이일 경우도 많기 때문에 친구와 부부 동반으로 여행을 가거나 캠핑을 가는 일도 앞으로 증가할 것이다.

어른 모녀의 여행

여성에게 '같이 여행하고 싶은 상대'를 물어보면 '남편 등 배우자·파트너' 다음으로 '자녀'라는 대답이 많이 나온다. 남성에 비해 그 비율이 상당히 높다(도표42, 285페이지). 다만 이 경우의 자녀는 주로 '딸'일 것이다. 즉 어른이 된 딸과의 '모녀 여행'이다.

어디에 가서 무엇을 하느냐는 거의 여성 친구와의 여행과 동일하다. 즉 '느긋하게 머물면서', '맛집 투어'를 하며, 아울러 '유명 관광지'도 빼놓지 않고 돌아다니는 여행이다. 모녀는 가자나와에도 상당히 많이 가는 모양이다. 물론 교토의 제과점을 포함한 맛집 여행도 많을 것이다. 또 신슈나 구라시키 등 지역 미술관을 찾아다니기도 한다.

친구와의 여행은 여러 명이 왁자지껄 떠들면서 다니는 재미인데 비해 모녀 여행은 여성 두 명이 조용한 곳에 갈 때가 많다. 오베르주(숙박 시설을 겸한 레스토랑-옮긴이)에는 배우자와 함께 가도 좋지만, 모녀가 대화를 나누는 여행에 더욱 안성맞춤이다. 딸로서는 자신의 경제 사정으로는 가기 어려운 곳도 어머니와 함께라면 안심하고 갈 수 있다. 해외여행의 경우는 맛집 투어이면서 쇼핑 투어도 된다. 남편이 있으면 밖에서 기다리게 하고 쇼핑을 즐기기가 미안하기도 하지만, 딸과 함께라면 전혀 부담이 없다. 게다가 모녀는 체형이 비슷해서 옷을 같이 입을 수 있을 때가 많다. 남편으로서도 모녀가 함께 여행을 가면 안심이 되고, 선물이라도 사 온다면 전혀 불만이 없다. 모녀 여행은 앞으로 더욱 활발해질 것이다.

신 삼대 여행

'손자·손녀와의 여행'의 비율(60대 24.3퍼센트)은 언뜻 그리 높지 않아 보인다(도표42, 285페이지). 그러나 이것은 손자·손녀가 없는 사람까지 포함한 비율이다. '손자·손녀가 있는' 사람들로 한정해서 보면 앞으로 '삼대가 같이 여행'을 하고 싶어 하는 비율은 60대에서 65.8퍼센트나 된다. 남녀별로는 남성이 63.4퍼센트이고 여성이 67.8퍼센트로 여성이 조금 더 높다. 여성의 경우는 앞에서 이야기한 모녀 여행의 연장선상에 있으므로 높아질지도 모른다. 손녀라면 조부와 아빠를 뺀 '여자 삼대 여행'이 된다.

이 삼대 여행에서도 재미있는 경향이 나타나고 있다. 지금까지는 자녀 가족이 조부모를 모시고 가는 것이 중심이었다. 그런데 단카이 세대부터는 조부모가 건강하고 경제력도 있기 때문에 조부모가 계획하고 돈도 내는 여행이 되고 있다. '신 삼대 여행'은 '조부모가 주체적으로' 움직이는 여행이다. 이때는 모녀가 계획을 짜고 남자들에게 허락이나 동행을 요구한다. 그것도 단순한 동행이 아니라 짐꾼이나 운전사가 될 것을 요구한다.

앞으로는 일하는 젊은 엄마가 증가하는 만큼 '조부모와 손자·손녀의 여행'도 드물지 않게 될 것이다. 조부모가 젊어 보여서 언뜻 부모와 자식이 여행을 온 것처럼 보이지만 사실은 '조부모와 손자·손녀의 여행'인 경우도 많아질 것이다.

그렇다면 어떤 여행을 할까? 제4장의 '신 삼대'에서 이야기했듯이 '손자·손녀가 조부모에게 배우는' 여행이 될 것이다. '증기 열차 여행'이나 '야산 탐험 여행'은 조부모의 유년기 체험을 손자·손녀에게 가르쳐 줄 수 있는 여행이다. 부모인 단카이 주니어는 투구벌레를 백화점에서 사서 기른 세대이지만 조부모인 단카이 세대는 실제로 야산에서 투구벌레를 잡았던 세대이기 때문에 야산 탐험을 하면서 그 경험을 손자·손녀에게 가르쳐 줄 수 있을 것이다.

신 삼대 여행의 특징은 단카이 세대인 조부모와 단카이 주니어 세대인 자녀 가족으로 구성된 삼대 여행이라는 것이다. 앞에서 이야기했듯이 단카이 세대와 단카이 주니어 세대로 구성된 신 삼대는 '친구 같은 삼대'다. 단카이 세대와 단카이 주니어 세대는 일본의 양대 인구 볼륨존이므로 이 두 세대의 조합은 일본 최대의 인구 볼륨존이 된다.

그들이 가장 많이 가는 곳은 테마파크다. 도쿄 디즈니랜드나 유니버설 스튜디오 재팬, 하우스텐보스는 이 '친구 같은 삼대'에게 인기가 많은 테마파크다. 현지의 '친구 같은 삼대'는 물론이고 다른 지역에서도 많이 찾아온다.

그리고 또 한 가지를 들자면 캠핑이다. 단카이 세대는 본격적으로 승용 왜건을 타고 캠핑을 하러 간 첫 세대다. 1979년에 발매된 도요타의 라이트에이스 왜건이 최초의 일반용 승용 왜건이었다. 단카이 주니어 세대도 부모와 함께 캠핑을 하러 갔다. 따라서 앞으로는 '친구 같은 삼대'가 함께 가는 캠핑이 확산될 것이다. 오토캠핑장은 이 '친구 같은 삼대'로 북적일 것이다.

이 '친구 같은 삼대'를 붙잡을 수 있다면 일본 최대의 인구 볼륨존인 만큼 관광 사업도 커다란 성과를 얻을 수 있을 것이다.

어른의 나홀로 여행

주목해야 할 또 한 가지는 '어른의 나홀로 여행'이다. 국내여행에서 60대의 16.6퍼센트가 '나홀로 여행'을 하고 싶다고 대답했다(도표42, 285페이지). 앞에서 이야기했듯이 클럽 투어리즘에서는 '어른의 나홀로 여행'이 히트 상품이 되었다. 원래 여행은 '친구끼리'나 '부부'가 가는 경우가 많기 때문에 '혼자서' 그 일행에 끼면 외로움을 느끼게 된다. 그러나 '나홀로 여행'이라면 걱정할 필요가 없다. 멤버 모두가 '나홀로 여행'이기 때문이다. 그곳에서 친구를 만들 수도 있다.

60대에서 40대로 내려옴에 따라 '나홀로 여행'을 하고 싶어 하는 비율이 높아진다. 단카이 세대에서 시작된 '나홀로 여행'은 앞으로 더욱 확대될 것이다. 어른의 나홀로 여행 시장은 커다란 가능성을 지니고 있다.

여행지는 홋카이도, 오키나와, 유럽

'여행을 간 지역·장소'와 '여행을 가고 싶은 지역·장소'를 국내여행과 해외여행으로 나눠서 물어봤는데, 매우 재미있는 차이가 발견되었다. 국내여행의 경우는 '여행을 간 지역·장소'의 순위와 '여행을 가고 싶은 지역·장소'의 순위가 완전히 반대라고 해도 과언이 아닐 정도의 결과가 나온 것이다. 한편 해외여행의 경우, 비율에 차이는 있을지언정 순위 자체는 거의 일치했다. 이것은 마음만 먹으면 저렴한 가격으로 갈 수 있는 국내여행과 그럴 수가 없는 해외여행의 차이로 생각된다.

국내여행을 간 지역·장소는 '간토·수도권·이즈 하코네'가 가장 많았고, 다음이 '교토·오사카'였으며, 그 다음이 '도카이·고신에쓰'였다. 이것은 일본에서 인구가 많은 지역 순서와 같다. 요컨대 자신이 사는 지역의 주변을 여행한 것이다. 또 어떤 지역이든 60대의 비율이 높았다. 은퇴해서 시간이 생겼기 때문인 듯하다.

이에 비해 여행하고 싶은 지역·장소는 1위가 '홋카이도', 2위가 '오키나와', 3위가 '교토', 4위가 '규슈', 5위가 '호쿠리쿠'로 순위가 정반대였다. 아직 가 본 적이 없는 사람도 포함해서 가고 싶은 지역이다. 연령대에 따른 차이도 거의 보이지 않는다. 그런 의미에서는 '홋카이도'도 '오키나와'도 아직 개척의 여지가 충분함을 알 수 있다.

해외여행은 절대값에 큰 차이는 있지만 여행한 지역과 여행하고 싶은 지역 모두 1위가 '유럽'이고 2위가 '하와이'였다. 다만 3위 이후는 달랐다. 이미 여행한 지역은 '동남아시아', '한국', '타이완', '중국·홍콩'이고, 여행하고 싶은 지역은 '오스트레일리아·뉴질랜드', '미국·캐나다'였다. 이것은 국내여행과 마찬가지로 거리와 관계가 있는 것으로 보인다. 연령별로는 여행한 지역의 경우 모든 지역에서 60대의 비율이 높았다. 또 여행하고 싶은 지역의 경우, 유럽이 1위인 것은 60대든 40대든 같았지만 하와이와 오스트레일리아·뉴질랜드, 미국·캐나다는 60대에서 40대로 갈수록 높아지는 경향이 있었으며 특히 하와이가 그런 경향이 강했다. 신혼여행으로 가 본 적이 있는 등 친숙함의 차이가 원인으로 보인다.

50+세대와 외국인으로
관광 입국立國

일본 정부 관광국(JNTO)에 따르면 일본을 찾아오는 외국인은 2013년에 1,000만 명을 돌파했고 2015년에는 1,937만 7,000명이 되었다.

정부의 'Visit Japan 캠페인'은 성과가 미미한 측면도 있었지만, 엔화 약세 등의 영향으로 최근 들어 갑자기 증가했다. 그리고 화제가 되고 있는 것이 중국인 관광객의 '싹쓸이 쇼핑'이다. 관광 입국이 갑자기 현실성을 띠기 시작했다. 정부도 2020년까지 방일 외국인 2,000만 명, 여행 소비 총액 4조 엔을 달성한다는 목표를 3,000만 명으로 재조정했다. 그런데 일본을 찾아오는 외국인의 수는 각국의 경제와 정치 사정에 따라 크게 좌우되는 반면에 '50+세대'의 여행은 외적 요인에 그다지 좌우되지 않는다. 앞으로도 꾸준히 확대되어 갈 것이다.

국내여행·관광 비즈니스의 경우는 앞으로도 '50+세대'와 '방일 외국인'에 큰 기대를 품을 수 있을 것으로 보인다. '50+세대'로 탄탄한 기반을 만들고, '방일 외국인'으로 힘을 최대화한다. '50+세대'는 기존의 어린 자녀가 있는 가족이 아니라 '어른 두 사람'과 '어른 친구들'이며, 이 패턴은 '방일 외국인'도 마찬가지다. 여기에 '신 삼대 여행족'과 '어른의 나홀로 여행족'이 있다. 이 또한 '50+세대'와 '방일 외국인'의 공통점이다. 기본 패턴이 공통적이므로 시설이나 서비스도 어느 정도 공통적으로 만들 수 있다. 이 조합을 추진한다면 관광 입국이 현실성을 띠기 시작할 것이다.

그중에서도 특히 두각을 나타낼 분야는 의료 투어와 카지노일지도 모른다. 세계의 의료 투어를 살펴보면 물론 심각한 병이 있어서 찾는 경우도 있지만 사실은 '미용 성형'의 비중이 크다. 여기에 일본의 독자적인 가능성이 숨어 있다고 생각한다. 앞에서 언급한 '일본 항가령 의학회'에 가능성이 있다. 외국의 미용 성형의 기본이 외면에 대한 시술이라면 일본에서 진행되고 있는 것은 내면에서의 항가령 의료이며, 이것이야말로 큰 차이점이자 기회다. 항가령 의료를 위한 건강 검진이나 식사 요법 · 운동 요법 등도 개발되고 있다.

　일본의 여성은 몇 살이 되어도 피부가 매끄럽고 젊어 보여서 세계 여성의 부러움을 산다고 한다. 황색 인종의 특성일지도 모르지만, 쌀을 주식으로 삼는 데 따른 쌀 발효 진액의 효과라는 설도 있다. 그런 여성들이 더욱 젊어지려 하고 있으며, 일본의 항가령 의학이 이를 더욱 뒷받침하게 될 것이다.

　의료 투어 속에서 항가령 의학이 커다란 힘을 발휘하게 되면 일본의 50+여성이 지금보다 더 국내여행을 많이 하고 전 세계의 여성도 항가령 의료를 받기 위해 일본을 찾아오게 될 것이다. 게다가 부유층 여성들이 일본에 오게 된다. 정기적으로 와야 할 필요도 생길 터이므로 관광 비즈니스에도 커다란 의미를 지닌다. 또 이를 통해 일본의 항가령 의학이 더욱 발전할 것이며, 그 결과 항가령 의료를 더욱 저렴한 비용으로 누릴 수 있게 되는 선순환이 만들어질 가능성이 있다.

　통합형 휴양지와도 연계의 가능성이 있다. 통합형 휴양지는 카지노뿐만 아니라 국제 회의장 · 상업 시설 · 레스토랑 · 극장 · 호텔 등으로 구성된 복합 관광 집객 시설이다. 카지노도 경제 효과가 높은 쪽은 하이롤러라고 부르는 초부유층을 타깃으로 한 곳이다. 하이롤러의 존재가 지역의 세금을 줄여 주기도 한다. 통합형 리조트 속의 카지노는 하이롤러만을 고객으로 받아도 좋지 않을까? 예컨대 1회 베팅 금액을 최소 50만 엔 또는 20만 엔으로 규정하는 식이다. 이렇게 하면 지역 주민의 도박 중독 등 카지노가 신설됨에 따라 발생할 수 있는 문제도 해결할 수 있지 않을까 싶다. 통합형 휴양지와 의료 투어가 직간접적으로 연계된다면 커다란 힘을 발휘할 것이다.

07
자동차
'운전면허를 반납하는 고령자'에서 '드라이브를 즐기는 새로운 어른'으로

70세에 운전면허를 반납한다?

40·50대는 자동차 사고율이 가장 낮은 세대다. 그들은 베테랑 드라이버이며, 젊었을 때처럼 무모한 운전을 하려고 하지 않는다. 그래서 저렴한 보험료를 세일즈 포인트로 삼은 자동차 보험도 출시되고 있다. 그러나 60대가 되면 동체 시력이 떨어지는 등의 이유로 서서히 면허 반납을 생각하기 시작한다. 본 연구소의 조사에서도 "현재 자동차를 운전하고 있지만, 언젠가는 그만둘 생각을 막연하게나마 하고 있다."라고 대답한 비율이 50대에서는 16.4퍼센트이지만 60대에서는 28.2퍼센트로 급증했다.

고속도로 역주행이나 가속 페달과 제동 페달을 잘못 밟아서 일어나는 사고 등에 대한 뉴스를 보면 결코 남의 일로 생각되지 않으며, 자신도 주의해야겠다는 생각이 든다. 지금까지는 70대가 되면 정말로 면허를 반납하는 방향으로 나아갔다. 현재 70세 이상에게는 '고령 운전자 표식'을 붙이도록 노력할 것이 의무화되어 있다. 이 표식은 예전에 단풍잎 마크 또는 시든 잎 마크라고 불리며 모양에 대한 불만이 있었기 때문에 2011년부터는 네 잎 클로버로 변경되었다.

70세가 되어 이 표식을 표시할 때가 면허 반납을 할지 말지 고민하는 계기가 된다. 그렇다면 현재의 60대 단카이 세대는 어떨까? 면허를 반납할까 하는 마음은 있겠지만, 과연 그것뿐일까?

아내와 드라이브를 하고 싶은 단카이 세대

단카이 세대를 중심으로 하는 60대 남성은 은퇴해서 무엇을 하고 싶을까? 사실은 '아내와 둘이서 드라이브를 하고 싶다.'고 생각하고 있다. 물론 하고 싶은 여러 가지 일 중 하나이지만, 본 연구소의 조사에서 그 경향이 두드러짐을 엿볼 수 있었다.

'향후의 자동차 이용 스타일'을 물어보면, '배우자와의 여행이나 드라이브'가 남성 40대에서 46.7퍼센트, 50대 49.3퍼센트, 60대 55.3퍼센트로 연령대가 높아질수록 계속 상승했다. 한편 '가족과의 여행이나 드라이브'는 40대부터 60대가 될수록 낮아지는 경향이 있다. 자녀가 독립하고 정년퇴직이 가까워짐에 따라 아내와 드라이브를 하고 싶은 마음이 강해지는 것이다. 한편 여성은 '배우자와의 여행이나 드라이브'가 40대에서 40.7퍼센트, 50대에서 38.7퍼센트, 60대에서 36.0퍼센트로 조금 낮아지는 경향이 있다. 따라서 남편의 '짝사랑' 혹은 '혼자만의 생각'이라고도 할 수 있다. 여성의 경우는 '쇼핑 등 일상적인 이동 수단'이 압도적으로 높다. 다만 여성도 약 40퍼센트는 '배우자와 드라이브'를 하고 싶다고 생각하고 있다. 애초에 부부 단 둘의 드라이브라고는 해도 아내의 생각은 '또 자기가 가고 싶은 옛 전쟁 유적지에 가려는 거잖아? 그러니 혼자 가라고.'이다.

그러나 만약 남편이 "전부터 오베르주에 가고 싶다고 했지? 거기 가자."라고 말한다면 이야기가 크게 달라져 '어른 두 사람의 멋진 드라이브'가 된다. 지금까지는 회사와 일로 바쁘고 가족이 최우선이어서 좀처럼 단 둘이 드라이브를 할 기회가 없었다. 그런 만큼 앞으로는 '어른 두 사람의 드라이브를 즐기고 싶다.'는 심리가 있다.

60대 단카이 세대가 젊었을 때는 도요타 2000GT, 닛산 페어레이디Z, 혼다 S800, 마쓰다 코스모스포츠 등의 스포츠카가 현실적인 드림카였다. 이런 자동차들은 젊은이들이 자동차 시장을 견인하는 출발점이 되었다. 그 후 도요타의 세리카, 닛산의 스카이라인 등이 주로 뽀빠이-JJ(포스트 단카이) 세대의 데이트 자동차로 떠올랐고, 젊은이들은 자동차 시장의 명실상부한 주역이 되었다. 현재도 자동차 시장에서 젊은 고객을 잡아야 한다는 이야기가 자주 나오는 이유는 당시의 성공 체험이 뇌리에 뿌리 깊게 남아 있기 때문일 것이다.

그러나 당시 자동차 시장을 견인했던 젊은이들은 이제 50·60대가 되었고, 현재의 젊은이들은 실용 지향·저가격 지향으로 경자동차나 카 셰어링을 선택하고 있다. 실제로 각 자동차 회사의 스포츠카나 핑크색 크라운은 젊었을 때 그런 자동차를 동경했던 40~60대의 지지를 받고 있다. 요컨대 '어른의 스포츠카'나 '어른의 멋진 자동차'가 확립되려 하고 있다는 말이다. 유럽의 스포츠카는 젊은이의 자동차가 아니라 처음부터 부유한 어른을 타깃으로 만든 자동차다. 이제 일본에서도 이와 같은 포지션이 확립되려 하고 있는 것으로 생각된다. 한편으로는 부부 단 둘이 타기 위해 다운사이징도 진행되고 있다. 하이브리드 자동차도 인기이며, 캠핑카도 호조다. 이렇듯 다양성이 생겨나고 있다.

앞에서 퇴직금의 용도로 '국내여행'이 압도적인 1위를 차지했다고 말했는데, 물론 열차로 여행하는 경우도 많아서 JR이 호조를 기록하고 있지만 한편으로 단카이 세대는 드라이브 여행도 즐긴다. 과거에 단카이·포스트 단카이 세대 젊은이들이 자동차 문화를 꽃피웠듯이 '어른의 자동차 문화'가 꽃을 피우고 있는 것이 아닐까? 조금은 멋을 내고 자동차로 골프장이나 고원의 미술관, 오토캠핑장에 가거나 오베르주 또는 식사가 맛있는 여관에서 묵는다. 시골 생활 투어에 참가하거나 지방의 야외 미술전 또는 연극제를 구경하러 갈 수도 있다. 젊었을 때는 꿈만 꿨던 일이 현실이 되는 것이다. 이런 '새로운 어른의 자동차 문화'가 확립된다면 지금의 젊은이가 어른이 되었을 때 어른의 자동차를 즐기게 되는 등 지속적인 소비와 문화가 탄생할 것이다.

08

패션
'수수한 옷차림의 고령자'에서 '센스 있는 새로운 어른'으로

고령자는 수수한 옷차림이었다

기존에는 고령자가 되면 옷차림이 수수해지는 것이 일반적이었다. 주로 갈색 계통의 옷차림이다. 특히 여성이 그랬다. 고령자를 타깃으로 한 의류 카탈로그의 표지는 단풍 사진에 갈색 계통이었다. 남성의 경우는 애초에 패션 자체가 없었다. 따라서 일부를 제외하면 다들 적당히 입을 뿐이었다고 해도 과언이 아니다. 말 그대로 단벌 신사였다.

그런데 최근 10년 사이 변화가 나타났다. 여성은 새빨간 색이나 노란색 등 원색 계통의 옷을 입게 되었다. 남성의 경우도 '파파스' 등의 어른을 위한 패션 브랜드가 등장했다. 색이 밝아지는 것은 좋지만, 새빨간 색이나 노란색은 사람에 따라 다르고 때와 장소에 따라 다르기는 해도 조금 과한 감이 있다. 오랫동안 수수한 옷차림이 상식이었던 탓에 그 벽을 무너뜨리지 못하고, 무너뜨리려 하면 갑자기 지나치게 화려한 원색이 되었다.

예전에 패션에 관한 불만을 조사한 적이 있다. 딸이 있는지 없는지를 기준으로 집계했는데, 그랬더니 매우 재미있는 사실을 알 수 있었다. 딸이 없는 사람은 가게나 디자인에 대한 불만이 높았다. 완전히 고령자용 옷밖에 없는 가게나 수수한 디자인이 불만이었다. 반대로 딸이 있는 사람들은 사이즈가 불만이었다. 즉 딸의 정보에 의지해 딸과 함께 최신 패션이 있는 부티크 등을 찾아갔는데, 딸에게는 딱 맞는 사이즈가 있지만 어머니에게는 마음에 드는 디자인이 있어도 사이즈가 없다. 뚱뚱해진 체형에 맞는 사이즈가 없어서 옷을 입어 보다가 분통을 터트린다. 이런 미스매치가 일어나고 있었던 것이다.

청바지 패션이 어른의 센스

"저 가게의 옷은 할머니 같아서 싫다오." 이것은 90대 여성이 한 말이다. 중노년·고령자의 옷은 갈색 계통이면서 수수하다는 상식이 드디어 변화하려 하고 있다. 앞에서도 이야기했듯이 2015년에 조사한 '들었을 때 기분 좋은 말'은 40~60대 전체에서 1위가 "센스가 좋다." 2위가 "생기발랄하다.", 3위가 "자연체"였다(도표14, 112페이지). '이러하고 싶은 자신'이라는 의미에서는 '자연체'인 것이다. 앞에서 말했듯이 '자연체 어른 여성'이다.

비틀즈가 일본을 방문한 이듬해인 1967년에 가수이자 배우, 모델인 트위기Twiggy가 일본을 방문해 '미니스커트' 열풍을 일으켰는데, 당시의 젊은 여성들이 바로 현재 60대인 단카이 여성이다. 단카이 여성은 일본에서 최초로 미니스커트를 입은 용기 있는 여성들인 것이다. 그 후 청바지에 티셔츠라는 지금은 지극히 당연한 패션을 처음으로 받아들인 사람들도 단카이 여성과 단카이 남성들이다. 그리고 1970년에는 〈an·an〉이, 1971년에는 〈non-no〉가 창간되었다. 두 잡지는 그전까지 주부지 아니면 부인지밖에 없었던 일본에 등장한 최초의 여성지였다. 이 잡지들을 지지한 계층은 단카이 여성들이었으며, 단카이 남성과 함께 최초로 패션과 유행이라는 말을 젊은이들의 것으로 만들었다.

이 60대가 앞으로 70대·80대가 된다. 그리고 동시에 이 60대가 70대 이상에게도 영향을 끼치고 있다. 결혼해 뉴패밀리라고 불렸을 때 창간된 〈크루아상〉이나 '무인양품'을 처음으로 지지한 것도 단카이 여성이다. 멋이나 센스에는 민감하지만, 청바지 패션은 원래 돈이 많이 드는 패션이 아니다. 그들이 젊었을 때는 히피 문화가 있었다. 칩시크cheap-chic라는 말도 있었다. 돈을 들이지 않고도 센스 있게 옷을 입을 수 있다, 티셔츠에 청바지로 멋을 낼 수 있어야 진짜 멋쟁이라는 감각이 있었다. 뉴뮤직 아티스트의 멋이라고나 할까? 현재 유니클로에 가면 50·60대를 많이 볼 수 있는데, 그들이 유니클로에 가는 것은 필연적인 현상이라고 생각한다.

새로운 어른 문화 연구소에서는 'Jeans Fifty'를 제창해 왔다. 실제로

40~60대의 60.0퍼센트가 "50대에도 청바지가 잘 어울리는 멋진 어른이고 싶다(어른이 되고 싶다)."라고 대답했다. 이전에 단카이 세대를 대상으로 실시한 조사에서는 남녀 모두 휴일 패션이 하의는 '코튼 팬츠'와 '청바지', 상의는 남성이 '폴로셔츠'와 '티셔츠'이고 여성이 '티셔츠'와 '니트'였다.

물론 그렇다고 해서 패션에 돈을 전혀 쓰지 않는 것은 아니다. 한때 고급 청바지가 유행한 것은 돈을 조금은 써도 괜찮다는 마음이 있었기 때문이다. 결국 무조건 비싼 옷을 몸에 두른다고 해서 좋은 것은 아니며 '센스'가 중요하다는 생각이 아닐까 싶다.

고령자는 수수한 복장이라는 기존의 일반적인 이미지와는 상당히 거리가 먼 현상이 일어나고 있다. 요는 '자연체'와 '센스'다. 60대에 은퇴하면 양복 등의 정장은 그다지 필요가 없어진다. 사복이 평상복이 된다. 평상시에는 유니클로의 옷을 입더라도 자연스럽고 센스 있게 입으려고 노력한다. 그리고 외출을 할 때는 조금 멋을 부린다. 고급 청바지를 입기도 하고, 재킷이나 여성의 경우 스톨을 맞춰서 입기도 한다. 정년 후 혹은 자녀가 독립한 뒤에는 아무 옷이나 입는 것이 아니라 평상복이라도 센스 있고 자연스럽게 입고 싶다. 그리고 가끔은 고급 청바지를 입고 싶다는 심리가 생겨나고 있다.

시니어 잡지는 실패했지만
패션 잡지는 성공했다

제2장에서 이야기했듯이 최근 10년 사이 각 출판사에서 시니어 잡지가 속속 창간되었지만 거의 휴간 또는 폐간되고 말았다. 성공한 것은 전부 패션 잡지다. 이런 잡지들은 단카이·뽀빠이-JJ(포스트 단카이)·신인류·버블 세대의 지지를 받고 있다. 단카이 세대부터 젊은이의 것이 된 패션과 유행을 더욱 발전시켜 나간 세대다. 패션 센스는 60~40대의 바탕에 깔려 있는 의식일 것이다.

이런 의식은 어디에서 나타나고 있을까? 남성의 경우, 젊은이가 타깃으로 생각되는 편집숍 'SHIPS'에서 점원에게 물어보니 "긴자점 같은 곳은 단카이 세대 손님들로 가득합니다."라고 한다. '빔스하우스'나 '유나이티드 애로우즈'에도 가고, '유니클로'가 지겨워져 'ZARA'에 간다는 이야기도 들린다. 50+세대는 지금까지의 상식과는 조금 다른 가게에서 소비를 하고 있다. 최근에 백화점 중에서는 이세탄의 남성관이 호조라고 한다. 비즈니스 슈트도 있지만, 단순히 비즈니스 슈트 매장이 커진 것이 아니다. 또한 이세탄 이외의 백화점에서도 멋진 평상복을 파는 신사복 매장이 인기를 끌고 있다. 이런 곳들은 '어른 남자의 패션 매장'이다.

한편 여성의 경우는 시행착오도 계속되고 있지만 어느 정도 브랜드가 갖춰져 왔다. 가령 월드의 'smart pink'나 리나운의 'ensuite' 등이다. 온워드 기시야마의 '자유구'에는 모녀가 함께 옷을 사러 온다. 또 젊은 여성들도 이용하는 '시마무라' 같은 가게에 가서 좀 더 싸게 좀 더 젊은 감각의 옷을 사기도 한다. 여기에 통신 판매나 인터넷 홈쇼핑의 이용도 확대되고 있다. 'DoCLASSE'는 '자연체 어른 여성'를 타깃으로 삼은 성공적인 통신 판매 브랜드의 대표이며, 의류 브랜드들도 속속 통신 판매를 시작하고 있다.

또 백화점 업계에서는 게이오 백화점이 어른 여성 특화라는 포지션을 확립하고 있다. 패션 리더층보다 팔로워층을 공략한 것이 성공 요인이다. 어떤 식의 형태로 모녀가 오게 됨으로써 성공한 곳도 많다. 예전에 도쿄 시부야에 위치한 백화점의 에이지리스 패션 브랜드 매장에 가서 "모녀 고객이 옷을 사러 오나요?"라고 물어본 적이 있는데, "그럼요. 할머님도 오시는데요."라는 대답이 돌아왔다. 필자는 할머니도 소위 아줌마 패션을 싫어하는 건가 하는 생각에 깜짝 놀랐다. 앞으로는 '모녀'뿐만 아니라 '삼대'가 함께 옷을 사러 와서 패션을 즐길 것이다. 물론 돈은 할머니의 지갑에서 나간다.

앞으로의 어른의 패션

'꼼데가르송'의 가와쿠보 레이川久保玲 씨도, '와이즈'의 야마모토 요지山本耀司 씨도, '이세이 미야케'의 미야케 잇세이三宅一生 씨도 70대다. 당연한 말이지만 다들 멋쟁이다. 앞으로 50+세대는 다들 그렇게 될 것이라고 암시하는 듯하다. 앞에서 소개했듯이 지금까지처럼 '할아버지 같은 옷'이나 '할머니 같은 옷'은 점점 사라질 것이다. 이미 빨간색과 노란색 등 원색 옷차림을 한 70대 여성을 볼 수 있는데, 앞으로는 좀 더 센스 있는 '멋진 어른의 패션'이 시작될 것이며, 이것은 인생의 마지막 순간까지 계속될 것이다. '자연체'의 최대 포인트는 '그 사람다움'이다. 따라서 '그 사람다운 패션'을 제안할 수 있느냐가 중요하다.

은퇴 후에는 양복이라는 제복에서 개성적인 사복으로 바뀐다. 앞에서 소개한 〈어른의 멋내기 수첩〉은 "40대, 50대, …그리고 60대를 더욱 자유롭게, 더욱 멋지게"를 외치며 '평상복의 멋 내기 · 일상의 멋 내기'를 추천하고 있다. 이 잡지에서 다루는 주제는 평상복을 입는 센스이며 멋 내기다.

노동자의 옷이었던 청바지가 젊은이의 옷이 되었듯이, 새로운 어른의 패션이 시작되려 하고 있다. 정년퇴직 등을 계기로 개인 시간이 늘어나고 종적인 인간관계에서 횡적인 인간관계로 넘어간다. 동창회를 포함해 모임도 늘어난다. 그런 곳에서는 평상복보다 조금 멋을 낸 패션이 요구된다.

이런 새로운 어른의 패션을 계기로 '청바지 포멀 파티' 등도 가능할 것이다. 전 세계의 젊은이가 청바지를 자신들의 것으로 만들었듯이, 이번에는 청바지를 새로운 어른의 평상복으로 만들어 나가는 시도다. 사복을 중심으로 새로운 어른의 패션이 탄생할 가능성이 있다. 앞으로 새로운 패션을 통한 새로운 문화가 꽃을 피울 것이다.

09

미디어
'정보를 수동적으로 받아들이는 고령자'에서 '매스미디어·인터넷을 이용하는 새로운 어른의 정보록'으로

매스미디어의 정보를 수동적으로 받아들였던 고령자

 과거의 노인·고령자와 현재의 50+세대의 차이점은 무엇일까? 15년 전에 현재의 연구소의 전신인 엘더 비즈니스 추진실을 설립했을 때, 조사를 통해 얻은 결론은 '매스미디어 생활자'였다. 매스미디어와 접촉하는 시간이 길고 컴퓨터를 이용하게 될 조짐도 느껴졌다. 당시의 정보원源은 '신문'이 압도적인 1위였고 '텔레비전'이 2위, '입소문'이 3위였다. 특히 60대 이상은 은퇴하고 시간이 많아졌기 때문에 1시간 이상을 들여서 신문을 구석구석까지 읽고 텔레비전을 장시간 시청했다.
 신문은 중앙지이며, 지방에서는 각 지역의 블록지, 지방지였다. 신문에 대한 신뢰는 매우 높았다. 10년 전에 본 연구소가 실시한 조사에서는 60대 남성의 78.7퍼센트가 "신문을 읽지 않는 것은 부끄러운 일이다."라고 대답했으며, 56.2퍼센트가 "신문 휴간일 다음날 아침은 허전하다."라고 대답했다. 이 세대는 신문과 함께 살아 온 사람들이었다. 여론은 신문과 함께 했고, '신문의 논조가 여론을 선도하는' 제2차 세계대전 이후 사회의 한가운데에 있었던 사람들이 70대 이상의 고령자들이었다.

또 텔레비전이라고 하면 앞에서도 이야기했듯이 대표적인 방송이 '미토 고몬'이었다. '고령자=시대극'이었고, 선한 노인이 오랫동안 지지를 받아 왔다. 밤에는 부부가 함께 고타쓰에 들어가 귤을 먹으면서 '미토 고몬'이 시작되기를 기다렸다. '미토 고몬'이 자신의 신분을 밝히고 탐관오리를 벌주는 장면을 보는 것이 즐거움이었다. 그 이전의 고령자들은 이웃과의 교류를 중시했던 데 비해 그들은 '미디어 고령자'가 되어 있었다. 다만 그 미디어에 대해서는 비교적 수동적이었다. 그렇다면 현재의 60대 단카이 세대는 어떨까?

텔레비전 시청률과 쇼핑몰 사이트를 좌우하기 시작했다

15년이 지난 지금도 텔레비전과 신문의 비중은 압도적으로 높으며, 기본적인 구조에는 변화가 없다. 다만 50·60대를 보면 1위와 2위가 역전되었다. 현재의 60대 단카이 세대는 초등학교 고학년 때 전국에 텔레비전이 보급되어 제1차 텔레비전 키드가 되었는데, 그 탓인지 '텔레비전'이 1위이고 '신문'이 2위가 되었다. 그리고 '사이트'와 '친구·지인'이 그 뒤를 이었다. 요컨대 '인터넷'과 '입소문'이다(도표44).

이것은 텔레비전의 시청률에도 커다란 영향을 끼치고 있다. 앞에서 이야기했듯이 민영 방송국의 시청률은 지금까지 M1·F1이라고 부르는 20~34세가 지탱하고 있었는데, 2013년에 M3·F3라고 부르는 50세 이상의 지지를 받는 아사히TV가 개국 이래 최초로 골든타임 시청률 수위에 올랐다. 아침 와이드쇼 시간대에 50세 이상이 가장 많이 보는 방송은 아사히TV의 '하토리 신이치의 모닝쇼'로, 이 방송에서 소개된 이온의 그리스식 요구르트가 폭발적인 매출을 기록했다. 또 월요일의 '요시즈미 미래도' 코너에서는 '고카이도伍街道(에도 시대에 만들어진 5개의 간선 도로-옮긴이) 걷기'가 대인기라고 한다.

제1장에서 2015년 전반기까지의 시청률을 자세히 소개했는데, 2015년 후반기에 큰 인기를 모은 방송은 NHK의 아침 드라마 '아침이

도표44 정보원은 '텔레비전'과 '신문', 그리고 '인터넷·점포·입소문'

Q. 평소에 정보를 보고 듣거나 직접 정보 수집을 하는 정보원은?

50대		60대	
① 텔레비전	85.3%	① 텔레비전	89.4%
② 신문	58.1%	② 신문	71.6%
③ 기업 사이트	35.8%	③ 기업 사이트	35.8%
④ 점포	31.9%	④ 점포	34.3%
⑤ 신문 전단지	27.7%	⑤ 신문 전단지	33.9%
⑥ 친구·지인	26.9%	⑥ 친구·지인	30.8%

출처 : 하쿠호도 새로운 어른 문화 연구소 조사, 2012년, 40~69세 남녀, 전국 2,700명 대상

왔다'였으며 이 드라마의 인기를 견인한 시청자는 F3이라고 부르는 50대 이상 여성들이었다. '아침이 왔다' 이전에 방송된 NHK 아침 드라마는 '맛상'과 '마레'였는데, 이 세 드라마가 2015년 텔레비전 드라마 평균 시청률(간토 지구) 1~3위를 독점했다(닛칸스포츠, 2015년 12월 30일). 또 민영 방송 드라마 중에서 호조였던 것은 2015년 전반기의 경우 '천황의 요리 담당', 후반기와 연간 최고 시청률은 '시타마치 로켓'이었으며, '낚시광 일기'가 꾸준한 인기를 자랑했다. 2015년의 최고 시청률 텔레비전 드라마는 전부 50대 이상의 지지를 받은 것으로 보인다.

얼마 전까지만 해도 '고령자=시대극'으로 통했지만, 이제는 텔레비전 드라마 자체를 50대 이상이 좌우하게 되었다. 인구 구조가 크게 변화하는 가운데 텔레비전 방송국에서도 50대 이상 시청자를 지속적으로 확보하는 것이 중요해졌다. 또 신문은 제2위의 정보원이다. 이 연령대는 신문도 여전히 신뢰한다. 중앙지와 지방지 모두 젊은 세대까지 모여서 다양한 토론을 벌이는 광장의 기능과 좀 더 지능이 높은 정보 기능을 확충하는 것이 열쇠가 될 것이다.

한편 50·60대는 디지털 미디어를 어떻게 이용하고 있을까? 단카이 세대는 회사에서 컴퓨터를 사용해 봤으며, 그 경험을 살려 정년퇴직 후에도 이메일로 친구와 커뮤니케이션을 하고, 아마존에서 책을 산다. 또 최근에는 페이스북 이용자도 늘고 있다. "정보 기기를 무엇에 이용하고 있습니까?"라는 조사에서는 '웹사이트 열람'과 '이메일 송수신'에 이용한다는 대답이 압도적으로 많았지만, '인터넷 쇼핑'도 3위를 차지했다. 게다가 인터넷 쇼핑을 한다고 대답한 사람은 50대에서 71.2퍼센트, 60대에서 69퍼센트로 거의 70퍼센트에 이르렀는데, 이것은 약간이기는 하지만 40대를 웃도는 수치다. 아마존을 이용하기 시작한 사람들이 다른 인터넷 쇼핑몰도 이용하기 시작한 것이다.

잡지의 경우는 지금까지 몇 차례 언급했듯이 50+세대의 니즈에 부합하는 여성 패션 잡지, 여성 생활 정보지, 남성 패션 잡지, 남성 취미 잡지 등이 앞으로도 힘을 발휘할 것이다. 분책 백과(특정 주제의 백과사전 또는 공작물을 여러 파트로 분리해서 정기적으로 발행하는 출판물. 전부 모으면 하나의 백과사전 또는 공작물을 완성할 수 있다-옮긴이)는 남성 취미 잡지의 연장선상이라고 할 수 있는데, 이것은 앞으로 SNS와의 융합이 하나의 포인트가 될 것으로 보인다.

라디오의 경우, 단카이 · 뽀빠이-JJ(포스트 단카이) 세대는 젊었을 때 심야 방송과 FM 방송을 즐긴 세대다. 라디오의 힘은 진행자의 역량에 좌우되는 경향이 있는데, 앞으로 그 힘이 더욱 큰 역할을 발휘할 것이다. 또 음악이 라디오 특유의 매력을 만들어 갈 것으로 보인다.

어쨌든, 이러한 매스미디어에 관해서도 다음에 소개할 '정보연'情報緣이 중요해질 것으로 보인다. 콘텐츠나 뉴스가 사람과 사람을 연결하는 '커뮤니케이션 소스'가 되는 동시에 미디어 자체가 '정보연 커뮤니티'를 형성하는 장소가 될 것으로 예상되기 때문이다.

키워드는 정보연情報緣

과거에는 고령자의 유대라고 하면 이웃이나 친척으로 구성되는 '지연·혈연'이 기본이었다. 그런데 현재의 50+세대는 앞에서 살펴봤듯이 '미디어 생활자'다. 이제는 부부도 친구도 인터넷을 포함한 '미디어 정보'를 통해 인연을 만드는 '정보연情報緣'의 시대다. 예컨대 부부의 대화 소재는 '니시코리 파이팅!'이나 '하뉴 유즈루의 대활약', '아사다 마오의 부활', NHK 아침 드라마이고, 친구와의 대화 소재는 뭐니뭐니 해도 '럭비', '축구', '야구' 등의 세계 대회다.

'정보연'이란 '매스미디어 혹은 휴대 전화·스마트폰·컴퓨터 등 새로운 미디어를 활용'해 '건강·환경·취미' 등 '관심사에 관한 정보를 미디어로부터 입수·교환'하면서 '친구를 만들고', '부부'나 '삼대'의 관계도 풍요롭게 하는 것이다(도표45). 최근 10년 사이 수많은 시니어 사이트가 탄생했지만 대부분은 실패로 끝나고 말았다. 몇 안 되는 성공 사이트 가운데 최대 규모는 앞에서 소개한 DeNA의 '취미인 클럽'인데, 이곳은 말 그대로 '정보연' 사이트다. 50대 이상을 위한 '취미 SNS'로, 50대에 사진이나 여행 등의 취미를 시작했지만 주위에 대화를 나눌 사람이 없을 때 오면 같은 취미의 선배나 동료를 만날 수 있다는 장점을 앞세워 32.5만 회원에 90만 UU(유니크 유저), 월간 2억 6,000만 PV(페이지뷰)를 자랑하는 대형 사이트가 되었다.

취미인 클럽에서는 카메라·관광·음료·편의점 등 수많은 업종이

도표45 지연·혈연에서 '정보연'으로

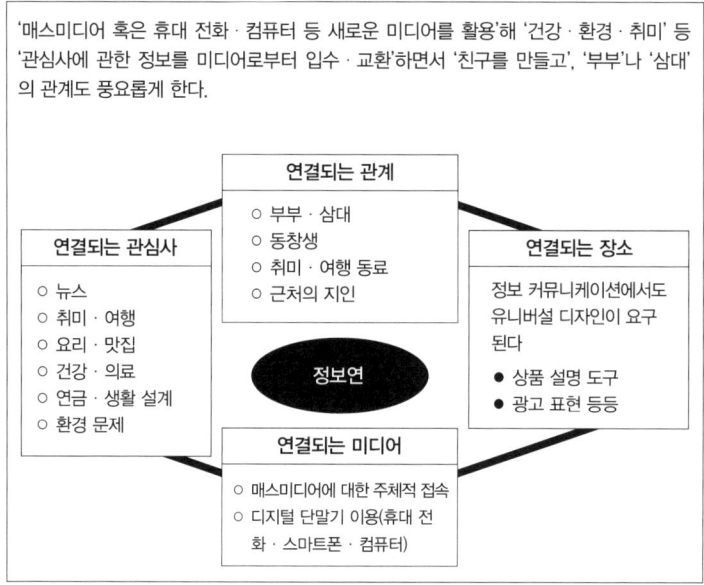

판촉 활동을 벌이고 있다. 한류도 여성 친구들의 커뮤니케이션을 통해 확산되어 관련 상품·콘서트·CD·DVD·여행 등의 소비로 확대되었다. 그들의 '정보연 파워'가 화제를 낳았고, 이것이 소비를 만들어 왔다. 앞에서 엘더의 2대 자본은 '건강'과 '경제'이며 세 번째 자본으로 '커뮤니케이션'이 있다고 말했는데, '정보연'이 '커뮤니케이션'을 만든다. 그리고 이것은 제1장 제5절 '엘더의 불안 요소와 3대 자본'에서 언급했듯이 '독거노인', '고독사' 같은 현재 고령자의 사회 문제를 해결할 중요한 방책이 된다. 이메일이나 SNS 등으로 연결되어 있으면 자신의 상황을 말할 수 있고, 친구·지인에게서 이메일을 받을 수도 있으

며, 글이 올라오지 않으면 걱정해 주는 사람도 생긴다. 디지털 단말기는 제3의 자본인 '커뮤니케이션'을 지탱하는 중요한 역할을 담당한다.

50대 이상 여성지 가운데 최대 부수를 자랑하는 잡지는 〈이키이키〉(〈halmek〉)다. 서점에서는 판매되지 않아 직판으로만 구매가 가능한 이 잡지는 편집부를 중심으로 한 의사疑似 커뮤니티의 성격을 지니고 있다. 실제로 수제 페스타 등 독자가 자신이 만든 작품을 가지고 모이는 이벤트 등을 열고 있다. 이 〈이키이키〉(〈halmek〉)도 '이키이키 서클'이라는 SNS를 시작했는데, 여성 특유의 가벼운 수다를 떨 수 있도록 만들어져 있다. 또한 수많은 회원 조직과 연계를 시작해 정보연끼리의 연대를 통한 거대한 연계 커뮤니티를 만듦으로써 50+여성의 커뮤니케이션의 기반을 만들려 하고 있다. 앞에서 이야기했듯이 잡지나 라디오가 인터넷과도 연계하면서 정보연의 기능을 하고 있는 것이다.

디지털 기술을 이용한
신 삼대의 상호 돌봄

고령자에 대한 '지켜보기'는 2010년에 NHK가 '무연 사회'라는 방송을 통해 '독거노인' 문제를 제기한 이래 필요성이 강조되어 왔다. 이를 위해 디지털 기술을 이용하는 방안도 여러 곳에서 논의되고 있으며, 시스템과 소프트웨어의 개발, 실증 실험이 진행되어 왔다.

그리고 한편에서는 지금까지 이야기했듯이 60대 단카이 조부모의

'손자·손녀 돌보기'가 시작되었다. '자녀 가족의 육아를 돕는 조부모'의 94.5퍼센트는 '손자·손녀와의 커뮤니케이션'을 즐겁게 여긴다. 여기에서 우리는 '디지털 기술을 이용한 고령자 지켜보기'에서 한 발 더 나아가 '디지털 기술을 이용한 신 삼대 커뮤니케이션', '상호 지켜보기'를 생각할 수 있다.

앞으로는 자녀 가족이 조부모를 지켜보는 한편 조부모도 자녀 가족을 지켜보는 역할을 할 가능성이 있다. 가령, 현재 카메라를 설치해서 젊은 어머니가 자녀의 상황을 실시간으로 파악할 수 있게 한 보육원이 등장했다. 그러나 젊은 어머니는 직장에 다니는 경우가 많기 때문에 항상 영상을 보고 있을 수는 없다. 또 자녀에게 무슨 일이 일어났을지도 모르는 장면을 보면 공황 상태에 빠질 수도 있다. '업무 중이나 회의 중에 아이한테 무슨 일이 생기면 어떡하지?'라고 걱정한다. 이럴 경우 시간 여유가 있는 조모가 그 역할을 담당하는 방법을 생각할 수 있다. 조모는 누구를 의식할 필요 없이 계속 화면을 들여다볼 수 있으며, 만에 하나의 상황이 벌어지더라도 하던 일을 중단하고 즉시 보육원으로 달려가는 등 침착하게 필요한 대처를 할 수 있다.

또한 페이스북이나 라인도 서서히 60대 사이에 침투하고 있다. 따라서 페이스북이나 라인을 이용해 가족끼리 커뮤니케이션을 하는 것이 당연해질 가능성이 있다. 예전에는 자녀 가족이 너무 바쁜 나머지 부모에게 연락을 못하는 일이 종종 있었지만, 이메일이나 페이스북, 라인이라면 자녀 가족도 짬이 날 때 답장을 보낼 수 있다. 60대 단카이 세대가 나이를 먹어 갈수록 집에 있는 시간도 길어지는 만큼, '디지털 기술을 이용한 신 삼대 상호 돌봄'의 역할이 크게 기대된다.

스마트 텔레비전의 주역이 된다

앞으로 텔레비전과 컴퓨터는 '스마트 텔레비전'의 방향을 향해 나아갈 것이다. 그리고 스마트 텔레비전의 이용자는 60·50대가 중심이 될 것이다.

이것은 첫째로 고령이 될수록 재택 소비 경향이 되기 때문이며, 둘째로 스마트 텔레비전은 텔레비전 홈쇼핑과 인터넷 쇼핑의 융합이기 때문이다. 현재 텔레비전 홈쇼핑의 중심 이용 계층은 50·60대 여성이다. 인터넷 쇼핑은 60대 남성이 이용하고 있다. 인터넷 쇼핑의 이용자는 50대가 71.2퍼센트, 60대가 69퍼센트로 약 70퍼센트에 이른다.

셋째는 집에 있는 시간이 많아짐에 따라 주문형 비디오로 영화를 시청하게 될 것으로 생각되기 때문이다. 대화면 텔레비전이 있으면 홈시어터를 즐길 수 있다. 텔레비전으로 영화를 시청하고 상품·서비스도 구입할 수 있으므로 필연적으로 스마트 텔레비전의 헤비 뷰어=헤비 유저가 된다. 이용 편의성과도 관련이 있지만, 인터넷 쇼핑의 이용이 급속히 증가하고 있는 상황과 텔레비전 홈쇼핑이 이만큼 활성화된 상황을 보면 이 둘의 연장선상인 스마트 텔레비전은 현재의 50·60대가 이용하게 될 것이다. 게다가 70대·80대·90대로 나이를 먹을수록 더 많이 이용하게 될 가능성이 높다.

'디지털 기술을 이용한 신 삼대 상호 돌봄'과 '스마트 텔레비전'의 예를 생각하면 현재의 50·60대는 이미 나름대로 디지털 기기를 사용하고 있으므로 앞으로 집에 있는 시간이 길어짐에 따라 다른 디지털 단말기도 사용하게 될 가능성이 있다. 그리고 객단가가 높기 때문에 온라인 쇼핑 시장에서도 커다란 영향력을 발휘할 가능성이 있다.

또한 현재의 60대 단카이 세대보다 이러한 경향이 더욱 강한 50·40대는 나이를 먹으면 단카이 세대 이상으로 디지털을 구사하게 될 것이 분명하다. 이러한 경향은 다음 세대로 넘어갈수록 더욱 가속화될 것이다.

10

주거
'최후의 안식처를 증개축하는 고령자'에서 '최고의 인생을 위한 리폼 디자인'으로

배리어 프리
증개축을 하는 고령자

기존의 고령자가 집을 증개축할 때 무엇보다 우선한 것은 배리어 프리(고령이 되어 거동이 불편해져도 생활에 지장이 없도록 장해물을 없애는 것-옮긴이)였다. 그래서 주로 통로 등의 폭을 넓히고, 계단에 난간을 부착하거나 기울기를 완화시키고, 욕실과 화장실을 개량하고, 단차를 없애고, 출입구를 개량하고, 바닥을 잘 미끄러지지 않는 소재로 교체했다. 이러한 것들은 현재도 앞으로도 필요하며 중요한 사항이다. 요개호 상태가 되거나 그 정도까지는 아니더라도 운동 능력이 저하되기 쉬운 고령자가 살기 편한 집을 만드는 것이다. 특히 계단에 난간을 부착하거나 욕실·화장실을 개량하는 것은 운동 능력의 저하를 생각할 때 매우 중요한 일이다.

그런데 고령자의 증개축은 과연 배리어 프리가 전부일까? 현재의 50·60대는 집을 어떻게 만들려고 생각하고 있을까?

어른 두 사람이 대화를 나누고 각자 즐길 수 있는 공간

50·60대는 집의 리폼을 고려하게 되는 연령대다. '자녀의 독립'과 '정년퇴직'이라는 두 가지 계기가 생기기 때문이다. '자녀의 독립'으로 '자녀의 방'이 비게 된다. 자녀와 함께 살던 집에서 갑자기 어른만의 집이 되는 커다란 변화다. 이때 처음으로 리폼을 고려하기 시작하며, 그 후 정년퇴직을 계기로 리폼을 실행하게 된다.

리폼을 할 때 자주 나오는 이야기가 '별도의 침실'이다. 주로 아내가 먼저 이야기를 꺼낸다. 남편은 당황해서 '뭐지? 이러다 이혼하려는 생각인가?'라고 고민하게 된다. 그러나 대개는 그런 의도가 아니며, 단순히 '남편이 잘 때 코를 골아서 시끄럽기' 때문이다. 그래서 다소의 완화책으로 완전히 별도의 침실을 만들지 않고 침대를 T자형으로 만드는 '반半별도 침실'도 제안되고 있다. 어쨌든, 현재의 60대 단카이 세대부터는 '아내의 자립감'이 핵심이 된다. 아내는 결국 남편을 먼저 떠나보내고 자신이 세상에 남겨질 것으로 생각하기 때문에 '혼자만의 생활'을 생각해 놓으려 한다. 극단적으로 말하면 '자립한 아내와 남편의 새로운 생활 방식'이 주제가 된다.

구체적으로 무엇을 요구하고 있을까? 조사 결과를 살펴보면 40~60대의 1위는 "욕실을 넓혀서 느긋하게 쉴 수 있는 집으로 만들고 싶다", 2위는 "편하게 요리할 수 있는 부엌으로 만들고 싶다.", 3위는 "태양광 발전 등 자가 발전을 도입해서 환경에 공헌하는 집으로 만들고 싶다.", 4위는 "느긋하게 쉴 수 있는 침실로 만들고 싶다.", 5위는 "유니버설 디자인의 집으로 만들고 싶다.", 6위는 "부부가 편하게 쉬거나 대화를 즐길 수 있는 집으로 만들고 싶다.", 7위는 "각자 자신을 위한 방을 갖고 싶다.", 8위는 "취미를 위한 방(오디오룸) 등을 만들고 싶다."였다.

먼저 1위와 4위는 '느긋하게 쉴 수 있는 집으로 만들고 싶다.'이다. 일본의 집은 가뜩이나 부지 면적이 좁은데 여기에 자녀까지 함께 생활하고 있었기 때문에 자녀가 독립한 뒤에는 '느긋하게 쉴 수 있도록' 만들고 싶다는 마음이 생긴다. 그 다음에 '부부가 대화를 할 수 있도록'이 나오는 것은 마침내 육아에서 해방되었다는 생각의 발로일 것이다.

2위는 '편하게 요리할 수 있는 부엌'인데, 특히 여성의 비율이 높으며 60대가 가장 높다. 전업 주부는 하루에 세 번 서서 일을 해야 하므로 그 일을 편하게 하고 싶다는 생각이다. 5위에는 '유니버설 디자인'이 나온다. 60대에서는 역시 '편하게 요리할 수 있는 부엌', '욕실을 넓힌다.'에 이어 '유니버설 디자인'이 3위로 부상한다. 리폼의 다음에는 재건축이 있는데, 이미 '단층'의 주택 상품도 발매되어 인기를 모으고 있다. '단층'은 계단이 없기 때문에 궁극의 유니버설 디자인 주택이며, 과거 텔레비전 초장기에 방송된 미국 드라마에서 보던 집이기도 하다. 배리어 프리는 중요하지만, 한편으로는 그동안 동경하던 '단층집'이라는 새로운 주거 방식도 하나의 선택지가 된다.

　7위와 8위는 '내가 즐길 공간이 있었으면 좋겠다.'이다. 남편은 자신의 서재, 아내는 자신의 방을 원한다. 아내에게는 모든 방이 자신의 방 같으면서도 실제로는 자신만의 공간이 없는 것이 현실이다. 모두가 보고 있는 거실에서 체조를 해야 할 때도 종종 있다. 한편 남편은 서재를 원하지만, 처음부터 단도직입으로 말하면 아내에게 "당신은 항상 그렇게 자기 생각만 하지."라는 말을 듣기 일쑤다. 그렇다면 어떻게 해야 할까? 먼저 아내에게 "이제 당신만의 방이 하나쯤은 있어야 하지 않겠어?"라고 말하는 것이다. 그러면 아내는 "당신도 서재가 필요하지 않아?"라고 말해 줄지도 모른다.

　어떤 아내의 꿈은 '밤하늘이 보이는 욕조'에 들어가고 싶다는 것이었다. 그래서 리폼을 할 때 2층에 '밤하늘이 보이는 욕조'을 실현시켰다. 이웃집에서 들여다볼 수 있다는 문제가 있었지만, 그런 것은 아무래도 상관없었다. 자신의 꿈이 더 중요했다. 이런 것도 자녀가 독립했기에 가능한 일이다. 배리어 프리나 유니버설 디자인이 전부가 아니라 지금까지 간직해 왔던, 혹은 절반쯤 포기하고 있었던 '어른의 꿈'을 실현시키는 것이 현재의 50·60대가 생각하는 리폼인 것이다.

어른 두 사람이 사는 곳에는
새어른 가전제품

이 '어른 두 사람의 자립된 공간'에는 '새어른 가전제품'이 있다. 지금까지는 텔레비전도 청소기도 세탁기도 냉장고도 에어컨도 전자레인지도 4인 가족을 표준으로 제공되어 왔다. 한편 새어른 가전제품은 기본적으로 2인용이다. 또한 유니버설 디자인이며 가벼워서 들고 다니기 편할 것이 요구된다. 두 사람의 저녁식사 메뉴가 아라카르트라면 고급 전기밥솥으로 맛있는 밥을 지어서 먹고 싶다는 생각이 들게 된다. 고급 전기밥솥은 10만 엔이 넘는 것도 있다. '어른 두 사람의 생활'을 즐기기 위한 가전제품이며, 그럴 수 있다면 다소 비싸더라도 개의치 않는다.

또한 부부가 각자 자신의 힘으로 할 수 있을 필요가 생긴다. 어느 단카이 세대 회사원이 정년퇴직을 하는 날 아내에게 진지하게 "오늘로 정년퇴직이야."라고 말했다. 그런데 "그동안 정말 수고했어요."라는 말을 들을 줄 알았건만 "그래요? 그러면 나도 오늘로 정년퇴직이에요. 내일부터는 청소도 빨래도 요리도 전부 직접 하세요."라는 대답이 돌아왔다고 한다. 단카이 세대부터는 아내가 많든 적든 이런 생각을 갖고 있다. 새어른 가전제품은 가전제품을 능숙하게 다룬다고는 말할 수 없는 남성도 조작할 수 있어야 한다.

밤에 잠들기 전에 아내가 독서를 하고 있는데 텔레비전이 보고 싶거나 음악이 듣고 싶다면 혼자서 볼 수 있는 텔레비전이나 혼자서 들을 수 있는 오디오 등이 간절해진다. 근처의 먼지 정도는 직접 처리할 수 있는 핸디 클리너와 야식을 직접 만들어 먹기 위한 전자레인지도 필요해진다. 다소 고가의 외국산 고기능 청소기나 고기능 선풍기·온풍기 등이 잘 팔리는 이유는 남편이 선택했기 때문인지도 모른다. 아내는 아이들이 뛰노는 동안에는 구석구석까지 완벽하게 청소하기보다 베테랑 주부로서 적당한 수준으로 매일 청소와 집안일을 마치는 기술을 익혀 왔다. 그런데 남편은 자녀가 살지 않게 된 집을 철저히 청소하고 싶어 하기 때문에 다소 비싸더라도 고기능 청소기를 원하게 된다.

또 제네릭 가전제품이라고도 부르는 기능이 단순하고 저렴한 가전제품이 인기리에 판매되고 있다. 선풍기, 쿠킹 히터, 텔레비전, 전자레인지 등이 등장했다. 스위치를 켜면 즉시 사용할 수 있고 가격도 저렴해서 1인 세대나 2인 세대가 사용하기 편하다. 애초에 자신이 쓰고 싶은 기능만 있으면 되니 기능이 단순하고 저렴한 것이 좋다는 합리적인 선택이다. 저가 스마트폰 역시 결국은 통화와 문자만 주고받을 수 있으면 충분하며 애플리케이션은 많이 사용하지 않는 세대이기에 할 수 있는 합리적인 선택이다.

외국산 고기능 가전제품이든 제네릭 가전제품이든 요는 '용도에 맞춰 필요한 것을 선택한다.'이며, '현명한 소비자'이므로 필요한 것에는 아낌없이 돈을 쓰지만 필요하지 않은 것에는 한 푼도 쓰지 않는다. 여담이지만, 제네릭 가전제품 중에는 대기업에서 정년퇴직한 사람이 기술자로서 실력을 발휘한 작품도 있다고 한다.

'단독 세대 수'가 '부부와 자녀 세대 수'를 웃돌게 된 오늘날, 이런 가전제품은 50+세대뿐만 아니라 다양한 세대로 확대될 것이다.

친구나 가족을
초대하는 집

또한 '어른 두 사람'의 다음에는 '친구'와 '신 삼대'가 있다. 리폼을 할 때면 오디오룸이나 홈시어터룸을 만들고 싶어지지만, 그 홈시어터룸을 혼자만의 놀이터로 만들기보다는 맛있는 술과 안주를 준비해 놓고 "오늘은 구로사와 아키라 영화전이야."라며 아내나 친구를 초대하고 싶은 심리도 있다. 커피 잔이나 위스키 잔을 기울이면서 "정말 끝내주는데?"라는 칭찬을 듣는다면 기분 최고일 것이다. 거실과 테라스를 일체화해 유리문을 열면 넓게 이용할 수 있도록 만들어서 친구나 가족이 모일 수 있는 집으로 만든 예도 있다. 이렇게 하면 삼대가 모여서 즐길 수 있는 집도 된다.

리폼을 할 때는 부엌을 리폼하고 싶다는 목소리도 많다. 남편이 집안일과 육아에 참여하지 않았던 것이 부부의 불화를 낳아 온 측면이 있다. 부부가 함께 요리를 만드는 부엌으로 리폼한다. 또 아일랜드 키친으로 만들어서 남편이 친구나 가족에게 요리를 대접할 수 있게 한 예도 있다.

60대 단카이 세대부터 시작된 경향으로 여성도 자녀가 독립한 뒤에 자신의 꿈을 실현시키고 싶어 하는 심리가 있다. 여성들에게 꿈을 물어봤을 때 많이 나온 대답이 '자택 카페'였다. 이미 많은 여성이 오후에 친구들을 불러서 차를 마시며 수다를 떨고 있겠지만, 그 완성형은 '자택 카페'다. 개중에는 은퇴한 남편이 자택 카페에서 접시를 닦으며 도

와주는 사례도 있다. 50대부터 새로이 풍요로운 커뮤니케이션을 만들기 위한 리폼이다.

도심파와 교외파

어디에 살고 싶은지 '이주한/이주하고 싶은' 주거지를 물어보면 '도심·시가지에서 교외·시골로'와 '교외·시골에서 도심·시가지로'가 거의 반반으로 나온다. 굳이 따지면 '도심·시가지로'파가 54.2퍼센트로 약간 우세하다. 특히 여성의 경우는 '도심·시가지로'파가 57.5퍼센트로 높은 것이 흥미롭다. 여성은 50대까지 육아와 집안일에 전념해 왔기 때문에 '자, 이제부터 시티 라이프를 만끽하겠어!'라는 의욕이 가득하다. 어른이 된 딸과 쇼핑을 갈 날을 즐겁게 기다리는 아내도 있을 것이다. 한편 남편은 주로 도심지에서 일하는 경우가 많기 때문에 "시골에서 살고 싶어…."라고 중얼거린다. 그러면 아내는 '이 사람은 대체 무슨 소리를 하는 거야?'라고 생각할지 모른다.

열심히 설득했지만 아내의 동의를 얻지 못하고, 그럼에도 "시골에서 살고 싶어."라고 말했다가 아내에게 "그럼 혼자 가서 살지 그래요?"라는 대답을 들은 남성이 있었다. 그래서 결국 혼자서 시골로 내려가 이메일로 연락을 주고받으며 따로 살기 시작했고, 어느 정도 시골에 자리를 잡자 아내도 이따금 내려오게 되었다고 한다. 아내는 육아를 마치고 새로 태어난 순간 친구 만들기에 돌입한다. 또 남편과 달리 지역에도 뿌리를 내리고 있어서 지인이 많다. 그래서 그 관계를 끊고 싶지 않아 한다.

'도심·시가지파'에게는 엔터테인먼트나 맛집 등 도시 문화를 즐기려 하는 심리가 있다. 한편 '교외·시골파'는 자연속에서 가정 농원 등을 즐기고 싶어 하는 심리가 있다. '도심·시가지파'는 도심지의 타워맨션 등을 구입한다. 도심지의 맨션은 정원 청소나 주거지 보수 등을 할 필요가 없고 냉난방도 완비되어 있다. 손님맞이 공간이 전망 좋은 곳에 있어서 친구나 지인, 가족이 와도 대응할 수 있다. 한편 '교외·시골파'는 원예나 농원, 아내도 함께 할 수 있다면 잼 만들기 등을 즐긴다.

앞에서 소개한 단카이 세대를 대상으로 한 설문 조사에서 '도시와 시골에 집을 갖기'도 많은 사람이 꿈꾸고 있었다. 여성도 현실은 어떻든 꿈은 꾸고 있다. 조건이 갖춰지면 그런 선택도 가능할 것이다. 가루이자와나 유가와라에 살면서 이따금 도쿄의 맨션을 이용하는 생활이다.

신 삼대의 생활

자녀의 독립은 리폼의 계기가 되지만, 자녀가 독립해 집을 나갔다고 해서 끝은 아니다. 그 다음에는 '어른이 된 자녀와의 인간관계', 나아가 자녀가 결혼해 가정을 꾸리면 '자녀 가족과의 인간관계'가 시작된다.

이것이 미국의 빈 둥지와 크게 다른 점이기도 하다.

'자녀의 독립'이라고는 해도 '독립했을 터인 자녀가 집에 있을' 때도 많다. 요는 '캥거루족'이다. 특히 딸이 그런 경우가 많다. 나이를 먹어도 시집을 가지 않고 아르바이트를 하거나 파견 사원으로 일한다. 다만 경제적으로나 시간적으로나 일단은 자립을 했기 때문에 학생일 때처럼 손이 가지는 않으며, 말하자면 식객 같은 존재다. 이러한 상황에 맞춰서 나온 것이 1.5세대/2.5세대 주택이다. 2.5세대는 2세대 주택에 '캥거루족' 여성이 함께 사는 주택이다. 2.5세대 주택에서는 독립성이 높은 '캥거루족' 여성과 가정생활을 계속하는 2세대 가족의 커뮤니케이션이 과제다. 그래서 완충재 겸 커뮤니케이션 공간이 있으면 어떨까 하는 제안도 나오고 있다. 어른끼리 대화를 나눌 수 있고 자녀도 들어오는 '어른의 커뮤니케이션 공간'이다.

1.5세대/2.5세대 주택은 결국 동거이지만, 자녀 가족과의 주거 형태로 동거·근거近居·원거遠居 중 무엇을 원하느냐고 물어보면 사실은 '근거', 즉 가까운 곳에서 따로 살기가 압도적으로 많았다(도표46). 근거는 서로의 사생활을 존중하면서 좋은 커뮤니케이션을 유지하고 싶다는 의미다. 그리고 '걸어서 갈 수 있는 거리'와 '걸어서 가기는 멀지만 쉽게 왕래할 수 있는 거리' 중 어느 쪽을 선호하느냐고 물어보면 거의 팽팽하지만 후자가 약간 우세했다. 이렇게 가까운 거리에서 따로 살면서 이루어지는 것이 '손자·손녀 돌보기'다. 요는 가까운 곳에서 따로 살면서 손자·손녀 돌보기에 뛰어들어 조금 힘들기는 하더라도 즐겁게 손자·손녀를 돌보고 싶다는 것이다.

[도표46] 자녀 가족과는 "가까운 거리에서 따로 살고 싶다(근거)"가 압도적

Q. 당신은 앞으로 자녀(자녀 가족)와 어떤 주거 관계를 생각하고(바라고) 있습니까?

		n	동거	근거	원거	모르겠다
전체		1851	9.8	35.4	6.2	48.6
성별	■ 남성	889	10.2	30.4	5.8	53.5
	여성	962	9.4	40.0	6.5	44.1

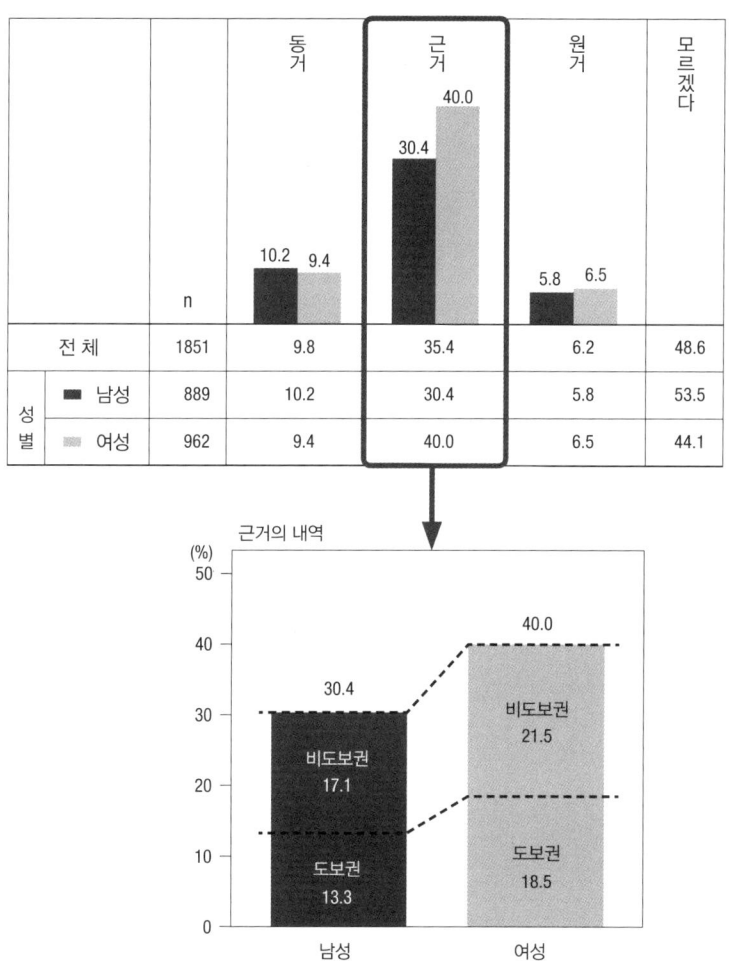

근거의 내역

남성: 비도보권 17.1, 도보권 13.3 (합 30.4)
여성: 비도보권 21.5, 도보권 18.5 (합 40.0)

출처 : 하쿠호도 새로운 어른 문화 연구소 조사, 2015년, 40~69세 남녀, 전국 2,700명 대상

근거를 지향하는 심리에서 간과할 수 없는 점은, 기본적으로는 세대가 따로 떨어져서 살기 때문에 가전제품 등은 각자 준비해야 한다는 사실이다. 그중에서도 특히 부모 세대의 집에서는 앞에서 소개한 새어른 가전제품이 활약한다.

앞으로는 다양한 '근거'와 다양한 '신 삼대 커뮤니케이션'이 확대될 것이다.

일본판
CCRC를 향해

일본판 CCRC가 움직이기 시작했다. CCRC는 'Continuing Care Retirement Community'의 머리글자다. 건강할 때부터 개호가 필요해질 때까지 계속 살 수 있는 퇴직자의 커뮤니티로, 지방 재건의 열쇠 중 하나로 기대 받고 있다. 리폼, 재건축 다음에는 이주가 있다. 앞에서 '도심·시가지파'와 '교외·시골파'가 반반이라고 말했는데, 그중에서 '교외·시골파'인 사람들이 주된 대상이 될 것이다. 미국의 CCRC의 일본판이다.

미국의 은퇴자 커뮤니티 가운데 가장 유명한 곳은 선시티. 선시티는 제3장에서도 세대의 소칭을 다룰 때 잠시 소개했는데, 플로리다와 캘리포니아를 비롯해 미국 각지에 위치한 도시의 외곽에 자리 잡고 있으며 주된 입주자는 미국의 베이비부머 세대다. 실제로 가 보면 일본의 단카이 세대도 매력적으로 느낄 것이다.

선시티의 특징은 골프 코스 안에 주택이 점재하고 있다는 것이다. 주거자는 언제라도 골프를 즐길 수 있고 친구를 초대할 수도 있다. 스포츠라고 하면 워킹과 골프인 일본의 단카이 세대에게도 절호의 입지일 것이다. 그리고 클럽하우스 같은 트레이닝 센터에는 당구대와 마작 테이블이 가득 설치되어 있어 수많은 입주자가 당구와 마작을 즐긴다. 이것도 젊었을 때 대학가 주변의 당구장과 마작장을 들락날락하던 단카이 세대에게 딱 어울리는 시설일지 모른다. 참고로 당구와 마작 모두 클럽이 조직되어 있으며, 도예 클럽이나 회화 클럽도 있다. 이 클럽 조직의 충실함은 타의 추종을 불허한다고 한다.

또 건강관리 센터가 있어서 매일 건강관리를 실시하는 동시에 시내의 병원과도 연계해 무슨 일이 있으면 병원에서 대응할 수 있게 되어 있다. 피트니스 클럽과 수영장도 충실히 갖춰져 있고, 수영장의 2층 부분에는 벽면을 따라 실내 러닝 로드가 설치되어 있다. 야외에는 호텔처럼 호리병 모양의 수영장이 있다. 수영장 옆에 늘어서 있는 일광욕 의자에서는 평일 오후에도 남녀가 일광욕을 하고 있고, 그 옆에는 거품 욕조가 있다.

이곳은 선시티 앤섬이라고 해서, 라스베이거스로부터 자동차로 30분 정도 거리의 교외에 있다. 거품 욕조는 밤이 되면 사람들로 가득 찬다. 보석을 흩뿌린 듯한 라스베이거스의 야경을 볼 수 있어 인기가 많다고 한다. 분명히 거품 욕조에 늘어가서 야경을 보며 마시는 맥주는 최고일 것이다. 여담이지만 시찰단을 이끌고 갔을 때 마침 입주 촉진을 위한 주택 박람회를 하고 있었는데, 그곳에서 밴드가 연주한 노래는 우리에게도 친숙한 1960년대 후반부터 1970년대의 올드 팝과 록이었다.

이 선시티는 입주자의 자치로 운영되고 있으며, 시장에 해당하는 사람을 선거로 선출한다. 소방대 등도 자원 봉사로 해결해 관리비를 줄이고 있다.

실제로 이런 은퇴자 커뮤니티가 일본에서 생길지는 단언할 수 없지만 단카이 세대의 지향성과도 부합함은 분명하다. 이곳에는 단카이 이후의 세대가 매력적으로 느끼는 '새로운 어른의 라이프 스타일'이 제시되어 있다. 가격도 일본의 도심지 아파트보다 훨씬 저렴하다.

일본판 CCRC에서 지향해야 할 것은 지역에 개방된 CCRC이므로 미국과는 약간 차이가 있다. 그런 측면에서는 미국의 대학 연계 CCRC 쪽에 가깝다. 다만 실제로 입주자가 매력을 느끼지 못하면 아무런 의미가 없으므로 선시티처럼 '새로운 어른의 라이프 스타일'을 어떤 형태로든 제시하는 것이 매우 중요하다.

11

사회 공헌
'보살핌을 받아야 하는 약자·수혜자'에서 '<u>스스로</u> 사회에 공헌하는 엘더'로

<u>보살핌을 받아야 할
대상인 노인</u>

　일본의 미풍양속으로 '노인을 공경해야 한다.'는 사고방식이 있다. 이 미풍양속이 '사회는 약자인 고령자를 최대한 돌봐야 한다.'라는 바람직한 환경을 만들어 왔다. 그 알기 쉬운 예가 현재는 우선석이라는 명칭이 일반화된 '실버시트'다. 실버시트 이외의 좌석에서도 노인에게 자리를 양보해야 한다는 토론이 벌어지는 것은 사회 전체가 고령자를 보살펴야 한다는 생각의 발로다. '연금'의 예에서도 알 수 있듯이 젊은 세대가 고령자·노인을 뒷받침하는 것을 당연한 일로 여겨 왔다. 요컨대 고령자는 약자·수혜자였다. 이것은 젊은 인구가 많고 고령 인구가 적은 피라미드형 인구 구조였기에 가능한 일이었다.

　그런데 고령 인구가 급격히 증가하고 젊은 인구가 축소되는 사태가 벌어지면서 더는 예전으로 돌아갈 수 없는 상황이 되었다. 게다가 연금은 부과 방식이기 때문에 적은 젊은 세대가 증가하는 고령자를 지탱해야 하는 어려운 상황이 되어 버렸다. 고령자가 앞으로도 지금까지처럼 사회의 뒷받침을 받는 약자·수혜자로 머물기는 어려워졌다. 앞으로 고령화되어 갈 50·60대는 자신들이 사회의 보살핌을 받는 수혜자가 되는 것을 당연하게 생각하고 있을까?

일상생활을 통한 사회 공헌

40~60대를 대상으로 '앞으로 타고 싶은 자동차'를 차종별로 물어보니 '하이브리드 자동차'가 독보적인 1위를 차지했다. 또 앞에서 살펴본 '리폼·이주 후에 바꾸고 싶은 주거 환경'에서는 "태양광 발전 등 자가 발전을 도입해 환경에 공헌하는 집으로 만들고 싶다."가 3위에 올랐다. 50대에서는 2위다. 자동차와 주택이라는 생활의 기본 인프라에서 '환경을 보호하는 생활', '사회에 공헌할 수 있는 생활'을 하고 싶어 하는 것이다. 50·60대는 자신의 건강만을 생각하지도, 사회의 도움을 받으면 된다고 생각하지도 않는다.

'사회에 공헌하는 생활'을 하고 싶다는 마음의 기반은 크게 세 가지다. 첫째는 '언제나 새로운 생활 방식이나 새로운 라이프 스타일을 창조해 왔다.'는 의식이다. 본 연구소의 조사에서는 60대의 66.4퍼센트가 그렇게 대답했다. 둘째는 단카이 세대 · 뽀빠이-JJ(포스트 단카이) 세대가 원래 지니고 있었던 사회성이다. 환경 문제가 처음으로 부각된 시기는 그들이 젊은이일 때였다. 당시의 젊은이들은 전국에서 발생한 주민의 공해 소송을 적지 않게 지원했다. 동일본 대지진 때 젊은이들에 이어 아저씨 자원 봉사대가 재해 지역으로 달려간 것도 같은 심리의 발로일 것이다. 셋째는 '자식 세대에 더 나은 지구 환경을 물려주고 싶다.'는 의식이다. 자신들이 지금 할 수 있는 일을 해서 자식이나 손자 · 손녀 세대에 무엇인가를 남기고 싶어 하는 것이다.

물론 하이브리드 자동차의 훌륭한 연비라는 경제적인 측면의 우위성이 이를 뒷받침하고 있다. 또 60대에서는 '유니버설 디자인'이 '태양광 발전 등 자가 발전으로 환경에 공헌'을 웃돌았다. 따라서 사회 공헌 지향과 현실적인 지향이 뒤섞여 있다고 할 수 있다. 다만 그렇다고 해도 자동차와 집과 관련해 환경을 생각하는 것은 '생활의 기본적인 부분에서 사회에 공헌하고 싶다.'는 의식의 발로일 것이다. 나도 뭔가 사회에 공헌할 수 있는 일이 있으면 공헌하고 싶다는 마음이다. 은퇴 후의 생활을 전부 자원 봉사에 바치는 본격적인 사회 공헌보다는 '일상의 소비 생활 속에서 작게나마 공헌할 수 있는 일은 없을까?'라는 생각이리라.

일반적으로 사회적 소비라고 하면 젊은 세대를 떠올리기 쉬운데, 반드시 그렇지는 않다. 무인양품을 최초로 지지한 세대는 단카이 · 포스트 단카이 세대다. 리빌 세세도 마찬가지다. 친환경 소재 상품이나 공정 무역도 처음에는 50 · 60대 여성이 앞장섰다.

앞으로는 '기부 캠페인' 등도 효과적일지 모른다. 매출의 일부가 환경이나 세계의 어린이들을 위해 사용된다는 것은 그 제품을 살 이유가 된다. 세계 유산 순례 여행이 인기인 것도 유산 자체의 매력과 함께 자신이 마음으로나마 그 유산의 보전에 참여하고 있다는 만족감 때문인지 모른다. 은퇴 후에는 자신이 할 수 있는 일을 통해 사회에 참가하려 한다. 상품이나 서비스의 구입을 통해 사회 공헌을 달성할 수 있다면 기꺼이 그 상품 또는 서비스를 선택할 것이다.

에너지 이노베이션의 기점이 된다

주택 리폼의 경우에는 앞에서도 다뤘듯이 50·60대가 중심이다. 자녀가 있는 동안에는 '태양광 패널'을 설치하고 싶어도 값이 비싸기 때문에 쉽게 결단을 내리지 못한다. 그러나 그 자녀가 독립해 가계의 측면에서 여유가 생기면 검토해 보자는 마음이 생기기 쉽다.

또 동일본 대지진 이후 곳곳에서 자연 에너지의 활용을 외치기 시작했다. 그런 가운에 논의되고 있는 것이 대규모 에너지에서 분산형 에너지로의 전환이다. '에너지 분산 처리'의 궁극적인 형태는 각 주택이 개별적으로 발전 기능을 갖추는 것이다. 이를 위한 방법으로는 먼저 '태양광 발전'이나 '가정용 연료 전지 시스템', 혹은 이 둘의 조합을 생각할 수 있다. 그리고 현재 리폼을 생각하고 있는 50+세대는 그 선구자가 될 가능성이 높다. 뭐니 뭐니 해도 '돈과 시간 부자'이기 때문이다. 사업자 측이 홍보에 더욱 힘을 쏟는다면 실현될 것이다. 가족 세대가 집에 태양광 발전이나 가정용 연료 전지 시스템을 갖출 때도 이 세대가 초기 투자비를 부담해 준다면 보급이 가속화될 가능성이 높다.

각 가정이 발전 기능을 갖추게 된다면 전력은 어느 정도 자급할 수 있게 된다. 전기를 파는 집도 나올 것이다. 그야말로 '에너지의 분산 처리'다. 만약 이런 것이 전국의 주택에 보급된다면 일본의 에너지 사정은 크게 변화할 가능성이 있다.

과거의 컴퓨터는 호스트 컴퓨터라는 대규모 중앙 기능이 있고 여기에 사무실의 컴퓨터가 연결되어 있었다. 요컨대 부모 자식의 관계였다. 이것을 근본부터 바꿔 놓은 것이 개인용 컴퓨터(PC)다. 분산 처리가 되어 서버와 클라이언트라는 좀 더 수평적인 네트워크로 바뀌었다. 그리고 지금은 태블릿 단말기와 스마트폰이 되려고 하고 있다. 이와 같은 일이 에너지의 세계에서도 일어날 가능성이 있다. 전력의 경우는 대규모 발전소가 없어질 수는 없지만, 많은 가정과 사업소가 자체적으로 발전 기능을 갖추면 분산 처리가 진행될 것으로 기대된다. 태양광 발전이나 풍력 발전 등 대규모의 자연 에너지 발전과 함께 전국의 가정에서 에너지 자급·에너지 분산 처리가 시작된다면 거대한 에너지원이 될 것이다.

신 삼대는 앞에서도 이야기했듯이 '디지털 기술을 이용한 상호 돌봄'을 할 가능성이 있다. '태양광 발전'이나 '가정용 연료 전지 시스템'의 보급이 진행되면 전자식 전력량계(스마트미터)는 통신 기능을 갖춘 전력량계로, 가전제품과 연결되면 가전제품의 전력 소비를 최적으로 관리할 수 있다. 이런 전력 소비 관리도 50+세대는 시간이 있기 때문에 세심하게 할 수 있다. '상호 돌봄'과 마찬가지로 조부모가 자녀 가족의 집에 있는 전자식 전력량계를 통신으로 관리하게 될지도 모른다. 아직 시스템상의 과제는 남아 있지만, 시간에 여유가 있는 조부모가 신 삼대 가족의 전력 수급 관리를 할 가능성이 있다. 이탈리아에서는 할머니가 삼대의 한가운데에 있으며, 할머니가 움직여야 비로소 삼대의 식사가 가능하다고 한다. 이런 것이 조부모 세대의 삶의 보람을 만들어 주며, 이것은 동서양을 막론하고 중요한 일이다. 그런 의미에서 일본의 50+세대는 디지털·통신·에너지라는 영역에 대해 이와 같은 일을 하게 될지도 모른다.

한편으로는 전력·가스 등의 에너지 자유화가 진행되려 하고 있다. 태양광 발전이나 가정용 연료 전지 시스템을 이용한 자가 발전을, 이 세대이기에 할 수 있는 사회 공헌으로서 요청한다면 리폼을 고려하고 있는 50+세대는 적극적으로 발전 기능을 갖추기 시작할 것이다. 자녀 가족과 가족 간 네트워크를 연결하고 그것을 50+세대가 관리한다. 이런 일이 전국적으로 진행된다면 에너지 이노베이션이 일어날 가능성은 충분히 있다.

12
라이프 스타일
'여생을 조용히 보내는 고령자'에서 '새로운 라이프 스타일을 창조하는 새로운 어른'으로

<u>예전에는 '여생'을 조용히 보냈다</u>

최근 들어 고령화가 급속히 진행되고 있음에도 오히려 그다지 들리지 않게 된 말이 있다. 바로 '여생'이다. 은퇴 후의 나머지 인생이었기 때문에 '여생'이라고 부른 것으로 생각된다. 그리고 '여생'이라고 하면 '조용히 보낸다.'는 것이 상식 중의 상식이었다.

역시 없어졌다고 해도 과언이 아닌 말로 '은거'도 있다. '은거'란 숨어서 산다는 뜻이다. '호호야好好爺라는 말도 있었다. '싱글싱글 웃는 좋은 할아버지'라는 의미다. 이 '호호야'라는 말도 거의 들리지 않게 되었는데, 어쨌든 현역 세대에 방해가 되지 않도록 얌전히 있는 노인을 가리킨다. 다만 예진에는 노인의 수가 적었기 때문에 조용히 있을 수 있었다고도 할 수 있다.

물론 지금까지도 싱글싱글 웃는 좋은 할아버지만 있었던 것은 아니다. 한편으로는 '고집불통 영감탱이'이라는 말도 있었다. 오히려 이쪽이 더 많았는지도 모른다. '고집불통 영감탱이'는 연령 효과로서 반드시 나타나는 성격이기 때문이다. 즉, 인간은 누구나 자신이 오래 살면서 터득했거나 익숙해진 사고방식의 연장선상에서 살아간다. 그런데 시대는 끊임없이 변화하며, 젊은 현역 세대가 그 변화를 책임진다. 그러면 자신이 살아 온 사고방식과는 다른 것이 많이 나타나게 된다. 그때 자신의 사고방식의 범위에서 생각하거나 말을 할 수밖에 없기 때문에 본인의 뜻과는 달리 고집불통 영감탱이가 되어 버리는 것이다.

이것이 오늘날의 '독거노인' 문제로 이어졌다고 생각된다. 혼자 살게 된 이유는 다양하므로 한마디로 이렇다고는 말할 수 없지만, 주위와의 커뮤니케이션이 크게 줄어들거나 사라진 끝에 홀로 남게 된다. 그리고 그 끝에는 '고독사'라는 문제가 있다. 예전에는 상대적으로 수가 적어서 그다지 눈에 띄지 않았지만, 고령 인구의 급격한 증가로 규모가 커져 사회 문제가 되었다.

젊을 때라면 '고집불통 영감탱이'가 아니라 '좋은 할아버지'가 되도록 권할 수도 있을지 모른다. 그러나 '좋은 할아버지'가 되지 못해서 '고집불통 영감탱이'가 된 것이며, 일단 되고 나면 바꾸기는 어렵다. 그리고 설령 '고집불통 영감탱이'가 되었다 해도 '독거노인'일 경우는 '여생을 조용히 보내기' 때문에 현액 세대의 방해가 되지도 않는다. 그러나 그럼에도 '고독사'라는 사회 문제로 연결된다. 종종 인터넷에서 "늙은이는 찌그러져 있어!"라든가 "늙은이면 늙은이답게 처신하라고!"라는 글을 볼 때가 있는데, 늙은이답게 찌그러져 있는데도 사회 문제가 되어 버리는 것이다. 고령 인구가 증가하고 있는 오늘날, '노인이 조용히 있는 것'이나 '노인이 노인답게 행동하는 것'이 반드시 해결책은 될 수 없으며 오히려 젊은 세대의 부담을 더욱 늘리는 문제를 낳을 위험성이 있다.

그렇다고는 해도 현재의 70대 이상 독거노인이나 고독사 문제는 이 책에서도 수차례 언급했듯이 사회 전체가 손을 내밀고 해결의 길을 모색해야 할 일이다. 그리고 기존의 고령자는 '여생을 조용히 보내는' 것이 일반적인 모습이었다. 50·60대, 특히 60대가 되어서 현역을 은퇴하면 '가정에서도 조역', '사회에서도 조역'이 당연한 일이었다. 그렇다면 그 다음 세대인 현재의 50·60대는 앞으로 사회에서 은퇴한 뒤 젊은 세대를 의지만 하게 될까?

자기 나름의 라이프 스타일을 만들려 한다

앞으로의 인생에서 "자기 나름의 라이프 스타일을 창조하고 싶습니까?"라고 물어본 결과, 40~60대의 88.2퍼센트가 그렇다고 대답했다. 50대에서는 88.5퍼센트였고, 60대는 88.8퍼센트로 아주 약간 높았다. 50대부터, 혹은 은퇴하고 나면 '여생'이며 '조용히 보낸다.'는 기존의 사고방식과는 상당히 다른 삶의 자세다(도표47). 현재의 50·60대는

도표47 50 · 60대는 '자신만'이 기존의 50 · 60대와 다르다고 생각한다

Q. 기존의 40 · 50 · 60대와는 다르다고 대답하셨는데, 당신만 그런 것입니까? 아니면 다른 사람들도 전부 그런 것입니까?

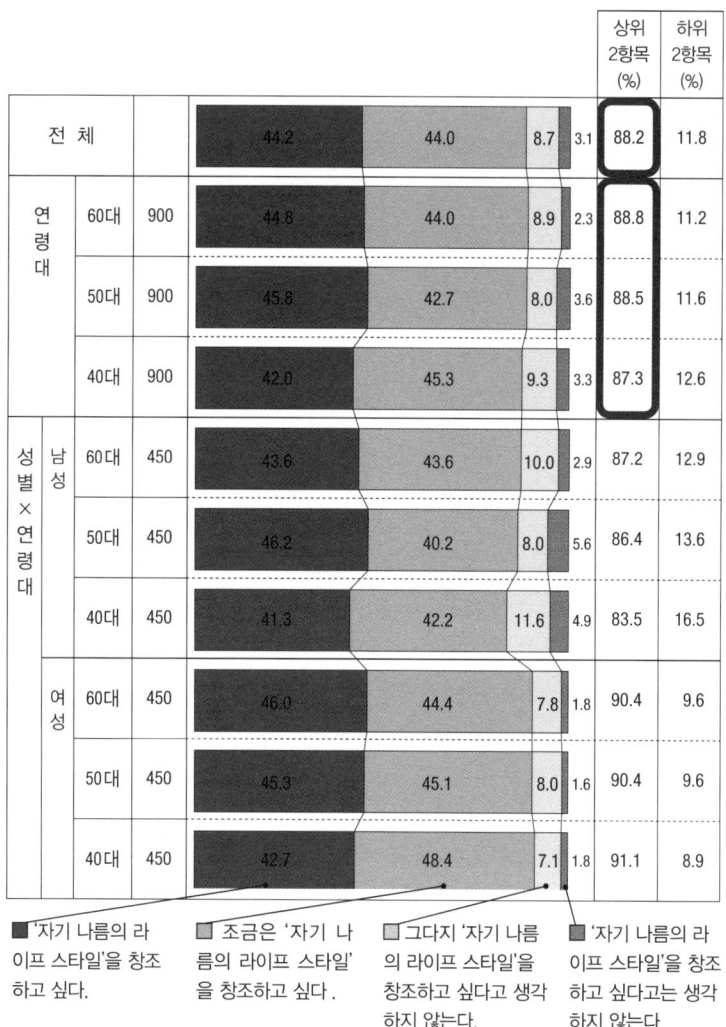

			자기 나름의 라이프 스타일을 창조하고 싶다.	조금은 '자기 나름의 라이프 스타일'을 창조하고 싶다.	그다지 '자기 나름의 라이프 스타일'을 창조하고 싶다고 생각하지 않는다.	'자기 나름의 라이프 스타일'을 창조하고 싶다고는 생각하지 않는다.	상위 2항목 (%)	하위 2항목 (%)
전체			44.2	44.0	8.7	3.1	88.2	11.8
연령대	60대	900	44.8	44.0	8.9	2.3	88.8	11.2
	50대	900	45.8	42.7	8.0	3.6	88.5	11.6
	40대	900	42.0	45.3	9.3	3.3	87.3	12.6
성별×연령대	남성 60대	450	43.6	43.6	10.0	2.9	87.2	12.9
	남성 50대	450	46.2	40.2	8.0	5.6	86.4	13.6
	남성 40대	450	41.3	42.2	11.6	4.9	83.5	16.5
	여성 60대	450	46.0	44.4	7.8	1.8	90.4	9.6
	여성 50대	450	45.3	45.1	8.0	1.6	90.4	9.6
	여성 40대	450	42.7	48.4	7.1	1.8	91.1	8.9

출처 : 하쿠호도 새로운 어른 문화 연구소 조사, 2015년, 40~69세 남녀, 전국 2,700명 대상

은퇴 후를 '드디어 찾아온 자신의 시간'으로 여기며 '회사에서는 은퇴했지만 사회에서는 은퇴하지 않았다.'고 생각하는 것이다.

또한 '앞으로 라이프 스타일을 창조하고 싶다.'는 생각은 기존의 방식을 고집하지 않고 새로운 스타일을 만들고 싶다는 것이며, 좋은 할아버지도 고집불통 영감탱이도 아닌 '새로운 어른'이 되려 함을 의미한다.

고령 사회에서
새로운 어른 사회로

이 '자기 나름의 라이프 스타일을 창조하고 싶다.'는 의식이 40대·50대·60대에서 거의 같은 수준으로 나타나고 있으며 남녀별로 살펴봤을 때도 거의 같은 수준이라는 사실이 중요하다. 요컨대 60대뿐만 아니라 50대와 40대도 똑같은 생각을 하고 있다는 것이다. 이것은 이 장에서 이야기해 온 각 생활 분야에 관한 조사에서 전반적으로 60대뿐만 아니라 50대와 40대의 의향도 거의 같은 수준을 보이는 것과 궤를 함께 한다. 앞으로 그들이 70대·80대가 되어 갈 터인데, 다소의 증감은 있을지언정 대체로 이런 사고방식을 갖고 나이를 먹을 것으로 보인다.

이것은 일본의 고령 사회가 크게 변화할 가능성을 암시한다. 극단적으로 말하면 '고령 사회에서 새로운 어른 사회'를 향해 나아갈 가능성이다. 그리고 그 기반이 '새로운 어른의 라이프 스타일'이며, 이것은 이 장에서 이야기한 각 생활 분야에서 만들어진다. 사회의 모습이 크게 변화하려 하고 있다고 해도 과언이 아니다.

특히 앞으로 10년이 지나면 앞에서도 이야기했듯이 현재 40대 전반인 단카이 주니어 세대가 50대 이상이 되며, 이로써 일본의 2대 인구 볼륨존인 '단카이 세대'와 '단카이 주니어 세대'가 모두 50대 이상이 된다. 요컨대 인구의 2대 볼륨존이 50+세대가 된다는 뜻이다. 이것은 좋든 싫든 사회 전체에 커다란 영향을 끼칠 것이다. 지금까지 살펴본 현재 40~60대의 지향성을 감안하면 '고령 사회에서 새로운 어른 사회로'라는 전환이 앞으로 10년 사이에 현실성을 띠게 될 것으로 생각된다.

바야흐로 거대한 패러다임 전환이 일어나려 하고 있다. 이것은 젊은이가 부정당하는 것이 아니라 지금까지 '젊은이가 직접 미래를 만들던' 방향에서 '젊은이도 동경하는 새로운 어른 문화가 미래를 만드는' 방향으로 전환이 시작되었음을 의미한다. 이상론적으로 말하면 젊은이와 어른이 만드는 문화다. 단카이 세대가 제2차 세계 대전 이후의 사회를 '젊은이 문화'의 사회로 바꾸었던 것과 같은 전환이 지금 일어나려 하고 있다. 그것이 '새로운 어른 문화' 사회로의 전환이다. 이것을 역시 단카이 세대가 담당하는 것은 인구의 힘을 생각하면 필연적인 결과이며, 또한 단카이 세대뿐만 아니라 그 뒤를 잇는 뽀빠이-JJ(포스트 단카이) 세대와 신인류 세대, 버블 세대, 나아가 제2의 볼륨존인 단카이 주니어 세대가 일으키는 거대한 물결이다.

젊은이들은 유럽의 어른 문화가 그러하듯이 그 '새로운 어른 문화'를 동경하고, 그 나이가 되면 그것을 소비하고 즐긴다. 또한 동시에 그 젊은이들과도 교류, 협력하면서 젊은이들을 지원해 다음 문화가 만들어지도록 지원하는 것이 '새로운 어른 문화'다.

새로운 어른의
라이프 스타일을 창출한다

그 '새로운 어른의 라이프 스타일'이란 무엇일까? 그것은 이 장에서 이야기한 다양한 생활 방식이 집적된 것이다. '자녀의 독립'이나 '정년퇴직'으로 '자신의 시간'을 얻어 그것을 '자신 또는 부부를 위해 사용하는' 것에서 창조되는 라이프 스타일이다. 이것은 '돈을 불려서 소비하는 새로운 어른', '육식을 좋아하는 엘더', '미식 엘더', '질병·개호 예방 엘더', '매스미디어·인터넷을 이용하는 미디어 엘더', '사회에 공헌하는 새로운 어른', '드라이브를 즐기는 새로운 어른', '아내를 우선하며 에스코트하는 멋진 남편'이 만드는 라이프 스타일이다.

또한 이것은 백인백색의 다양한 '새로운 어른의 라이프 스타일'이기도 하다. 그리고 현재 '새로운 라이프 스타일을 만들고 싶다.'는 생활자가 거의 90퍼센트에 이르고 있다. 이러한 바람에 부응해 기업과 미디어에서 구체적인 제안과 힌트를 제시한다면 본격적으로 '새로운 어른의 라이프 스타일'이 창출될 것이다.

그런 의미에서 생각하면 앞으로 50+세대에게 상품이나 서비스를 제공하려 하는 기업은 단순히 상품을 팔려고 하지 말고 그 상품이나 서비스를 통해 어떻게 '새로운 어른의 라이프 스타일'을 제안할 수 있을지 고민할 때 커다란 기회가 열릴 것이다. 생활자에게 '새로운 어른의 라이프 스타일'의 해답이나 힌트를 제안하고 제공한다면 생활자는 풍요로워지고 비즈니스의 꽃도 활짝 피어날 것이다.

6

크로스 제너레이션이 새로운 미래를 연다

01
50+세대의
자조와 공조

젊은이들에게만 부담을
떠넘기지 않는다

지금의 젊은이들에게 미래가 걸려 있다. 이것은 당연한 일이며 상식이었다. 앞으로도 그럴 것이다. 다만 그것만은 아니게 되었다. 이 책의 앞부분에서 소개했듯이 20세 이상의 성인을 어른이라고 하면 이미 어른 두 명 중 한 명은 50대 이상, 어른 10명 중 7.5명은 40대 이상이다. 그리고 불과 몇 년 후인 2020년에는 어른 10명 중 8명이 40대 이상이 되어 '어른이라고 하면 40대 이상'인 기대하지 않았던 세상이 된다(도표1, 19페이지). 그 누구도 예상하지 못했던 사회다. 그렇게 되면 장소에 따라서는 눈을 크게 뜨고 찾아봐야 젊은이를 발견할 수 있을지도 모른다. 그 얼마 안 되는 젊은이들에게 모든 미래를 맡기는 것은 젊은이들에게 상당한 부담을 떠넘기는 셈이다.

요컨대 '미래는 젊은이들만의 것이 아니게 된' 것이다. 지금까지 그 어느 누구도 경험해 본 적이 없는 사회다. 인터넷상에서는 50대 이상이 '젊다는 의식이 있다.' 혹은 '자신을 시니어라고 생각하지 않는다.'라는 조사 결과를 공표하면 "웃기고 있네. 노인은 노인답게 행동하라고!"라는 댓글이 종종 달린다. 그러나 기존의 이미지처럼 고령자가 고령자답게, 노인이 노인답게 살면 그 인구가 많은 만큼 침체되고 갑갑한 사회가 될 수 있다.

특히 문제는 제3장 제3절의 "'활력 있는 나라'인가 '삶이 괴로운 나라'인가"에서 이야기했듯이 '그 부담이 전부 젊은이들에게 간다.'는 것이다. 방대한 인구 볼륨의 고령자가 노인다워져서 생산 활동을 전혀 하지 않고 의료·개호의 신세를 지게 되면 더 젊은 세대가 그 부담을 전부 떠안게 된다. 그러나 그런 일이 일어나서는 안 된다. 그렇다면 어떻게 해야 할까? 기본적으로 50대 이상이 활력을 내지 않는 한 젊은 세대의 부담은 줄어들지 않는다. 50대 이상의 '자조'自助가 필요하다. '자조'할 수 있는 '50대 이상'은 '노인다워지지 않은 50대 이상'이다. 그래야 비로소 '젊은 세대에게 기대지 않는 50대 이상'이 될 수 있다.

이제 미래는 '50대 이상', 특히 생활자로서의 '50대 이상'에게 달려 있다. 역사상 아무도 경험한 적이 없는 사태가 시작되려 하고 있다. 그런 의미에서 우리의 미래는 '젊은이'와 '활력 있는 50대 이상'이 함께 쥐고 있다. 그 '자조'에 관해 이야기하려 한다.

50+세대의 자조

활력 있는 '50대 이상', 즉 50+세대는 무엇을 해야 할까? 가장 중요한 것은 '최대한 건강을 유지하기'이다. 필자도 암으로 입원한 경험이 있기 때문에 더더욱 그렇게 생각한다.

'건강'이라고 하면 개인적인 문제로 생각하기 쉽지만, 점점 개인만의 문제가 아니게 되고 있다. 예전에는 "내 몸은 내가 알아서 해."라며 '폭음·폭식'을 하거나 '과도한 음주·흡연'을 하는 사람을 종종 볼 수 있었다. 그 결과 암·심근경색·뇌졸중의 '3대 질병'에 걸리거나 고혈압·당뇨병 등의 '생활 습관병'에 걸려 아내나 자녀를 고통에 빠트린다. 또 그 뒤에는 '개호'가 기다리고 있다. 노노 개호나 자녀의 개호 이직은 커다란 문제다. 이것은 단순히 가족의 문제에 그치지 않는다. 현재 정부의 재정에서 가장 큰 문제는 사회 보장비다. 이것은 주로 의료비와 개호에 관한 비용이다. 사회 보장비가 증대하기 때문에 소비세 증세를 생각할 수밖에 없어진다. 고령자 인구의 볼륨이 커질수록 연금과 함께 사회 보장비의 부담이 젊은 세대를 짓누르게 된다.

요컨대 '자신의 건강'은 이제 '자신만의 건강'이 아니게 되었다. 얼마 전까지는 매일 말술을 들이키고 담배를 입에 달고 사는 사람도 호방한 사람으로 통했을지 모르지만, 이제는 정부의 재정을 파탄으로 이끌 수 있는 위험인물이라고밖에 할 말이 없다.

개인의 건강이 사회화되고 있다. 건강에 주의하고 건강을 유지하려는 노력을 계속하는 것이 사회 공헌으로 이어진다. 물론 3대 질병이든 생활 습관병이든 걸리고 싶어서 걸린 것은 아니므로 걸린 사람을 책망할 수는 없다. 특히 70대 이상 중에 병에 걸린 사람은 사회가 최대한 지원해야 한다. 그러나 병에 걸리지 않도록 노력하고 있는 사람은 사회 공헌을 하고 있는 셈이 된다. 특히 앞으로 고령자가 될 60대 이하의 연령대에게는 그런 노력이 기대된다.

건강을 유지하기 위해서는 피트니스 센터나 요가 교실에서 운동을 하거나 골프, 워킹, 수영을 하는 방법도 있을 것이다. 또 직접적인 예방을 위해 건강보조식품을 먹거나 치료를 위해 의약품을 섭취한다. 이러한 노력은 전부 소비이며, 소비는 경제를 활성화시켜 젊은이의 고용을 낳고 급여를 높이는 결과로 이어진다. 한 사람 한 사람의 개인 소비는 작은 규모이더라도 그것이 모이면 젊은 세대에 도움이 된다.

따라서 먼저 50+세대의 '자조'가 가장 중요하며, 이것이 모든 것의 출발점이 된다.

50+세대의 공조

다음에는 '공조'다. 정부의 고령 사회 대책 대강에는 "'지원을 받는 쪽'에서 '지원하는 쪽'으로"라고 나와 있다. 특히 60대 단카이 세대부터는 그 가능성이 있다. 요컨대 '개호받는 쪽'에서 '개호하는 쪽'으로의 전환이다. 최근 10년 동안 '부모의 개호'를 해 온 사람도 많을 터인데, 앞으로는 자신의 부모뿐만 아니라 지역에서 '개호하는 쪽'이 될 것도 기대된다. 애초에 지역의 개호 NPO는 단카이 세대 여성이 중심이 되어 운영되어 왔다. 앞으로는 여성뿐만 아니라 남성도 참가한다. 앞으로는 지역 포괄 개호와 관련해 지금보다 더 많은 일손이 필요할 것이다. 생활 지원 코디네이터라는 제도도 있다.

제5장 제5절 '개호'에서 말했듯이, 지역의 데이서비스 센터에서 자신이 도울 수 있는 일을 한다. 개호 이직 문제로 고민하고 있는 사람들의 이야기를 들어 주기만 해도 좋을 것이다. 회사원으로 일했거나 자영업을 했던 경험은 상대의 힘든 상황을 이해하는 데 크게 도움이 된다. 단카이 세대는 '동료나 친구'와의 횡적 유대가 활발했던 세대이기도 하다. 그런 만큼 향후의 '공조'가 기대된다.

먼저 '자조'가 중요하지만, 요지원이나 요개호 상대가 되었다 해도 '공조'를 통해 서로를 돕는다. 매일의 업무로 피곤한 젊은 도우미의 부족한 부분을 메워 주는 공조가 요구된다. 요개호 상태가 된 윗세대를 최대한 지원하는 것 또한 공조다. '공조'는 '자조' 다음으로 중요한 포인트다.

02
단카이 세대와
젊은이의 공통점

<u>친구와 횡적
유대를 중시한다</u>

 단카이 세대와 지금의 젊은이들에 공통되는 점이 있다고 말하면 '무슨 말도 안 되는 소리야?'라고 생각할지도 모르지만, 사실 의외의 부분에서 공통점이 있다.
 먼저, 단카이 세대가 젊은이였을 무렵, 세대차이라는 말이 나오며 부모 세대·어른 세대와 젊은 세대의 괴리가 세계적으로 화제가 되었다. 전 세계가 비틀즈 열풍에 휩싸였고, 젊은이들은 열광했다. 일본에서는 가요나 엔카가 대세였을 때 비틀즈와 롤링스톤스가 등장했는데, 당시의 어른들은 이들의 음악을 전혀 이해하지 못했다. 그런 소음이 뭐가 좋으냐고 말할 뿐이었다. "좋은데?"라며 공감해 주는 존재는 같은 세대의 친구들뿐이었다. '부모 세대는 나를 전혀 이해해 주지 않지만, 같은 세대의 친구는 나를 이해해 준다.'라는 분위기가 형성되었다. 그리고 청바지에 티셔츠를 즐겨 입고 누군가가 기타를 연주하면 모두가 노래를 부르는 그전에는 없었던 젊은이의 모습이 탄생했다. 젊은이들은 종적인 인간관계를 부정하고 횡적인 관계를 추구했다.

한편 현재의 젊은이들은 '달관 세대'라고도 불린다. 중학교 동창생과 대학생·사회인이 된 뒤에도 계속 친구 관계를 유지할 때가 많다. 휴대 전화나 스마트폰으로 연결되어 있는 것이 하나의 요인일 것이다. 친구와의 관계야말로 그들이 소중히 여기는 세계다. 대학생이 된 뒤에도 중학생 시절의 동창생과 함께 아르바이트를 하곤 한다.

단카이 세대가 젊은이였던 시절에는 더 포크 크루세이더즈The Folk Crusaders 등을 낳은 간사이 포크, 요시다 다쿠로よしだたくろう의 히로시마 포크촌, 이노우에 요스이井上陽水와 가이엔타이海援隊를 낳은 후쿠오카의 쇼와를 비롯한 라이브 하우스, 나카지마 미유키中島みゆき를 낳은 삿포로의 음악계 등 같은 지역에 사는 친구들이 모인 곳이 포크·뉴뮤직의 발상지가 되었다. 현재의 달관 세대가 고향 친구들을 소중히 여기는 것과 어딘가 통하는 측면이 있다고 생각한다. 경위나 드러나는 모습은 다르지만 '친구'나 '횡적 유대'를 중시한다는 점이 일맥상통한다. 다른 세대가 '친구'라는 상식이자 전제 위에서 '놀이'나 '패션' 등 다른 것에 더욱 관심을 보이는 반면에 단카이 세대와 달관 세대는 특히 '횡적인 동료·친구'에 대한 관심이 높다.

거리 공연을 시작한 세대도 단카이 세대다. 1960년대 후반에 오사카 우메다의 지하 거리에서 오카바야시 노부야스岡林信康와 다카이시 도모

야高石ともや, 그리고 나카가와 고로中川伍郎가 반전 포크송을 부른 것이 그 시작이다. 이것이 도쿄로 확산되어 신주쿠의 포크 게릴라가 되었다. 그때까지 거리에서 젊은이가 기타를 들고 노래를 부르는 풍경은 거의 없었다. 단카이 세대 이전에는 기타 연주에 맞춰서 모두가 노래를 부르는 광경을 볼 수 없었던 것이다.

'칩시크'는 '셰어'와 통한다

단카이 세대가 젊은이였을 때 히피 문화가 시작되었다. 젊은 히피들은 서로 코뮌(공동체)을 만들었다. 일본에서 실제로 코뮌 생활을 한 사람은 적지만, 동세대의 젊은이들은 이해와 일정 수준의 공감을 느꼈다. 그 생활 스타일은 '공유'다. '칩시크'cheap-chic라는 말도 탄생했다. 당시의 학원 분쟁에서도 실제로 어떠했는가는 둘째 치고 개념적으로는 "소유하지 말고 공유하자."라고 주장하는 젊은이들이 있었다.

칩시크란 돈을 들이지 않고 센스를 발휘한다는 감각이다. 티셔츠에 청바지는 바로 그 전형이다. 단카이 세대에게는 '돈을 들여서 몸을 치장하는 건 촌스러운 짓'이라는 감각이 있다. 이런 사고방식을 바탕으로 단카이 · 뽀빠이-JJ(포스트 단카이) 세대가 지지한 브랜드가 '무인양품'이다. '칩시크'와 '공유'라는 개념은 현재의 룸 셰어나 카 셰어링 등 '셰어'라는 생활 스타일과도 일맥상통한다.

또 단카이 세대와 달관 세대에게서 종종 들을 수 있는 말로 '뜨거움'이나 '뜨거운 마음'이 있다. 그 사이에 있는 세대에게서는 그야말로 '촌스럽다.'고 부정되는 경향이 있는 지향성임을 생각하면 참으로 재미있는 현상이다. 단카이 세대의 경우는 너무 뜨거워서 경원되는 측면도 없지 않지만, 달관 세대와 단카이 세대의 '뜨거움'이 좋은 형태로 결합한다면 사회에도 긍정적인 효과를 만들어내지 않을까 싶다.

단카이 세대와 달관 세대는 이른바 양 극단에 위치하면서도 의외로 공통점이 보인다. 그렇다면 그 밖의 세대끼리는 더욱 공통점이 있을 것이다. 자세한 내용은 《세대론의 교과서世代論の教科書》(도요게이자이신보사, 2015년 10월)를 참조하기 바란다. 요는 '크로스 제너레이션'이 다양한 형태로 나타날 가능성이 있다는 것이다.

세대 간 교류를 추구하는 어른 세대

"어른 세대와 젊은 세대가 서로의 장점을 인정하면서 교류·협력해 새로운 문화와 조류를 만들어내는 시대가 바람직하다고 생각하십니까?"라는 질문에 "그렇게 생각한다."라고 대답한 사람의 비율은 40~60대 전체에서 77퍼센트였는데, 연령대별로 살펴보면 60대가 84.6퍼센트로 가장 높았다(도표48). 또 "어른 세대가 젊은 세대를 응원함으로써 젊은 세대에서도 사회적으로 의미 있는 새로운 문화나 조류가 탄생하는 시대가 바람직하다고 생각하십니까?"라는 질문에 "그렇게 생각한다."라고 대답한 사람의 비율은 40~60대에서 75.3퍼센트였으며, 이 역시 연령대별로 살펴보면 60대가 83.9퍼센트로 가장 높았다(도표49). 2011년에 같은 질문으로 조사를 실시했을 때는 60퍼센트대였으니 상당히 높아진 수치다.

젊은 세대가 어떻게 생각하고 있는지는 뭐라고 말할 수 없지만, 어른 세대 쪽에서는 이와 같이 세대 간 교류·세대 간 협력이 필요하다는 의식이 높아지고 있다. 50+세대 자신의 '자조', '공조'와 함께 '크로스 제너레이션'이 중요한데, 이 조사를 보면 어른 세대 쪽에서는 '크로스 제너레이션'의 가능성이 높음을 알 수 있다. '어른 세대가 젊은 세대를 응원함으로써 젊은 세대에서도 사회적으로 의미 있는 문화나 조류가 탄생하는 시대를 만들고 싶다.'는 마음이 중요하다. 요컨대 어른 세대는 젊은 세대를 지원하고 싶어 한다. '우리에게서'가 아니라 '젊은이들에게서' 새로운 것이 탄생하기를 바라며, 이를 응원하고 싶어 한다. 이런 마음이 테니스 선수인 니시코리 게이의 인기나 피겨스케이팅 선수인 하뉴 유즈루의 인기를 뒷받침하고 있다. 단순히 텔레비전을 보면서 스포츠 선수를 응원하는 데 그치지 않고 좀 더 본격적인 지원으로 발전해 나갈 것이다.

현재의 연금 문제로서 항상 나오는 이야기는 "앞으로 소수의 젊은 세대가 다수의 고령자를 지탱해야 한다."는 것이다. 이것은 연금 제도가 젊은 세대의 연금으로 고령자의 연금을 충당하는 구조이기 때문이다. 물론 제도를 바꾸는 것도 불가능한 일은 아니지만, 바꾸려면 막대

도표48 50·60대, 특히 60대는 젊은 세대와 교류·협력하고 싶어 한다

Q. 어른 세대와 젊은 세대가 서로의 장점을 인정하면서 교류·협력해 새로운 문화와 조류를 만들어내는 시대가 바람직하다고 생각하십니까?

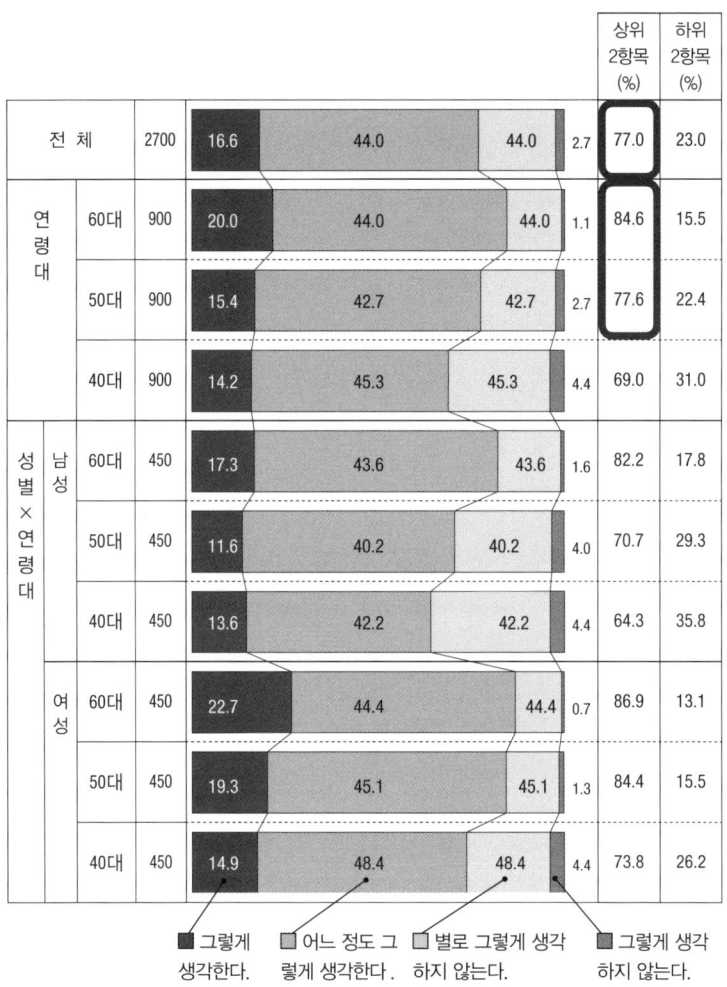

■ 그렇게 생각한다. ■ 어느 정도 그렇게 생각한다. ■ 별로 그렇게 생각하지 않는다. ■ 그렇게 생각하지 않는다.

출처 : 하쿠호도 새로운 어른 문화 연구소 조사, 2015년, 40~69세 남녀, 전국 2,700명 대상

[도표49] 50·60대, 특히 60대는 젊은 세대를 지원하고 싶어 한다

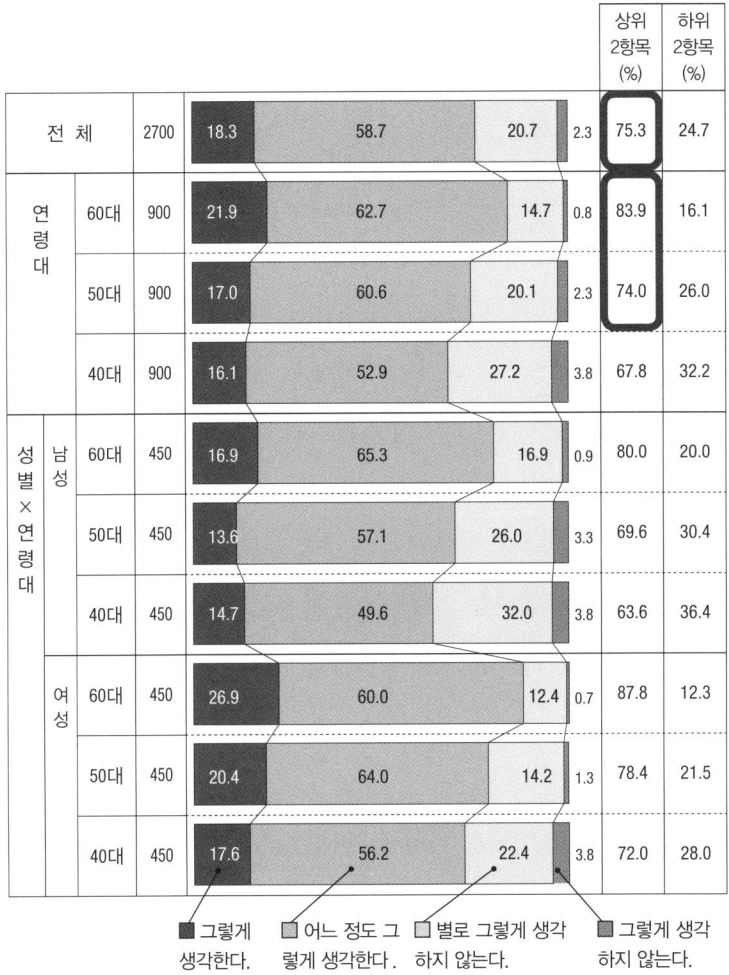

출처 : 하쿠호도 새로운 어른 문화 연구소 조사, 2015년, 40~69세 남녀, 전국 2,700명 대상

제6장 · 크로스 제너레이션이 새로운 미래를 연다 | 361

한 세금이 들어간다. 그렇다면 어떻게 해야 할까? 연금의 측면에서 '소수의 젊은 세대가 다수의 고령 세대'를 지탱한다면 다른 측면에서 반대로 '다수의 고령 세대가 소수의 젊은 세대'를 지탱하는 구조를 만들어야 하지 않을까? 예를 들면 '50+ 여성의 젊은 어머니 육아 지원', '50+ 부부의 학동 보육', '50+세대의 프리터·니트 취업 지원', '50+ 남성의 젊은 세대 창업 지원' 등이다. 이런 것이 광범위하게 실천되는 사회가 된다면 젊은 세대도 연금을 부담할 마음이 생길지 모르며 젊은 세대의 생산성도 향상될 것이다(도표50).

가령 '젊은 세대의 창업 지원'에 50+세대의 경험과 지혜를 활용한다. 그레이 비즈니스라고 불리는 50+세대의 창업은 비교적 실패가 적다고 한다. 경험과 지혜가 있어서 실패하지 않도록 신중하게 일을 진행하기 때문이다. 그들의 경험과 지혜를 젊은 세대의 창업 지원에 활용할 수 있지 않을까? 중소기업 백서에 따르면 창업가 중 가장 많은 연령대는 60세 이상으로 전체의 33퍼센트를 차지하며, 이는 30년 전에 비해 4배나 증가한 수치라고 한다. 그것도 자신이 하고 싶은 일을 추구하는 소규모 창업이다(니혼게이자이신문, 2015년 12월 13일). 이 움직임을 젊은 세대의 창업에도 활용한다.

그뿐만이 아니라 지역에서 세대 간 교류·세대 간 협력을 할 필요가 있다. 지금까지는 주문처럼 세대교체를 외쳐 왔다. 지역에서도 윗세대가 물러나고 젊은 세대가 전면에 나서야 한다는 이야기가 나왔다. 그러나 그래서는 일시적으로 성공하더라도 오래 지속되기는 어렵지 않을까? 상대적으로 소수인 젊은이들만이 전면에 나서서 생산 활동에 종사하고 상대적으로 다수가 된 어른 세대는 뒤로 물러나 조용히 있어서는 건전한 사회가 되기 어렵다. 오히려 어른 세대와 젊은 세대가 교류·협력하고 나아가 어른 세대가 젊은 세대를 지원할 때 지속적인 지역 활성화가 가능하다고 생각한다. 지역의 이벤트나 상점가의 활성화를 교류·협력하고, 젊은 세대가 전면에 나서면서 이를 어른 세대가 지원한다. 특히 시간과 지혜·경험이 있는 단카이 세대가 지원할 수 있다면 커다란 힘이 될 것이다.

단카이 포스트 단카이 세대 이후는 '어른과 젊은이 밴드'의 결성도 늘어날 것이다. 앞에서도 이야기했듯이 포크·뉴뮤직의 원류는 지역 젊은이들의 모임이었다. 당시의 젊은이들은 이제 60대가 되었다. 이번에는 지역별 혹은 거리별로 단카이·뽀빠이-JJ(포스트 단카이) 세대

도표50 새로운 어른 세대가 젊은 세대를 지탱하는 시스템이 필요하다

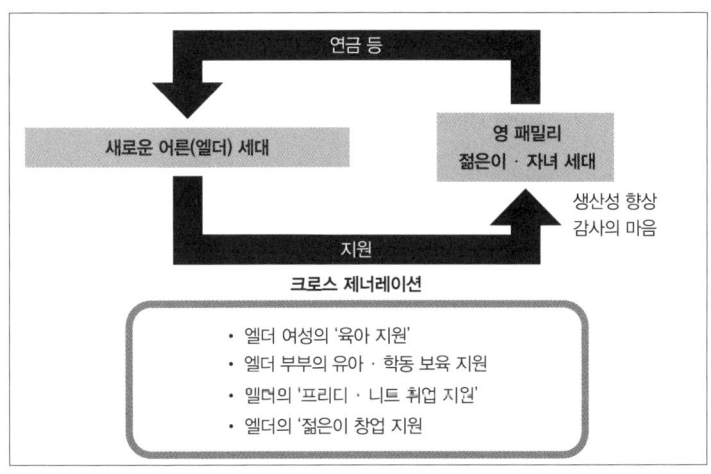

와 젊은이들의 모임이 만들어진다면 풍요로운 거리가 될 가능성이 있다. 지역의 데이서비스 센터는 젊은 도우미와 지역의 단카이·뽀빠이-JJ(포스트 단카이) 세대 자원 봉사가 모여서 교류하는 장소가 되어도 좋지 않을까 싶다.

　이런 지역별 세대 간 교류·세대 간 협력이 조금씩이라도 전국으로 확대된다면 조금 더 나은 사회를 만들 수 있을 것이다.

03
차세대 경제로
나아가기 위한 연착륙

'새로운 어른 시장'은
10~20년 동안 계속된다

앞으로 일본의 평균 연령은 극적으로 상승할 것이다. 현재의 40~60대는 10년 후에 50~70대, 20년 후에는 60~80대가 된다. 즉 현대의 40~60대가 일본의 고령 사회의 중핵이 된다. 그리고 이 40~60대에서 시니어·중노년 의식이 소멸되고 있으며, 이들은 새로운 어른 세대가 되고 있다. 이들의 힘이 일본을 '고령 사회'에서 '새로운 어른 사회'로 바꾸려 하고 있다.

현재의 40~60대는 제4장에서 말했듯이 '돈을 불려서 소비하는 새로운 어른'이며, 제5장에서 구체적으로 소개한 '육식을 좋아하는 엘더', '미식 엘더', '질병·개호 예방 엘더', '매스미디어·인터넷을 이용하는 미디어 엘더', '사회에 공헌하는 새로운 어른', '드라이브를 즐기는 새로운 어른', '아내를 우선하며 에스코트하는 멋진 남편', '라이프 스타일을 창조하는 새로운 어른'이다. 이것은 40~60대를 관통하는 공통의 의식이며, 소비 행위를 동반한다. '새로운 어른 소비'는 요괴워치나 주니어 NISA 같은 삼대 소비를 만들어낸다. '새로운 어른 소비'가 적어도 향후 10~20년 동안은 계속되고, 다음 세대도 참여하면서 '새로운 어른 시장'을 지속시켜 나간다. 물론 현재의 40~60대가 60~80대가 되어도 의식과 행동이 완전히 똑같을까 하면 그렇지는 않다. 다만 그렇다고 해서 국 하나 반찬 하나의 소박한 식사를 하는 기존의 고령자로 돌아가리라고는 생각되지 않는다. 나이를 먹으면서 바뀌기는 하겠지만 현재의 60~70퍼센트 수준에서 변화하지 않을까?

또한 동시에 이 10~20년 동안 지금의 젊은이가 만들 차세대 사회, 차세대 경제로 나아가기 위한 연착륙을 꾀하는 것이 중요하다.

50+뉴딜이 개인 소비를 견인한다

아베노믹스 이후 새로 뛰어든 개인 투자가의 대부분은 단카이 세대로 추정된다. 앞에서도 다뤘듯이 NISA, 즉 소액 투자 비과세 제도가 시작되었을 때 계좌를 개설한 사람 중 65퍼센트는 60세 이상이었다. 또 '교육 자금 증여 신탁'은 2014년 6월 현재 5,000억 엔을 돌파했다. 2016년 1월에 시작된 '주니어 NISA'의 경우, 노무라 에셋 매니지먼트는 설문 조사를 바탕으로 1년차의 투자 총액이 5,600억 엔에 이를 것으로 분석했다(니혼게이자이신문, 2015년 9월 12일).

소비의 경우도 60대의 퇴직금 사용처 1위는 '국내여행'인데, JR 서일본과 JR 도카이도는 2015년 3월기 결산에서 최고익을 달성했고(니혼게이자이신문, 2015년 5월 1일) JR 동일본도 호쿠리쿠 신칸센 효과로 과거 최고 매출을 기록했다(산케이 뉴스, 2015년 4월 28일). 처음에는 불발이라고 평가되었던 단카이 세대의 소비는 2010년경부터 국내여행 분야에서 꿈틀대기 시작했으며, 이것이 최근 수년간 계속되고 있는 JR 각사의 호조를 뒷받침하고 있는 것으로 보인다.

또 손자·손녀에게는 증여나 투자뿐만 아니라 선물을 사 줌으로써 소비를 하는데, 책가방의 경우 새로 입학하는 시기가 아니라 8월에 가장 많이 팔린다는 통계가 있다. 이것은 조부모가 여름방학 때 사기 때문이다. 현재 그 책가방의 고급화가 끊임없이 진행되고 있다. 일설에 따르면 평균 가격이 5만 엔에 이르며, 미쓰코시이세탄 백화점에는 17만 엔짜리 책가방도 등장했다(아사히신문, 2015년 7월 18일). 책가방을 선물 받은 아이도 부담스럽지 않을까 하는 쓸데없는 걱정이 들 정도다.

'새로운 어른 소비'가 투자와 소비를 움직이고 있다. 일본의 개인 자산 1,700조 엔 가운데 상당 부분을 50대 이상이 보유하고 있다고 하는데, 지금까지는 그 돈의 대부분이 은행에서 잠자고 있었다. 그런데 60대 단카이 세대를 비롯한 50+세대의 소비 의욕이 그 돈을 움직이기 시작했다. 아베노믹스의 세 화살 가운데 성장 선택은 아직도 구현되지 않았다. 개인 소비도 회복 기조라고는 말하기 어렵다. 그런 의미에서는

'새로운 어른 소비'를 붙잡을 때 비로소 성장 전략이나 개인 소비를 본 궤도에 올릴 수 있다. 그야말로 '50+뉴딜'이다. '50+세대'와 '방일 외국인'을 결합시키면 '관광'과 '금융'을 비롯해 소비에 역동성이 생길 것이다.

50+세대는 돈을 가지고 있는 세대이니 의료비도 개호 비용도 자기 부담을 늘리자는 움직임이 있다. 물론 고소득·고자산 세대의 부담을 어느 정도 늘리는 것은 있을 수 있는 일이라고 생각하지만, 좀 더 곰곰이 생각하는 편이 좋을 것이다. 부담이 증가하면 소비자는 필연적으로 지갑을 닫는다. 2007년에 단카이 세대가 은퇴하기 시작했을 때 소비가 갑자기 증가하지 않았던 것은 정년퇴직 직후라 일단 상황을 시켜봤기 때문이기도 하지만, 한편으로는 '후기 고령자 의료 제도'를 통해 고령자의 의료비 부담을 늘린다는 발표가 있자 미래를 생각해 지갑을 닫은 측면도 있다. 오히려 충분한 안전망이 있을 때 비로소 안심하고 돈을 쓰자는 심리가 된다.

또 '하류 노인·1억 총 노후 붕괴'라는 경종에 어느 90대 독신 초부유층 고령자가 지갑을 굳게 닫고 돈을 쓰지 않기로 했다는 우스갯소리 같은 실화도 있다. 아무리 자산이 있어도 수입이 연금뿐인 생활자의 소비는 언제라도 금방 지갑을 닫을 수 있는 '연약한 소비'이기도 하다. 투자에서 저축으로 돈이 향하는 현재와는 정반대의 흐름도 얼마든지 일어날 수 있다.

'수입'이 없는, 혹은 줄어드는 세대의 소비 심리는 작은 일에도 쉽게 냉각된다. '저금해 놓은 돈이 있으니 부담을 늘려도 괜찮아.'라는 생각은 소비를 냉각시키는 결과로 이어질 수 있다. 이것을 어떻게 조절하느냐가 '50+뉴딜'을 생각할 때 중요한 포인트가 된다.

요점은 50+세대가 상당 부분을 가지고 있다고 알려진 1,700조 엔이라는 개인 자산이 은행에서 잠들어 있지 않고 시중에서 유통되어 국가 전체를 경제 활성화시키도록 만들 방법을 궁리하는 것이다.

04

생산 연령 인구 감소의 해결책

지금까지의 상식을 바꿔라

저출산 고령화의 문제는 단순히 고령 인구가 증가할 뿐만 아니라 생산 연령 인구가 감소한다는 것이다. 생산 연령 인구는 15~64세의 인구를 가리키는데, 인구 추계에 따르면 2013년 현재 7,901만 명으로 32년 만에 8,000만 명을 밑돌았다. 앞으로 생산 연령 인구는 지속적으로 감소할 것이다. 극단적으로 말하면 '일손'이 줄어드는 시대가 도래한다(도표51).

생산 연령 인구의 감소와 관련해 먼저 말할 수 있는 점은 지금까지의 '상식을 바꿀' 필요가 있다는 것이다. 지금까지는 '일해서 번 돈으로 소비하는' 것을 전제로 삼아 왔다. 고도 경제 성장기 이후 일본 경제를 지탱해 온 것은 '열심히 일해서 번 돈으로 소비한다.'라는 상식이었다.

도표51 생산 연령 인구는 계속 감소할 것이다

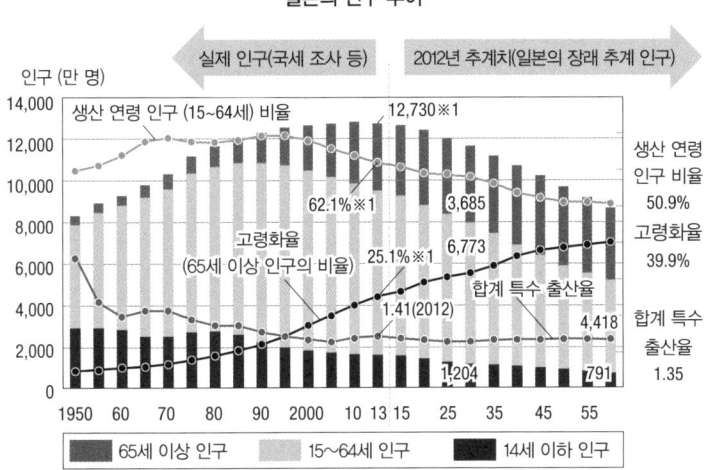

출처: 총무성 '국세 조사'와 '인구 추계', 국립사회보장·인구문제연구소 '일본의 장래 추계 인구 (2012년 1월 추계). 생산 중위·사망 중위 추계'(각 연도 10월 1일 현재 인구), 후생노동성 '인구 동태 통계'

* 2013년도 총무성 '인구 통계'(2010년 국세 조사에서는 인구 12,806만 명, 생산 연령 인구 비율 63.8 퍼센트, 고령화율 23.0퍼센트)

    이 전제가 일본의 고도성장을 뒷받침했으며, 모든 것이 이 상식을 기준으로 만들어졌다. 그러나 앞으로는 반드시 그런 것만은 아니게 된다. 즉, '수입'이 있어서 '소비'를 하는 것만이 아니라 50+세대, 특히 60대 이상은 '자산'이 있어서 '소비'를 하는, '저축·투자'를 해서 '소비'를 하는 경우가 상당 비중을 치지하게 될 것이다. 나아가 '저축·투자+반은퇴semi-retirement를 통한 다소의 수입'으로 '소비'를 한다. 전처럼 '수입'이라는 알기 쉬운 지표로 측정하기가 어렵다는 것이 난점이다. '저축'이라는 기반과 여기에 추가되는 '투자로 얻은 돈', '다소의 수입'이 '소비' 마인드를 만들어내는 것이다.

반은퇴자는 유능하고 경험이 풍부한 일꾼이다

생산 연령 인구의 감소와 관련해 두 번째로 생각해야 할 점은 '다소의 수입'이다. 먼저 '연금'이 있고, 또 '같은 회사에서 재고용 혹은 정년 연장을 통한 수입', '다른 회사에 다니거나 개인 사업을 통한 수입', 나아가서는 '유상 자원 봉사'로 크게 나눌 수 있다. '어느 정도의 수입'을 얻을 수 있는 상황, 다시 말해 은퇴가 아니라 '반은퇴'semi-retirement가 '소비' 마인드를 형성한다. 투자와 함께 생각하면 '돈을 불리는 것' 더하기 '반은퇴'가 소비 마인드를 만든다.

기업에서는 최근 수년 사이 퇴직자의 재고용과 정년 연장을 통해 '젊은이의 교육 또는 기술의 전승'을 기대하고 있다. 그리고 '지금까지의 경험'을 활용해 일할 것을 요구하고 있다. 60대에 정년퇴직을 하고 창업하는 사례도 많다. 불황이 계속된 결과 젊은 세대의 창업이 감소하고 그 대신 50+세대의 창업이 증가했으며, 이 때문에 기존 업종의 창업이 증가하고 있다고 한다. 50+세대의 창업의 특징으로 '투자 제로' 창업이 있다. 요컨대 '경험과 축적'을 밑천으로 창업할 경우는 투자를 받을 필요가 없는 것이다. 기획이나 컨설팅 계열의 회사 등이 그 예다. 경험과 함께 인맥도 도움이 된다.

재미있는 것은 자동차 회사에서 간판 방식으로 일한 경험을 살려서 컨설팅 회사를 여러 명이 창업한 사례다. 그야말로 전문가로서의 경험과 기술을 밑천으로 설립한 회사다. 따라서 '투자 제로'로 창업이 가능하다. 또 대기업에서 일한 경험을 살려 중견 중소기업의 상담역이 되는 예도 많다. 뿐만 아니라 원래의 회사에서 영업 외길을 걷다 정년을 맞이한 사람이 오디오가 '취미'였던 까닭에 음향 회사의 영업 사원으로 다시 활약하는 예도 있다.

'지역에서 활약'하는 움직임도 시작되었다. 유상·무상 자원 봉사로서 지역의 관광 안내인이 되는 사례가 있다. 가마쿠라·교토·미나미 알프스 시 등 전국에서 활약 중이다. 또 아저씨 밴드를 결성해서 노인 보건 시설을 순회하며 공연해 기쁨을 주고 있는 사례도 있다. 지역의 스포츠클럽, 예를 들어 소년 야구팀의 간사 등으로 활동하는 사례도 있다. 개중에는 축구 클럽을 만들어 일본 풋볼 리그[FL]로 승격시키려고 분투하고 있는 사람도 있다.

기본적인 역할로는 경영이나 업무에 관한 상담에 응하는 '상담역', 지역에서 관광이나 스포츠클럽 등을 돕는 '간사', 컴퓨터 강사 등을 하는 '선생'을 들 수 있다. 어쨌든, 고액의 보수를 기대하지는 않는다. 풀타임으로 일할 경우라면 그에 상응하는 보수가 있어야겠지만, 짧은 시간을 일하는 대기라면 좀 더 저렴해도 된다. 요컨대 '상대적으로 저렴한 비용에 그들이 나름대로 축적한 경험과 기술을 활용할 수 있을' 가능성이 있다. 상식 속의 '생산 연령 인구와는 다른 노동 방식'이 확산될 가능성이 있는 것이다.

젊은이의 멘토가 된다

생산 연령 인구의 감소와 관련해 세 번째로 생각할 필요가 있는 것은 '크로스 제너레이션'이다. 앞에서 이야기한 '젊은이의 교육·전승'도 그렇지만, '젊은 세대를 지탱하는 버팀목'이 되는 것이다. 지금은 젊은 사원을 채찍질하면 성과가 오르던 고도 경제 성장기가 아니다. 전체의 파이가 계속 커지고 있지 않기 때문이다. 상황의 변화를 정확히 파악하면서 방향을 모색하고 노력을 집중할 필요가 있다.

많은 상황에서 커뮤니케이션에 지장이 발생하기도 하고, 어느 정도 커뮤니케이션을 희생시킬 수밖에 없는 측면도 있다. 고도 경제 성장기에는 밤의 커뮤니케이션으로 커버할 수 있었지만 지금은 그것도 어렵다. 이 '커뮤니케이션'을 원활히 하는 것이 많은 기업에서 중요 과제가 되고 있는데, 50+세대가 '커뮤니케이션을 지원하는 역할'을 해 줄 것이 기대되고 있다. 다시 말해 젊은이의 '멘토'가 되는 것이다.

일을 하다 보면 다양한 고민이나 벽에 부딪힌다. 입사해서 몇 년 동안은 지식과 기술의 습득에 관한 고민, 중견 사원이 되면 자신의 능력과 현실의 괴리, 주위·거래처의 몰이해, 하고 싶은 일과 현실의 괴리

등에 대한 고민, 관리직이 되면 플레잉 매니저로서의 고충이나 부하 직원과 상사가 생각대로 움직여 주지 않는 데 대한 고민 등이 있을 것이다. 이런 부하 직원의 고민에 대응하는 것도 관리직이 할 일이지만, 달성해야 할 목표가 있을 때는 그럴 여유가 없는 것이 현실이다. 그래서 은퇴 세대가 위에서 내려다보는 시선이 아니라 곁에서, 또는 대각선 위에서 손을 내밀어 주는 역할을 한다.

대표인 사토 다케토시佐藤岳利 씨가 그린 퍼니처를 추진하는 가구 벤처 기업이자 라이프 스타일 브랜드 '와이즈·와이즈'에서는 70대의 대기업 임원 출신이 사장의 보좌역으로서 사장과 사원들을 지켜봄으로써 성과를 올리고 있다. 이때 중요한 것은 어떻게 도움의 손길을 내미느냐이다. 직접 해당 사원에게 말했다가는 트러블이 커질 경우도 있는데, 대기업 임원으로 활약했던 경험을 통해 누구에게 어떻게 말을 해야 가장 원활하게 해결할 수 있는지를 터득했기 때문에 적절한 사람에게 적절하게 이야기해 적절하게 손을 씀으로써 생산성을 높일 수 있었다고 한다. 결코 고액의 보수를 받고 있는 것은 아니지만 그래도 즐겁게 일하고 있다고 한다.

급성장하는 기업일수록 사원은 시간에 쫓기고 커뮤니케이션의 괴리가 발생하기 쉽다. 그 바람에 유망한 신규 사업이 좌초하거나 내분으로 발전해 벤처 기업이 공중 분해될 우려도 있을 것이다. 앞날이 불투명한 오늘날, 모든 기업과 직장이 커뮤니케이션의 문제를 안고 있다고 할 수 있다.

저비용으로 커뮤니케이션의
원활화를 꾀한다

'커뮤니케이션의 원활화'는 기업의 생산성 향상과 성과의 실현에서 중요한 역할을 담당한다. 은퇴 인재가 활약하면 비교적 낮은 비용으로 생산성 향상으로 이어지는 '커뮤니케이션의 원활화'를 기대할 수 있다. 물론 이를 위해서는 은퇴 인재에게 그런 기술이 요구된다. 이를 위한 보편적인 수법으로는 '카운슬링 연수'가 있다. 일반적으로 컨설팅은 답을 제시하는 데 비해 카운슬링은 상대의 이야기를 듣고 상대가 자발적으로 답을 이끌어내도록 돕는 것이라고 한다. 카운슬러가 자기 주체에서 타자 주체로 '시점을 전환'하는 것이 중요하다. 그럴 수 있다면 자신의 인품을 활용하는 것도 가능해진다. 상담 상대가 되기 위해서는 안심감·신뢰감이 필수이며, 그러려면 인품이 중요한 역할을 담당하기 때문이다.

관리직에게는 '상황을 타개해 나가는 것'과 '원활한 커뮤니케이션을 꾀하는 것'이 모두 요구된다. 고도 경제 성장기에는 전체의 파이가 계속 커지는 가운데 후자가 가능하면 전자는 부수적으로 따라오는 측면이 있었는지도 모른다. 이를 위한 강력한 수단 중 하나가 밤의 술자리였다. 그러나 앞으로는 전자를 더욱 요구받게 될 것인데, 양쪽 모두에 충분히 대응하기는 좀처럼 쉬운 일이 아니다. 그렇다면 후자인 커뮤니케이션의 영역에 대해 은퇴 인재의 힘을 빌려야 하지 않을까?

또 경험이 있는 은퇴 인재는 회사 안에서뿐만 아니라 회사 밖에서도 활약한다. 바로 '대동인의 역할'이다. 젊은 사원이 활약할 수 있게 되는 것은 본인의 의욕의 측면에서도 중요하다. 아무리 시간이 지나도 커리어가 나아질 희망이 보이지 않는다면 괴롭다. 따라서 젊은 나이에 매니저가 될 수 있는 것은 중요한 일이다. 그러나 한편으로 거래처에서 젊은 매니저에게 불안감을 느끼는 것도 사실이다. 그럴 때 은퇴 인재가 사외에서 젊은 매니저와 함께 거래처에 간다면 거래처도 안심이 될 것이다.

그들에게는 경험지가 있으므로 거래처와 원활하게 커뮤니케이션을 할 수 있다. 경우에 따라서는 트러블이 발생했을 때 사과하거나 수습하는 역할도 하게 될지 모른다. 실제로 은행에서 젊은 지점장이나 지점장 대리에게 은퇴 인재를 대동시킴으로써 성과를 올린 예가 있다. 이렇게 생각하면 은퇴 인재에게 나름의 직함을 줘도 괜찮을 것이다. 다만 급여와 연동되면 비용 부담이 커지므로 급여와 연동되지 않는 직함을 준다.

이렇게 은퇴 세대가 젊은 세대의 버팀목으로 활약한다면 생산 연령 인구가 축소되는 가운데 생산성을 향상시켜 성과를 높이는 길로 이어질 것이다.

프리터 · 파견 사원을 지원한다

생산 연령 인구를 생각할 때 간과할 수 없는 것이 프리터 · 니트 · 파견 사원의 문제다. 특히 중년 프리터는 커다란 문제가 되고 있다. 프리터 · 니트 문제는 잃어버린 10년, 20년이라는 장기 취업 빙하기 속에서 생겨났다. 15~34세의 프리터는 179만 명이 존재한다(2014년 총무성 통계국 '노동력 조사'). 전년 대비 3만 명이 감소한 수치로, 감소 경향이 지속되고 있다. 그러나 중년의 프리터화로 35~44세에도 61만 명의 프리터가 있다. 파견 사원을 포함한 비정규직 노동자의 수는 2014년 11월의 노동력 조사에서 처음으로 2,000만 명을 돌파해 2,012만 명이 되었고, 생산 연령 인구는 2013년에 7,901만 명이 되면서 32년 만에 8,000만 명을 밑돌았다. 그 결과 생산 연령 인구에서 비정규직 노동차가 차지하는 비율은 약 25퍼센트, 즉 네 명 중 한 명이 되었다.

생산 연령 인구 감소 문제와 프리터 대책은 떼어 놓고 이야기할 수가 없다. 애초에 '저출산' 자체가 고용에 대한 불안감으로 결혼할 엄두를 내지 못한 결과 자녀도 태어나지 않는 바람에 생겨난 현상이다. 또 개인 소비가 회복되지 않는 문제와도 관련이 있다. 정사원의 급여만을 올려서는 좀처럼 개인 소비의 증가를 기대하기 어렵다.

양극화 사회는 어떤 나라도 해결하기 어려운 문제다. 1980년대의 버블 시대에는 자조를 겸해서 '1억 총 중류 사회'라는 말이 나왔다. 이것은 이케다 하야토池田勇人, 1899~1965 내각의 '소득 증대 계획'에서 시작된 고도성장의 하나의 도달점이자 국민의 노력으로 달성한 것이었다. 일본에 1억의 인구가 있고 이들이 모두 구매력을 지니고 있다는 것은 커다란 힘이다. 200억 엔을 가진 사람이 한 명 있어도 그 사람이 혼자서 자동차를 1만 대씩 사는 일은 없지만, 자동차 한 대를 살 수 있는 사람이 1만 명 있으면 커다란 힘이 된다. 빈부의 '격차'는 현재도 세계적으로 논의되고 있는 어려운 문제다. '1억 총 중류'는 어떤 의미에서 그 문제를 해결했다고도 할 수 있는 순간이었지만, 우스갯소리로 치부한 결과 아까운 기회를 놓쳤는지도 모른다.

그렇게 생각하면 어른 세대가 젊은 세대를 뒷받침하는 크로스 제너레이션이 커다란 의미를 지닌다. 지금까지 이야기해 온 '사내 커뮤니케이션 활성화의 지원', '50+ 여성의 젊은 엄마 육아 지원', '50+부부의 학동 보육', '50+세대의 프리터·니트 지원', '50+남성의 젊은 세대 창업 지원' 등이다. 물론 이것으로 프리터·니트나 파견 사원의 문제가 완전히 해결되어 다시 '1억 총 중류'가 될 수는 없지만, 사회 전체로 확산되면 젊은 세대가 희망을 품고 어른 세대에게 감사하는 마음이 생기며 생산성이 향상되는 결과로 이어질 수 있다. 그렇게 된다면 생산 연령 인구 감소에 대한 하나의 해답이 될 것이다.

드러커의 예견은
실현될 것인가

이것은 피터 드러커가 생전에 한 말과도 일맥상통한다. 즉, 일본의 단카이 세대가 경험과 지혜를 살려 은퇴 후에 사회적 활동에 종사한다년 일본은 세계 경제의 새로운 모델이 될 수 있다는 것이다.

실제로 지금까지 살펴봤듯이,

· 사회적인 활동에 종사 : 유상 · 무상 자원 봉사를 포함해 비교적 저비용으로 그때까지 일했던 '경험'을 사회의 다양한 곳에서 활용한다.

· 크로스 제너레이션 : 사내 커뮤니케이션 지원 · 업무 지원 · 육아 지원 · 기술 전승 등을 통해 젊은 세대를 더욱 지원한다.

이 두 가지 움직임이 다양한 형태로 시작되려 하고 있다. 이러한 활동들을 추진해 나간다면 일본에 새로운 모델이 탄생할 가능성이 있다. 이것은 경제 전체에도 커다란 힘이 되는 동시에 세계에 크게 어필할 수 있는 모델이 될 것이다.

05

성장형 경제와 공유형 경제의 혼합

젊은 세대는 '셰어' 지향

지금의 젊은이는 물건을 사지 않는다고 한다. 특히 자주 이야기되는 것이 자동차다. 과거에 자동차, 특히 스포츠카는 젊은이들의 동경의 대상이었다. 그러나 지금의 젊은이들 사이에 자동차는 동경의 존재가 아니라 생활의 도구가 되었다. 그 결과 경자동차가 운전하기도 쉽고 제일이다, 환경을 생각하면 카 셰어링을 하는 편이 지구 환경에 이롭다고 생각하게 되었다.

상징적인 것은 젊은이들 사이에서 '맥주로 건배'가 사라졌다는 사실이다. 예전에는 모임을 열면 '일단 맥주로 건배'였지만, 지금은 메모지를 돌리면 그곳에 각자 소주 카테일, 콜라 등 자신이 마시고 싶은 음료를 적는다. 몇 명 정도는 반드시 무알코올 음료를 시킨다. 이렇게 주문을 해서 음료수가 다 나와야 비로소 건배를 한다. 현재 20대인 '달관 세대'는 태어났을 때부터 불황 속에서 성장한 탓인지 좀 더 '현실적'이고 '개인적'이다. 조금 전까지의 젊은이처럼 일제히 맥주를 들이키며 대량 소비하는 모습은 보이지 않는다.

또 60대의 단카이 세대가 젊은이였을 때는 봉건적인 사회 분위기 속에서 '자립'이라는 말이 처음으로 나왔다. 그것은 이를 악무는 '자립'이었다. 그러나 달관 세대에서는 좀 더 자연스러운 '자립'이 되었다.

지금 젊은 세대를 중심으로 셰어하우스와 카 셰어링이 확산되고 있다. 셰어하우스는 젊은 세대뿐만 아니라 단신 부임한 중노년 등에게도 확산되고 있다. 미국에서는 공유형 경제sharing economy라는 생겨나 여행이나 근거리 이동, 집안일 등 다양한 분야로 확대되고 있다. 에어비앤비Airbnb는 일본을 포함해 190개국 이상에서 사업을 전개하고 있다. 자택의 빈 방을 숙박객에게 빌려 주는 서비스를 인터넷에서 소개하는데, 세계 전체의 방 수가 150만 개를 돌파했다. 이것은 힐튼 그룹의 2배 이상의 규모라고 한다. 이용객 누계도 4,000만 명을 돌파했다. 도쿄 올림픽·패럴림픽이 열릴 무렵에는 일본에서도 보급될 가능성이 있다.

우버Uber는 자가용 소유주가 빈 시간에 콜택시처럼 손님을 운송하는 서비스다. 후쿠오카와 도쿄에서 실험을 시작해 화제가 되었다. 또한 알프레드Alfred는 뉴욕과 보스턴을 거점으로 집 청소나 식자재 장보기 등 잡일을 해 주는 사람과 그런 서비스를 원하는 사람을 중개하는 사업을 시작했다(아사히신문, 2015년 8월 9일).

이런 공유형 경제는 디지털 도구, 특히 스마트폰과 태블릿 단말기 등의 휴대형 단말기의 보급으로 가능해졌다. 다만 지금까지의 비즈니스와는 성질이 다르다. 애초에 매출·수익에 따른 목표 관리라는 기존의 수법과 잘 융합할 수 있을지도 알 수 없다. 어쩌면 그런 목표 설정 방식이나 진행 방식 자체가 변화할 수도 있다. 산업 혁명 이후 계속되어 온 경제가 다음 패러다임으로 전환되려 하고 있는지도 모른다.

여러 세대가 협력하고 나누어 가진다

그렇다고는 해도 경제 전체가 갑자기 그 방향으로 전환되리라고는 생각할 수 없다. 서서히 다음의 모습이 보일 것이고, 모든 것이 그 방향으로 전환할지도 알 수 없다. 현재의 성장형 경제를 유지하는 가운데 공유형 경제의 가능성을 모색해 최적의 모습을 찾아내거나 성장형 경제와 공유형 경제의 최적의 혼합 형태를 찾아내게 되지 않을까 싶다. 앞으로 10년 혹은 20년 동안 '새로운 어른 소비', '새로운 어른 시장'을 통해 성장형 경제를 꽃피우면서 그 속에서 공유형 경제도 진화시켜 나간다면, 혹은 최적의 혼합 형태를 생각해 나간다면 차세대 경제로 연착륙할 수 있지 않을까?

고령화는 전 세계에서 진행되고 있다. '새로운 어른 소비'가 탄생하고 '새로운 어른 시장'이 형성되며 '새로운 어른 사회'가 만들어지는 가운데 '공유형 경제'로 진화도 진행된다. 젊은 세대도 언젠가는 어른 세대가 된다. 따라서 젊은 세대도 이상으로 삼을 수 있는 '새로운 어른 사회'가 바람직하다. 그 '새로운 어른 사회'에 '공유형 경제'가 적극적으로 도입되는 것은 젊은 세대에게도 최선의 선택이 된다.

앞에서 말했듯이 단카이 세대는 히피 문화 등을 배경으로 이상으로서의 '공유'를 알고 있다. '동료와의 횡적인 유대' 세대인 만큼 커다란 가능성이 있다. 앞으로는 데이서비스의 '커뮤니케이션 카페'화가 지역 포괄 개호 속에서 진행되는 것이 바람직하다. 단카이 세대는 개호를 받는 쪽에서 개호하는 쪽으로 전환이 기대된다.

또 제1장 제4절 '초고령 사회를 더 나은 미래로'에서도 이야기했듯이 '다세대 셰어하우스'의 시도도 시작되었다. 2015년 4월 1일에 준공된 도쿄의 '오기쿠보 가족 레지던스'는 지역에 개방된, 집회실·아틀리에·퍼블릭라운지·우드덱 등으로 구성된 공동 공간을 갖춘 다세대 셰어하우스다. 이 프로젝트에도 참가한 다이아 고령사회연구재단의 사와오카 시노澤岡詩野 씨는 "다세대가 함께 살며 지역의 일부로서 서로 교류하는 주거 방식"이라고 소개했다(《거리町並み》vol.54 도쿄도 방재·건축 마을 만들기 센터 발행 공보지에서).

앞으로 이런 다세대 셰어하우스는 여러 세대가 서로 협력하는 장소로서 크게 발전할 가능성이 있다. 그런 가운데 개호의 공조가 진행될 것도 기대된다. 단카이 세대가 개호 공조에 참여하거나 젊은 세대와 함께 기획하고 운영하는, 지역에 개방된 셰어하우스가 될 가능성이 있다.

40대 이하의 세대에서는 연금 수급 개시 연령이 증가함에 따라 불안감을 호소하는 목소리가 높아지고 있다. 제1장 제5절의 '엘더의 불안 요소와 3대 자본'에서 이야기했듯이 개개인에게 맞는 재무 설계도 하나의 해답을 제공한다. 그러나 각 지역의 생활자에게 맞춘 다양한 셰어하우스가 만들어져서 돈이 조금 부족하더라도, 혹은 없더라도 그곳에 가면 즐겁게 인생을 마칠 수 있을 것 같다면 미래에 희망을 품게 되지 않을까?

앞으로 지역에서는 육아를 하는 어머니와 육아 경험이 있는 50+세대 여성이 만나는 '상담 카페' 등의 개설이 요구된다. 그곳에서는 육아의 지혜나 육아와 관련된 지역 정보의 교환, 그리고 노력의 공유가 기대된다. 이런 지역에서의 '공유'를 위한 시도는 단카이 세대의 회귀와 도쿄를 떠나고자 하는 달관 세대의 지향성이 효과적으로 결합함으로써 커다란 힘이 될 가능성이 있다. 지역에서의 셰어와 크로스 제너레이션은 근린형 쇼핑센터, 편의점, 노래방, 그리고 상점가 등의 활성화에도 효과적으로 기능한다. 지역에서 결성된 '어른과 젊은이 밴드'의 음악 이벤트 등도 이런 기운을 북돋을 것이다.

선도하는 키 이노베이터

이런 움직임을 어른 세대 속에서 선도하는 존재가 키 이노베이터다. 본 연구소의 조사에 따르면 전체의 약 5퍼센트 정도로, 이들 인플루언서라는 영향력 높은 클러스터 안에 존재한다.

키 이노베이터는 '글로벌(세계화)과 로컬(지역화) 양쪽에 관심이 있다.', '자신의 지식과 능력을 사회에 환원하고 싶어 한다.', '일과 자기실현을 동일화하고자 한다.', '상품이나 사물의 배경에 있는 스토리성을 중시한다.', '신뢰할 수 있는 사람이나 미디어의 정보 가치에 중점을 둔다.', '자국이 지닌 독자적인 가치나 문화를 소중히 여긴다.', '현재에 만족하지 않고 항상 새로운 도전을 하려 한다.' 등의 의식을 갖고 생활과 문화의 이노베이션을 일으키는 사람들이다. 어른 세대이면서 공유형 경제에도 앞장서서 참가해 적극적으로 활용하려 하는 사람들이다. 젊은 세대와 감각을 공유하는 데도 긍정적이다. 디지털 기술의 활용에도 민감하면서 지역의 사회 공헌에도 열심히 참여할 가능성을 지니고 있다.

예전에 싱가포르에서 조사했을 때는 20퍼센트가 있음을 발견했다. 이노베이션의 기운이 넘치는 싱가포르이기에 나올 수 있었던 결과일 것이다. 키 이노베이터는 전 세계에 존재하며, 차세대 사회로 선도하는 역할을 담당할 것으로 보인다. 1990년대 후반에 미국에서 창조 계급이라는 당시의 선도자 그룹이 발견되고 그 안에서 LOHAS라는 새로운 스타일이 제창되어 세계로 확산된 것과 같은 일이 일어날 가능성이 있다.

이 키 이노베이터가 새로운 어른 소비를 통한 성장형 경제와 공유형 경제를 혼합시키고 젊은 세대와의 교류 · 협력 · 지원에도 적극적으로 참여해 모델을 만들며 이것이 확산된다면 다음 세대로 나아가기 위한 커다란 힘이 될 것이다.

새로운 어른 문화가 여는
우리의 미래 사회

앞으로 10년, 20년 사이 '새로운 어른 소비'가 꽃을 피울 것이다. '새로운 어른 시장'을 통해 경제적인 기반이 형성된다. 이것은 현재의 젊은이들이 동경을 품고 목표로 삼으려 하는 미래이며, 젊은이들이 그 연령대가 되었을 때 진화시켜 나갈 지속적인 시장이다. 여기에 공유형 경제를 발전시키거나 기존의 경제와 최적의 형태로 혼합을 꾀함으로써 차세대 경제가 탄생하고, 젊은 세대와 어른 세대의 교류 · 협력이 일상적으로 진행되는 풍요로운 '새로운 어른 사회'가 형성된다. 그런 사회가 기대된다.

그런 사회가 된다면 젊은이와의 크로스 제너레이션이 활성화된 '새로운 어른 문화'가 꽃을 피우고, 전 세계가 장기간에 걸쳐 고령화되는 가운데 선진 주요 국가뿐만 아니라 아시아 각국과 개발도상국에서도 '글로벌 모델'이 될 수 있을 것이다.

· 맺음말 ·

편견을 버리면
새로운 시장이 보인다

저출산 고령화가 진행되면서 인구 구조가 급격히 변화하고 있다. 그런데 비즈니스나 마케팅 업계가 이러한 변화를 파악하려 할 때 그 앞을 가로막는 벽이 있다. 고령자, 시니어, 중노년에 대한 기존의 시각이다. 극단적으로 말하면 '소비자로서 기대할 수 없는 사람들이 인구의 볼륨 존이 되어 버려 곤란하다.'이며 '그래도 건강에는 관심이 있는 것 같으니 그쪽을 어떻게 공략해 보자.'이다. 그러나 실제 생활자를 살펴보면 다른 양상이 보인다. 가령 '여행'의 경우는 JR 각사의 실적을 견인할 만큼의 힘을 지니고 있다. 방일 외국인의 그늘에 가려 있지만, 불확실성을 동반하는 방일 외국인과 달리 앞으로도 견실하게 확대될 것이다. 현실 파악을 가로막은 가장 큰 벽인 '고령자·시니어·중노년에 대한 기존의 시각'을 무너트리고 50+생활자를 객관적으로 바라보는 것부터 시작해야 한다.

이 책에서는 기회를 크게 키우고 다양한 문제를 해결하기 위한 열쇠로 '커뮤니케이션'을 들었다. 50대 이상의 인구가 극적으로 증가하는 가운데 주목해야 할 점은 이들이 일단 가족을 졸업하고 새로운 인간관계에 돌입한다는 것이다. 그곳에서는 '혼자'를 포함해 어른 '두 사람', '친구·동료', '모녀·신 삼대'라는 '새로운 커뮤니케이션'이 소비를 만들어 나간다.

'개호'의 경우도 '커뮤니케이션'이 향후의 열쇠가 된다. 이것은 본 연구소에서 15년 동안 개호에 관한 조사를 계속한 결과 얻은 결론이다. 또 앞으로의 저출산 고령화 시대에 가장 기대되는 것은 '크로스 제너레이션'을 통한 '커뮤니케이션', 즉 세대 간 교류·협력·지원이다. 더는 세대교체의 시대가 아니다. 크로스 제너레이션은 수많은 사회적 과제의 해결로 이어지며 소비도 창출한다. 나아가서는 차세대 사회·경제를 형성한다. 지금까지 고령자라고 하면 '건강'과 '경제'였지만, 앞으로 생각해야 할 것은 '커뮤니케이션'이다.

사용이 편리해지는 디지털 단말기와 애플리케이션, 로봇 등의 기술의 진화는 커뮤니케이션의 활성화를 돕는다. 다세대 셰어하우스는 같은 세대끼리, 그리고 더 젊은 세대와 커뮤니케이션을 하는 장소로서 효과적으로 기능한다. 이런 것이 '마음을 터놓을 수 있는 친구와 맥주로 건배'라는 장면을 낳는다. 그리고 어른 한 사람을 비롯해 두 사람·친구·신 삼대라는 커뮤니케이션의 활성화가 새로운 어른 소비를 키운다. 또한 '새로운 어른 소비'는 '공유형 경제'와 함께 차세대 경제를 형성해 나간다.

이 책은 하쿠호도 새로운 어른 문화 연구소의 조사 분석 성과를 활용한 것이다. 야마모토 나쓰미山本なつみ 씨, 사이토 마유齋藤眞由 씨를 비롯한 연구소 멤버, 그리고 공보실의 하세가와 사요長谷川さよ 씨에게 감사의 인사를 전한다.

마지막으로 개인적인 이야기를 하자면, 필자도 45세일 때 암으로 입원해 가족을 크게 고생시켰다. 또 집필 중인 현재 장모님이 쓰러지셔서 개호 중이라는 전형적인 사태가 일어나 아내가 친정어머니를 돌보기 위해 친정과 집을 매일 같이 왕복하고 있다. 이런 일상에서 얻은 것도 많다. 그런 가운데 동창회 여행 공지라는 즐거운 소식도 날아왔고, 동창생들에게서도 많은 힌트를 얻을 수 있었다. 아내와 가족, 친구들에게 고마움을 전하며 펜을 내려놓으려 한다.

2016년 3월 1일
하쿠호도 새로운 어른 문화 연구소
총괄 프로듀서 사카모토 세쓰오

2020
시니어 트렌드

1판 1쇄 인쇄 | 2016년 9월 15일
1판 2쇄 발행 | 2017년 8월 02일

지은이 사카모토 세쓰오 **옮긴이** 김정환
펴낸이 김기옥

프로젝트 디렉터 기획1팀 모민원, 정경미
커뮤니케이션 플래너 박진모
경영지원 고광현, 김형식, 김주현

디자인 디자인허브
인쇄·제본 (주)에스제이피앤비

펴낸곳 한스미디어(한즈미디어(주))
주소 우편번호 121-839 서울특별시 마포구 양화로 11길 13 (서교동, 강원빌딩5층)
전화 02-707-0337 | **팩스** 02-707-0198 | **홈페이지** www.hansmedia.com
출판신고번호 제 313-2003-227호 | **신고일자** 2003년 6월 25일
ISBN 979-11-6007-038-5   13320

책값은 뒤표지에 있습니다.
잘못 만들어진 책은 구입하신 서점에서 교환해 드립니다.